中世纪哲学十讲

赵敦华 著

复旦大学出版社

目录

回忆我的导师陈修斋先生（代序） 1

基督教哲学何以可能？ 1
    一、回顾 3
    二、辨析 12
    三、后记 24

中世纪哲学研究的几个关键问题 31
    一、如何理解理性与信仰的关系 34
    二、如何理解上帝存在的证明 39
    三、如何理解和翻译 Ego sum qui sum 41
    四、如何理解"本土化" 45
    五、中世纪哲学的现代意义 49
    六、研究中世纪哲学的中国径路 53

《上帝之城》里的哲学 65
    一、《上帝之城》的主要内容 67
    二、奥古斯丁和新柏拉图主义 71
    三、奥古斯丁与"原罪"的观念 78

四、神正论和"自由意志"辩护　90

　　五、奥古斯丁的政治哲学　102

西方文明传统的罗马法来源　111

　　一、西方文明传统的中世纪来源　113

　　二、"双城论"　120

　　三、自然法学说　127

中西大学传统和现代大学的理念　139

　　一、大学在中世纪的起源　142

　　二、中世纪大学的学制　146

　　三、中世纪大学教育的论辩法　149

　　四、大阿尔伯特的贡献　151

"是""存在""本质"的形而上学之辩　167

　　一、形而上学概念的古希腊文句法结构　169

　　二、"三位一体"问题的语词纠葛　170

　　三、波埃修的概念辨析　174

　　四、阿维森纳的"存在"论证　179

　　五、托马斯关于存在与本质的区分　181

　　六、中文语境里的形而上学之辩　192

　　七、中西形而上学术语意义的会通　194

"物质"范畴的中世纪起源　203

　　一、古希腊哲学的"质料"概念　206

　　二、基督教哲学的"质型论"　209

　　三、托马斯的"特指质料"概念　212

四、向近代哲学"物质"概念的过渡　219

中世纪晚期的人文主义思潮　221

　　一、人的尊严、自由和德性　226

　　二、人的政治学和政治哲学　230

　　三、天主教内的宗教改革　239

　　四、古典学和《圣经》考察　242

"神圣-世俗二元结构"的新格局　249

　　一、奥康的政治神学　252

　　二、国家主义的政治哲学　256

　　三、路德神学的哲学基础　261

　　四、路德与爱拉斯谟之争　264

　　五、路德的"双重治理"论　271

加尔文主义与中世纪向近代的过渡　279

　　一、对古典学的批判性继承　282

　　二、成圣和新生　286

　　三、预定论　292

　　四、自然法和普通法　301

　　五、新教精神和现代性　307

跋　311

回忆我的导师陈修斋先生(代序)

1982年考研,我被录取为陈修斋和杨祖陶两位先生合招的出国公派研究生,负责指导我的导师是陈修斋先生。1982年2月到武汉大学报到,陈先生专门找我谈话,安排出国留学学习计划。陈先生对我说,我们搞西方哲学的,要懂希腊文、拉丁文、德文、法文、英文,你要出国了,条件比较好,你一定要先在语言上下工夫。陈先生还说,他今年招出国研究生,专门为此向国家教委打报告,要培养一名中世纪哲学的专家,因为我们国家现在中世纪哲学是一个薄弱环节。古希腊哲学我们一开始比较重视,当然也还不够,然后就研究近代哲学,现代哲学也开始慢慢重视了,但就是没有人研究中世纪哲学。北大编的那套"西方哲学原著选辑",有四本:《古希腊罗马哲学》《十六至十八世纪西欧各国哲学》《十八世纪法国哲学》《德国古典哲学》,这是北大外国哲学教研室集体编译的,实际上陈先生也参加了编译。这套书是影响很大的,培养了新中国成立后的整整一代哲学工作者,不仅仅是搞西方哲学的人读,哲学的其他专业包括马克思主义哲学、中国哲学的学习者,要了解西方哲学,都从这四本原著资料开始。陈先生讲,你看,中间就是缺了一本中世纪哲学,一下子就从古希腊罗马时期跳到了16世纪,现在要加强中世纪这个薄弱环节。陈先生帮我选的留学地点是比利时卢汶大学。

卢汶大学是一个天主教大学，中世纪哲学研究的国际重镇，特别是研究托马斯主义的中心。我填好卢汶大学的申请表，很快就被录取了。

1982年10月，我到卢汶大学报到入学。我一进校以后，就发现事情和我所预想的不一样。我根本就没有时间学习语言，直接攻读中世纪哲学。卢汶大学是研究托马斯主义的中心，是20世纪初教皇亲自钦定（因为它是天主教大学，是直接归教皇管）将托马斯研究中心放到这里。第二次世界大战以后，在这个托马斯学院里成立了胡塞尔档案馆。再后来，分析哲学也进来了。卢汶大学虽然还是天主教大学（它是世界上第一所天主教大学），但后来变成了由政府管理，资金全部都是由国家来支付的，就和其他的公立大学没有区别了。所以它的教会的色彩就慢慢淡了，它在哲学上是多元的。当然托马斯的传统也还在。但是现象学、分析哲学、康德研究、黑格尔研究都很强。它要求学生，全面掌握各派哲学。我是刚进校的，按要求必须从本科开始读起，然后读硕士，最后拿Ph.D.。我一开始就要应付繁重的本科课程，还是用英文教的。它的英文课程专门是给外国学生开的，人很多，也是大班授课。我刚刚去，英语听课、写作业、写论文，都要重新开始，首先要把英语搞过关。要想再读希腊文、拉丁文、德文、法文，其实就很困难了，没有时间读。

卢汶大学有一个本科一年毕业的项目，一年之内，必须拿到本科学位；这个是专门为外国学生设的项目，一年要学16门课，并且还要写2篇论文。课业是非常重的，都通过以后，才能进入硕士阶段。硕士阶段就是2年，每一年的课业都非常重，还要写一篇硕士论文。硕士你要得到优秀，才能进入博士学习。进入博士阶段不需要考试，但它有一个要求，就是你的硕士阶段的总成绩，包括你的硕士论文，总平均成绩必须优秀。这个要求也很高，卡掉了很多想读博士的人。所以我就觉得，三年时间必须进入博士阶段——但是当时教育部给我们的年限就是五到六年，这也就意味着，我进入博士阶段后，只有两到三年的时间，就必须拿下 Ph.D。这在卢汶基本上是没有先例的。我是公派读博士的，一般是五年时间，有特例可以延长到六年，但是第六年不算工龄。

在留学期间，陈先生有次到巴黎开会。1983 年 7 月 12 日—16 日他顺便到卢汶，我陪他到卢森堡、鹿特丹、海牙等地转了一圈，和他一起度过终身难忘的四天时间。在这几天，我向陈先生汇报了学习情况。我讲在卢汶马上进入中世纪哲学专业，不大可能，我要学那么多的本科和研究生的课，本科和研究生的课里面有中世纪哲学，但它只是很多必修课当中的一门。我又讲了语言的问题，卢汶的条件当然非常好，我们这些拿比利时政府奖学金的留学生学语言，包括古希腊文、拉丁文、德文、法文，都是免费的，但那是自选的，没有学分。陈先生听了这些情况，指示说，你的学业是最重要的，最重要的任务就是取得 Ph.D 的学位，在语言学习上量力而行。

三年之后进入博士阶段，我的 Ph.D 的论文并不是写中世纪哲学的，而是写罗素和维特根斯坦之间的比较。选这个题目呢也是因为语言的要求。我那个时候英文已经过关了。卢汶有一个规定，你要写哪个哲学家的论文，你必须读他的原文原著，写中世纪哲学的博士论文必须掌握希腊文和拉丁文。这个语言要求我达不到，必须要读原著，在哲学语言上真正过关，不是我凭借词典查查资料就可以应付的。为了尽快地能够在三年之内拿下 Ph.D，我就写了一个英国分析哲学的题目。

回国以后，我的第一本书是《基督教哲学 1500 年》。一般来讲，学者的第一本著作以他的博士论文为题，在博士论文的基础上，修改修改，再增加一些内容发表。我没有这样做。我的博士论文是用英文写的，我没有把它译成中文出版，现在也没有这样的打算。我的第一本书，是为了完成陈先生交给我的任务，加强中世纪哲学这个薄弱环节。

我刚回国的时候，王太庆先生帮助商务印书馆审校傅乐安先生主编的《西方哲学原著选辑·中世纪哲学》的译稿，其中很大一部分是陈先生组织的武汉大学团队翻译的，我看了一二篇，就没有下文了。10 年之后，商务的北大系友陈小文博士要重新启动搁置多年的译稿的出版，我当然义不容辞。我和段德智教授承担了教育部重点研究基地的重大项目《西方哲学经典翻译（中世纪卷）》，整理原译稿，请同行翻译了一些新资料，我的原则是，凡是陈先生审阅过的稿件，一律原文照抄，一是翻译质量确实高，二是尊师传统，孔子说"三年无改于父之道，可谓孝矣"。我看师之道不止三年，老师传授的学脉应该终身传承。需要交代的是，傅乐安先生也到卢汶大学当访问学者，我在卢汶认识了这位精通拉丁文的可亲可敬的学者，这本书的总审校是我回国后选派到卢汶专攻古希腊中世纪哲学的吴天岳博士。可以说，这本书的问世是三代人的接力，与陈先生 1982 年选派我去卢汶大学留学有不解之缘。

我在卢汶全面地接受了西方哲学史和现代西方哲学（包括欧陆

哲学和分析哲学）的训练，回国后写了从古到今的哲学史教程，最初参与朱德生先生主持的三卷本《西方哲学通史》，我写了第一卷古希腊中世纪部分，后来写了《西方哲学简史》和《现代西方哲学新编》。能够写出这些教程，底子是在国内打下的，国外只是加强、补充和扩展。准备考研时，仔仔细细读了陈先生和杨先生的《欧洲哲学史》。30年后，我被指定为中宣部"马工程"《西方哲学史》课题组的首席专家，我把陈先生和杨先生写的《西方哲学史》再次拿出来，驾轻就熟，顺利完成任务。在西方哲学史教学和研究方面，我也可以说是不改师道。

陈先生录取我当出国研究生，据说是看我考试成绩名列第一，我想这不是唯一原因。研究生录取要政审，邓晓芒师兄谈到陈先生得知他的坎坷经历，鼓励他报考，以伯乐的眼力挑选了千里马的人才。我不知道陈先生是否知道我的坎坷经历，我也没有和他谈过。但我相信，他对77级毕业生的人品在整体上是信任的，出于公心为国家选拔德才兼备的人才。我被录取为陈先生招收的出国研究生，很多人以为我有什么关系后门，其实完全没有，我们在开学典礼上第一次见面。我非常感激陈先生，知道最好的感激方式是像他那样公正公道，绝不做有辱师风的事。多年之后我也有权录取研究生了，我不管是不是什么985、211，只要考得好就优先录取。当然，也要德才兼备，对那些说谎告密、出卖老师或同门的人，坚决不能录取，否则会终生后悔，对那些违背师道的小人，我一向很鄙视。陈先生对贺先生、洪先生等老师的维护和尊重，与汪先生、王先生之间的同门情谊，这些言传身教的事迹，永远是我学习的榜样。

陈先生不幸于1993年逝世，离开我们26年了，我有时夜晚扪心自问，在哪些方面可以告慰他，哪些方面有负于他。我的学术良心的回答是三个告慰和一个有负。三个告慰是：完成了陈先生交代我的加强我国中世纪哲学研究，继承了陈先生和杨先生在武汉大学共同开创的西方哲学史的学风，秉承了他们公正公道的品格；一个有负是没有掌握研究西方哲学的另外四种语言。我现在反复地用陈先生的这句话教育我的学生。我给全系研究生开的一门公共课，叫"西方哲学经典导读"，后来广西师范大学出版社出版了我的讲义稿。那本书的第一讲，就是讲为什么要通五种语言，然后才能在西方哲学领域里成为一个真正的专家。

　　有人问我，你一方面讲要用中国人的眼光看待西方哲学，另一方面又讲研究西方哲学要靠五种语言的原文原著才能弄懂弄通，这不是自相矛盾吗？　我想这两种说法起码不是形式逻辑上的自相矛盾，如果说矛盾的话，那是历史辩证法意义上的矛盾。陈先生等西方哲学的老一辈学者一方面极其重视西方哲学原著的研究和翻译，另一方面始终面对中国人、按照中国人的语言和学术传统，根据中国现代文化的需要，普及和深化西方哲学的道理。这就是历史形成的辩证法，也是吾辈学生要发扬光大的学脉。我个人没有完成陈先生的要求，能使用五种语言表述的原汁原味的西方哲学。这个任务只有交代给我们的学生、学生的学生去完成了，世世代代传承下去，但愿陈修斋先生的老师陈康先生所说　以后外国人研究西方哲学要以不懂中文为憾——这个夙愿能够成真。

赵敦华

2019 年清明　于复旦大学光华西楼 2507 室

基督教哲学何以可能？

一、回顾

3世纪时的护教士德尔图良有句名言:"耶路撒冷和雅典有什么关系?""基督徒和哲学家有什么关系?"①17世纪基督教思想家帕斯卡也有一句名言:"亚伯拉罕的上帝,以撒的上帝,雅各的上帝,不是哲学家和学院派的上帝。"②海德格尔出于相反的立场,也说"基督教哲学"是一个自相矛盾的概念,如同"木头铁"(hölzernes Eisen)一样③;他认为"就其彻底的自我提问的问题性而言,哲学必须在原则上是无神论的"④。"问题性"(Fraglichkeit)是哲学的前提,他决定了哲学的对象、方法和结论。在海德格尔看来,尼采的"上帝之死"彻底否定了基督教的问题性,而萨特的无神论与基督

---

① 德尔图良:《护教篇》第48章,A. Roberts and J. Donalson (eds.), *The Ante-Nicene Fathers*, Vol. III, Buffalo, 1885, p. 51。

② 转引自赵敦华:《西方哲学经典讲演录》,广西师范大学出版社,2007年,第205页。

③ 英文译作"圆的方"(round square),见 *An Introduction to Metaphysics*, New York: Anchor Books, 1961, p. 6。

④ *Gesamtausgabe*, Vol. 61, Frankfurt am Main: Vittorio Klostermann, 1985, S. 197。

教一样没有问题性。海德格尔不赞成萨特把他解释为无神论者，那是因为他认为自己的哲学是"问题性的无神论"，而不只是徒有外表的"普通的无神论"。伽德默尔深得其师心传，他在1941年的一篇文章中说："海德格尔认为哲学在根本上是无神论，因为哲学就在于打击上帝。他高度赞扬哲学不知何为'罪'，即使把罪责当作人的此在的历史变动中的本质因素，也是如此。这种哲学的'无神论'的自我理解显然内在地反驳了基督教对存在的理解，在（基督教）那里，此在不是被理解为自立的，而与罪和恩典不相分离，服从上帝的召唤，由此感受上帝的恩典。（海德格尔的）这一区别是排斥……它坚持这样的观点：没有基督教哲学。"①

以上两种立场，一种用信仰否认基督教哲学，另一种用哲学否认基督教哲学，但双方都没有论证。只有在20世纪30年代法国哲学中关于是否有基督教哲学的辩论中，才可看到对这两种立场的论证。我们把这些论证概括为以下四种。

1. 理性排斥信仰

1928年，法国著名哲学史家伯里哀（M. Emile Bréhier）在《有基督教哲学吗？》的系列讲演中，提出否定"基督教哲学"的种种理由。他的讲演于1931年发表②，在法国哲学界引起了一场争论。伯里哀分析了"基督教哲学"概念可能的含义，并一一否认了这些含

---

① Hans-George Gadamer, "Kant and the Question of God", in *Hermeneutics, Religion, and Ethics*, New Haven: Yale University Press, 1999, p. 1.

② E. Bréhier, "Ya-t-il une philosophie chrétienne?", in *Revue de Metaphsique et de Morale*, 38 (1931), pp. 131–162.

义。如果"基督教哲学"指符合基督教教义的哲学，那么这样的"哲学"实际上是神学，而不是一般意义上的哲学。他指出了这样的事实：教义必须得到教会权威的认可，并且，在不同的历史时期，教会权威往往强调不同的教义。教义与某种哲学的关系表现了教会对哲学的影响，这种影响是外在的，在很多情况下对哲学的发展起到阻碍作用。

"基督教哲学"的另一种可能的含义是，它与基督教信仰有着内在联系。伯里哀说，历史上并没有这样的哲学。比如，奥古斯丁借助希腊哲学的 logos 观念，把 logos 说成是创世的永恒之道；但他又把 logos 说成是道成肉身的基督。这是两种完全不同的"道"，前者是来自柏拉图主义的非基督教的哲学，后者是来自基督教信仰的非哲学的启示。哲学与信仰的分离也表现于阿奎那思想之中：他一方面恪守"哲学是神学的婢女"的神学信条，另一方面又相信"理性自主"的希腊哲学观念。阿奎那的哲学受到双重约束：一方面有来自上面的信仰的约束，另一方面又要服从亚里士多德的理性原则。但是，理性归根到底要服从信仰，托马斯主义既然服从基督教信仰，就不是亚里士多德意义上的哲学。

伯里哀又考虑到"基督教哲学"还有一种可能的含义，即具有基督教信仰的人从事的哲学。他说这种含义更不能成立，因为哲学家的个人信仰并不影响他的理性思维。比如，笛卡尔是虔诚的天主教徒，但他的信仰并没有妨碍他独立地使用怀疑和批判的理性，把经得起理性推敲的原则作为自己哲学的前提和标准。伯里哀还说，虽然从事哲学的许多人都是基督徒，但这并不能证明哲学的基督教性质,"正如不能说基督数学、基督教物理学一样,也不能谈什么基督教哲学"①。

伯里哀面临的问题是:他关于哲学与信仰的区分过于绝对;他没有看到,两者的绝对分离是历史的产物。基督教诞生之前的希腊哲学当然与基督教的信仰无关,但并非与希腊罗马的宗教信仰无关;近代以来,与基督教信仰体系截然区分的哲学是启蒙运动的产物,但这些哲学也并非没有把理性以外的信念作为自己的前提和标准。伯里哀所设想的理性完全自主的哲学是不存在的,完全与理性分离的信仰体系也是不存在的。

2. 理性与信仰有内在关系

针对伯里哀的反对意见,新经院哲学的哲学史家吉尔松竭力论证基督教哲学的合理合法性。他说:"只有从启示与理性之间的内在关系出发,才能赋予'基督教哲学'一词以积极的意义。"②从历史上看,基督教信仰赋予哲学新的内容。若无信仰,中世纪哲学家不可能完成对古希腊哲学的改造。中世纪哲学的各方面成果,如本体论、因果观、天命观、人生观、灵魂观、自由观、道德观、自然观、历史观等等,都不是对古代哲学的简单重复,而是把信仰与希腊哲学结合在一起的产物,因此,中世纪哲学是基督教哲学。吉尔松说:"中世纪哲学的精神是基督教深入希腊传统的精神,它在希腊传

---

① E. Bréhier, "Ya-t-il une philosophie christienne?", in *Revue de Metaphsique et de Morale*, 38 (1931), pp. 131–162.

② E. Gilson, *The Spirit of Medieval Philosophy*, London: Sheed & Ward, 1936, p. 35.

统之中工作,并从中抽取出某种世界观,基督教的世界观。在主教座堂之前已有希腊神庙和罗马会堂的存在,但不管中世纪建筑在多么大的程度上借助于它的前身,它是特别的,它所包含的富有创造性的新精神无疑是激励着那个时代的哲学家的新精神。"①信仰对他们不是外在的前提或被迫接受的教条,而是运作在理性思维过程之中的精神动力、目标和范式性的原则。哲学史证明,信仰与哲学的关系不是外在的,而是内在的;信仰赋予哲学的不是消极内容,而是积极的促进因素。正是根据信仰与哲学之间内在的、积极的联系,吉尔松提出了"在信仰中建构哲学"的主张。凡是符合这一要求的哲学,就是基督教哲学。在他看来,经院哲学是典型的基督教哲学,这并不是因为它与天主教会的历史联系,更不是因为它承认教会的权威,而是因为经院哲学家根据自己对信仰的理解,对以往的哲学成果加以批判、改造和继承,从而使希腊人开始的哲学传统成为揭示上帝的真理的过程,达到了哲学与信仰的统一。

吉尔松为基督教哲学所作辩护的关键是区分"历史事实"与"纯粹本质"。吉尔松承认,基督教信仰和人类理性是在历史中"保持各自独特性的两个层次","在形式上彼此分开",但是"联结它们的关系却是内在的"②;这是因为,"基督教启示被看作是理性的不可或缺的辅助"③。简而言之,吉尔松的辩护是这样一个论证:信

---

① E. Gilson, *The Spirit of Medieval Philosophy*, p. viii.
② *Bulletin de la Société franÇaise de philosophie*, 31 (1931), p. 39.
③ E. Gilson, *The Spirit of Medieval Philosophy*, p. 37.

仰与理性之间有内在关系，这一内在关系为基督教与哲学的结合提供了可能性，这一可能性被实现在历史中就成为基督教哲学的现实。

上述论证的缺陷在第三步。吉尔松没有认识到，当一种内在的可能性被实现在历史之中，总是受到外在的、偶然的社会历史条件的制约。在这样的条件下，伯里哀关于基督教与哲学在历史中形成的关系是外在的、偶然的质疑是有效的。吉尔松也没有证明，历史上和现实中的基督教哲学如何实现并保持启示与理性的内在关系。历史中理性与信仰的联系不可能是纯粹的内在的思想关系。中世纪不同阶段和派别的哲学在很大程度上受到教会和修道院的氛围、目的和决定的规定与制约；在近现代，崇尚理性的社会氛围和文化思潮也在很大程度上决定了与中世纪不同的理性与信仰相结合的方式。

3. 神学与哲学相分离

伯里哀的观点在新经院派内部引起反响，很多经院学者也否认有基督教哲学。这看起来似乎很奇怪，但如果了解这些学者主要是些神学家，他们出于和伯里哀完全不同的神学理由否认基督教哲学，那么就不足为奇了。如果说，伯里哀站在"理性"的立场上，否认基督教哲学属于哲学，那么，这些神学家可以说是站在"信仰"的立场上，否认基督教哲学属于基督教。这两个极端的立场达到了否认基督教哲学的共同结论。

里昂·布仑斯维奇（Léon Brunschwicg）说："除非在形容词和名词之间加上一个副词，否则考察基督教哲学的概念毫无意义。"[①]加

[①] 转引自 Maurice Nédoncelle, *Is There a Christian Philosophy*? New York: Hawthorn Books, 1960, p. 92。

在形容词"基督教的"（christian）与名词"哲学"（philosophy）之间的副词就是"特殊的"（specifically）。换而言之，问题的焦点并不是：有没有基督教哲学，因为基督教哲学在历史上的存在是不争的事实；质疑者的问题其实只是：基督教的特殊哲学是什么？布伦斯维奇找不到专属于基督教的任何哲学。他认为，托马斯主义在哲学上属于亚里士多德主义传统，现代哲学解释世界的逻辑模式属于数学和科学，基督教确实可以提供一种综合的精神，但这种专属于基督教的精神既不属于古希腊的哲学传统，也不属于现代科学的思维模式，而是属于基督教自身的神学传统。

皮哀尔·魁林（Pierre Guérin）则认为，哲学与信仰之间并没有必然的、内在的联系。虽然哲学家和基督徒都谈论上帝，但哲学家认识的上帝不同于基督徒崇拜的上帝。他说："知道上帝越多，就越少崇拜上帝。"① 哲学与信仰应是两种独立的、平行的、在各自领域行使正当作用的体系。"基督教哲学"这一概念混淆了哲学与信仰的区别，把两种根本不同的体系合并为一种无所不包的"大全"，其结果是既损害了哲学的理性，又不利于基督教的信仰。

新经院哲学卢汶学派的代表人物斯亭伯根（von Steenberghen）承认，基督徒可以，而且应该对信仰的内容作出理性的认识，但是，这种理性认识却不在哲学思考的范围内。他说，如果理性与信仰有内在关系，那么这种认识就是神学；如果两者仅有外在关系，那么这种认识属于心理学的研究。在这两种情况下，都没有基督教

---

① Maurice Nédoncelle，*Is There a Christian Philosophy*? p. 93.

哲学。他说："哲学和神学代表了两条道路：一个朝向上帝上升，另一个从上帝下降。不可能有同时上升和下降的第三条道路，也不可能有既是理性哲学，又是基督教的哲学。"①

以上三人区分哲学与神学的理由虽然各不相同，但都缺乏说服力。布仑斯维奇的理由是，哲学只是对世界的认识，而只有基督教神学才能提供超越世界的精神；斯亭伯根的理由则相反，认为哲学可以从经验世界上升到超验领域，而神学从超越的上帝下降到经验世界。他们的概括过于简单化。我们要问：哪一种哲学不追求超越的目标呢？以基督教的上帝为追求目标的哲学难道不是基督教哲学吗？再者，上升和下降岂不都是哲学的道路吗？基督教哲学为什么不能沿着两者兼顾的道路追随上帝呢？魁林把"认识上帝"与"崇拜上帝"对立起来，这也是站不住脚的。

4. 信仰超越理性

布隆代尔发表《天主教哲学的问题》一文，对关于基督教哲学争论双方的观点做了批判性的总结②。他批评说，伯里哀的观点建立在双重歪曲的基础之上。伯里哀一方面用静止的观点看理性，把希腊哲学的理性当作人类理性的样板；另一方面又对基督教信仰作了漫画式的描述，把信仰歪曲为中世纪的教会权威。被歪曲的信仰与被限定的理性当然不能结合成基督教哲学。布隆代尔尤其反对伯里哀把基督教哲学比作基督教数学，认为这一类比混淆了哲学反思

---

① Maurice Nédoncelle, *Is There a Christian Philosophy*? p. 94.

② Maurice Blondel, "La Problème de la Philosophie Catholique", *Cahiers de la nouvelle journée*, 20（1932）.

与科学知识的界限。另一方面，布隆代尔也不赞成吉尔松在哲学史的基础上界定基督教哲学。他说，用历史因素来调和信仰与理性的关系，一方面剥夺了哲学反思的自主性，另一方面模糊了信仰与哲学反思的不同维度。布隆代尔认为，信仰处在超自然维度，而哲学属于自然维度的认识，这两个维度的区别决定了信仰与理性之间不存在吉尔松所预设的内在关系。当吉尔松肯定信仰能够促成人类理性时，他没有看到，理性在接受信仰的作用之前必须首先认识到自身的不足，而超自然维度的启示也不能自下而上地促成自然维度的理性。

如果信仰与理性完全隔绝，当然也就不会有基督教哲学。布隆代尔用"相互渗透的异质性和不对称的共生性"来表示这两个领域的区别。"相互渗透的异质性"否认了信仰与理性之间的相互作用，而"不对称的共生性"则承认理性的发展可以导致信仰的出现。布隆代尔所说的理性不是静态的，而是不断超越理性界限的反思活动。作为理性的反思活动的哲学不但超越了具体科学的界限，而且也不应当满足任何哲学体系。如果一个哲学家认识到，在哲学思考的领域之外和之上，还有超自然的领域，而任何理性都不能达到这个超越的领域，那么只有接受信仰，回应上帝的恩典。任何达到这样高度的人就是基督教哲学家。

按照这一理解，只有基督教哲学家，而没有基督教哲学。如果基督教哲学是独立的哲学体系，那么停留在这一体系中的人与其他哲学家一样，没有感到信仰的需要，因此也就不能超越理性。基督教哲学家则是这样一种人，他们生活的推动力是对完全真诚的渴求，在这种经过思考的欲望的推动下，他们不断超越理性设置的界限,直至超越哲学自身的界限,上升到超自然的启示领域。布隆代尔说,他所做的工作是"致力于使信徒哲学化"①。"哲学化"与"基督教化"是两种"共生"的生活态度,因此可以说,基督教哲学既是基督徒的哲学化,也是哲学家的基督教化。

"超自然"是布隆代尔理论的关键,也是一个最明显的弱点。这是一个含混不清的说法,它可以适用于任何宗教追求的目标,而不要求特殊的基督教内容。布隆代尔既可以在不谈圣灵的情况下谈启示,也可以在不谈"上帝之国"的情况下谈"超自然"。我们可以把他的哲学当作某种宗教哲学,而不必是基督教或天主教的哲学。另外,"超自然"只是一个理论假设。杜迈利在《布隆代尔和宗教》一书中说:"超自然对哲学家来说只是一个必要的假设。只有神学能够确信它。作为哲学家的布隆代尔不要求超自然必须存在,而是要求它必须是可能的。这是超自然的假说,而不是实际存在事实的现实,成为保证自然的本体论有效性的条件。"②这里所说的"自然的本体论"相当于布隆代尔所说的哲学自身,用"超自然"的假设为哲学设定界限并不能导致基督教哲学,正如康德用"物自体"为哲学设定界限只是导致了"上帝存在"等道德公设一样。

二、辨析

上述四种论证的共同错误是"范畴错误",即把"启示""信

---

① 转引自 Maurice Nédoncelle, *Is There a Christian Philosophy*? p. 97。
② H. Duméry, *Blondel et la religion*, Paris, 1954, p. 65.

仰"和"神学"当作同一范畴，而把"理性""理解"和"哲学"当作另一范畴，因此才产生了两者有没有关系、是什么关系等问题，陷入诸如内在关系、外在关系或超越关系之类的文字游戏。其实，这六个概念之间有复杂的交叉关系：基督教神学依靠信仰，但基督教信仰却不等于《圣经》启示；哲学和神学都是理性的学问，但哲学理性又不同于神学理性。

如果把第一组概念的意义归结为"《圣经》启示"，把第二组概念的意义归结为"哲学解释"，那么可以得到这样的结合：基督教哲学是对《圣经》启示的哲学解释。这个简短的定义中的每一个概念以及它们之间的相互关系都需要进一步的说明：什么是《圣经》启示？基督教信仰与《圣经》启示有什么关系？什么是哲学解释？哲学解释与《圣经》启示有何联系？

1.《圣经》启示的特质

任何宗教都有启示，宗教启示的一般特点是信徒崇拜的主宰向信徒发出的信息，启示者与接受者之间的关系与人际交流相类似，人际交流的所有形式，如语言交流、心灵感应、肢体动作、情感交流等等，也适用于启示。正如一个人相信一个与他熟悉、亲近的交流对象是真实存在一样，接受启示的信徒也相信启示者的真实存在；正如一个人相信正常人际交流的可靠信息一样，信徒也相信他接受的启示的可靠性；正如一个人可以通过公共媒介把直接获得的信息传递给其他人，直接接受启示的信徒也可以通过宗教仪式把启示传达给其他信徒。所不同的是，宗教启示者是隐蔽的，信徒一般通过记忆、想象和推测知道启示者，而不是通过知觉感知他的存在。信徒在接受启示时伴随着喜悦、畏惧和希望等情绪，日常交流虽然也有类似情绪反应，但信徒对启示者的情绪反应有着不可比拟的强烈程度和特殊体验。奥托用"令人畏惧的神秘"（mysterium tremendum）表示启示者，而面对他的神秘和威严，接受者不可抗拒地发生"被造感""依赖感"和"颤栗"等强烈体验；正是在接受者的这种特殊体验中，启示者获得了"完全相异者"的神圣性[①]。

以上对一般宗教启示进行现象学考察得到的结论，未必能够描述其他宗教所不具备的《圣经》启示的特点。首先，其他宗教的启示者不具备《圣经》中上帝的位格。"位格"（persona）虽然是"人格"（person）的词源，但《圣经》中上帝的位格是超人格（supraperson），而不同于其他宗教的人格神。人格神的来历正像宗教史的现代研究所表明的那样，是把自然力量拟人化，或把等级社会的权威力量和英雄人物加以神化。按照我们的解释，神人同形同性的宗教现象产生于启示的人际交流模式。历史上常见的事实是，只要人从某种自然现象、事物获得了对他们有启示的信息，他们就会按照人际交流的模式，设想启示者与他们一样具有人格，并作为超自然的崇拜对象；如果是从某个人那里获得启示，就会把他神化，加以顶礼膜拜。《圣经》反对偶像崇拜，形象地把偶像说成是木匠"按照人的体态，作成人形"；人用木头烤肉，吃了自己那份肉，把"剩下的作了一神，就是雕刻的偶像"（《以赛亚书》44:13，17）。

无神论者说，不是神创造人，而是人创造神。这一批判适用于

[①] 奥托：《论神圣》，周邦宪译，四川人民出版社，1995年，第10—28页。

一切人的宗教，但未必适用于《圣经》启示。《旧约》和《新约》是在历史的模式中描述上帝的启示，而启示的历史模式不同于人际交流的模式。在历史的模式中，启示者在绵延不断的历史中持续地显示自身，见证启示。正因为人际交流模式不能把握历史中的神圣意图和力量，才有"命运"的宗教观念和非宗教的"规律"观念的滥觞。在启示的历史模式中，上帝持续向人表示的救赎意愿是他的超人格，他为实现救赎计划而逐渐显示了超自然的权能。

启示的历史模式与人际交流模式不是矛盾的，而是兼容的。显示在救赎历史中的上帝与人的关系符合一种特殊的人际交流关系，马丁·布伯称之为"你-我"关系。这是启示者的位格与接受者的人格之间的直接交流，其主要形式是"你说-我听"和"我问-你应"。因此，《圣经》中记载的启示的最常见形式是上帝对先知或使徒所说的话。据统计，《旧约》中有3 800多处称是耶和华或上帝的话，平均每页有2.5至3次之多。福音书记载的更是耶稣的宣道（kērygma）。先知或使徒对启示的反应或是直接面对上帝的对答，或是心里的默示独白，或是面向公众的宣道。

在其他宗教中，我们看不到如此频繁和直接的"你-我"之间的语言交流方式，更多看到的却是心灵感应、肢体动作等交流方式。即使在日常的人际交流中，心灵感应也带有很强的难以用语言表达的主观性和神秘性，肢体动作如果被理解为肢体语言，也具有很强的象征性和隐喻性。在很多宗教中，心灵感应和肢体语言在宗教仪式中结合起来，成为接受或传达启示的主要途径。这意味着，信徒要通过公众仪式，集体地接受启示；或通过通灵的巫师、祭司的转达，间接地获得启示。由此不难理解，为什么这些宗教中充满了巫术、占卜或一般被归结为"萨满教"的各种仪式。

《圣经》中记载的祭祀等仪式虽然也有象征性，但其象征意义来自上帝的言语启示，如耶和华规定了燔祭的条例（《民数记》15：1—31），耶稣规定了圣餐的意义（《马太福音》26：26—28）。其他宗教中那些不可理喻的象征性仪式在《圣经》中受到谴责。比如，先知严厉谴责巴力崇拜的野外交合和人祭仪式："你们在橡树中间、在各青翠树下欲火攻心；在山谷间、在石穴下杀了儿女。"（《以赛亚书》57：5）

《圣经》中的启示引发了接受者的强烈体验。奥托所说的"颤栗"和"神秘感"只描述了这种主观体验的一个方面，"完全相异者"也只是启示者的一个方面。奥托没有看到的另一个方面是，接受者对启示者的熟悉感和亲敬感；"你-我"关系中的上帝不仅是严父，也是慈父，他在惩罚罪恶中显示威严和公正，更在近乎"苦口婆心"的规劝中、在对良善的奖赏中、在对人类之罪的宽恕中，显示大爱和慈善。启示的接受者虽不怀疑信息的真实性和上帝的临在，但却可以对上帝启示的意图和后果提出阙疑、申辩。比如，耶和华因以色列人铸造金牛犊崇拜，"要向他们发烈威，将他们灭绝"，经过摩西的恳求，"耶和华后悔，不把所说的祸降于他的百姓"（《出埃及记》32：10—14）。约伯在上帝面前申辩，另有四人为神的公义辩护。耶和华的最后裁决却是："你们议论我，不如我的仆人约伯说的是。"（《约伯记》42：7，8）《圣经》中的事例表明，启示不完全靠不可抗拒威力的震慑，也靠讲理折服人，还允许和接受人的申辩。这是不见于其他宗教的启示方式。《圣经》不但以启示的历史模式，而且以人际交流模式中的平等、亲近和说理的方式。

2.《圣经》启示与基督教信仰的区别

一些教会人士和神学家主张《圣经》之外也有上帝的启示，启示需要通过基督教信仰才能影响人的心灵。那么，基督教信仰又是什么呢？ 最初的解释是教会决定信仰。"教会"（ekklesia）一词在《新约》中出现114次，除3次出现在福音书中，其余都表示早期基督教的社会群体和精神团结。基督教取得统治地位之后，教会成为以教皇为最高权威的神职人员等级系统，《圣经》要在教会的指导下才能成为启示。路德引用保罗所说"若旁边坐着的得了启示，那先说话的就当闭口不言"（《哥林多前书》14:30），他接着说："没有蒙受上帝的教训，也没有真知灼见。反之，一个普通人可能有真知灼见，我们为什么不跟从他呢？"[①]

一些新教徒认为，《圣经》启示和信仰不是一回事，信仰来自圣灵，而不是《圣经》的文字，即使不理解《圣经》，也可受圣灵直接感染而得到信仰，通过信仰，才能从《圣经》文字得到真知灼见。路德看到这种理解有"自夸有圣灵而蔑视《圣经》"的危险。他说，如果认为不需要语言，单靠圣灵感染，"便被引入了迷途。亲爱的朋友，你可随意说到圣灵，我也受了圣灵感动，而且看到了圣灵……我十分明白，圣灵所做的一切是这样完全；若语言没有帮助我，叫

---

① 《路德选集》上册，徐庆誉、汤清译，香港基督教文艺出版社，1991年，第169—170页。

我对《圣经》有了准确的认为,我就真是已大大失败了"。路德正确地指出,《圣经》的文字不是没有生命的,而是先知和使徒受圣灵感染的记载;用他的比喻说,"语言好比是鞘,内面所藏的是这把圣灵的宝剑"①。《圣经》既包含着圣灵,也要用圣灵来理解。圣灵感染不能离开《圣经》,而是对《圣经》的阅读者、解释者和宣讲者的感染。若没有《圣经》,就没有圣灵感染,也没有被文字所记载的、被理解了的启示。可是,现在一些基督徒离开《圣经》随意说自己受到圣灵感染。他们似乎不需要理解《圣经》中的启示,只要祷告或聚会,就自以为被圣灵所感染,就能得到上帝的恩典和拣选。这些看法和做法不但忽视了启示的真理,而且有违宗教改革的精神。

18世纪以来,《圣经》研究陷入五花八门的批评思潮和方法,有人不能面对《圣经》批评者各有不同解释的事实,于是诉诸基督教教义保证正确的解释。当代分析的基督教哲学家认为,信仰是已被罪污染了的人的理性不可证明的前提,只有依靠圣灵才能理解信仰和教义;"只是当圣灵把信仰置入我们心中,我们的理性才能思考上帝,在神圣理性中加入我们的思想和语言"②。普兰丁格认为,信仰在一定境况中的合适功能才是自身真理的担保,除此之外,没有其他的关于信仰的担保。凯利·克拉科坦率地说:"如果一个人要

---

① 《路德选集》下册,徐庆誉、汤清译,香港基督教文艺出版社,1991年,第23—24、19页。

② S. B. Cowan (ed.), *Five Views on Apologetics*, Grand Rapids: Zondervan Publishing Hourse, 2000, p. 216.

用《圣经》支持他(她)的立场,就会有上千朵护教之花怒放";如果要求信徒相信《圣经》中关于耶稣的记载,那不啻于"相信比鬼怪、UFO 和魔术更困难的现象"①。现代护教学只为基督教信仰辩护,而不为《圣经》辩护。

自由派神学认为,上帝创造的一切都能给人启示,一些在《圣经》记载之外,一些发生在《圣经》成书之前或之后,它们也能成为启示。蒂立希说:"把上帝的话等同为《圣经》是对圣道的最大误解"和"新教的陷阱"②。他认为启示是一种显示存在力量的事件或体验,任何使存在的根据变得澄明的东西,举凡自然、历史、集体、个体,以及言语,等等,都可以成为启示的来源。这一看法一方面用抽象的"存在的根据"的哲学概念取代上帝的位格,另一方面用自然神学和存在论哲学解释取代《圣经》,既否定了上帝是唯一的启示者,也否认《圣经》是唯一的启示来源。蒂立希认可的唯一《圣经》启示是关于耶稣的记录,承认耶稣基督是"最终启示";而无论以什么方式显示存在力量的启示则是"现实启示"。但是,耶稣基督的"最终启示"如果离开其他《圣经》启示,就是无本之木,而"现实启示"如果不包括在《圣经》之中,也只是无源之水,他的神学犹如漂浮在无源之水之上的无本之木。

3. "哲学解释"的分析

基督教神学和哲学都是对《圣经》启示的理性解释,但神学的

---

① S. B. Cowan (ed.), *Five Views on Apologetics*, pp. 292, 142.
② Paul Tillich, *Systematic Theology*, Vol. I, New York: Harper and Row, 1967, pp. 159, 158.

理性解释或者是历史性的描述，或者是理论的建构，这两者都不是哲学解释的特点。诺奇克在《哲学解释》中说，哲学解释要解决的问题是"何以可能"的问题。他说："这些问题的形式是：给定或设定一些事情，某一事情如何可能。一些命题 $r_1……r_n$，或被设定，或被接受，或被当作是理所当然的，并且它们与另一个命题 p 之间存在张力；它们似乎排除 p 之为真。"①他的这番话是在说哲学解释的一般意义，但也适用于对《圣经》启示的哲学解释。

基督教哲学要解决的问题不是描述《圣经》作者的思想，也不是利用《圣经》中的材料建构一个系统的理论，而是回答"《圣经》启示何以可能"的问题。如果《圣经》中的一个信息 p 是启示，它与我们设定或理所当然地当作为真的一系列命题——如科学命题 $r_1……$哲学命题 r_n——之间存在着某种张力，似乎 $r_1……r_n$ 必然排斥 p。我们不是在想象某种逻辑可能性，而在陈述历史事实：《圣经》自从问世以来，一直受到其他知识体系或信念体系、价值体系的排斥。历史上的基督教思想家，包括神学家和哲学家，虽然进行过强有力的辩护，但在这些辩护中，至少有两类不属于哲学解释。一些神学家和护教士用基督教信仰体系中的命题回应其他信念体系或价值体系对《圣经》真理的排斥，这是不同信仰体系之间的意识形态之争，不属于哲学解释的工作。此外，一些神学家和哲学家，特别是从安瑟尔谟到托马斯的经院哲学家和近现代的自然神学

---

① Robert Nozick，*Philosophical Explanations*，Harvard University Press，1981，p. 9.

家，要用哲学论证信仰，他们以为，哲学论证能够用理性说服人们接受他们不愿接受的信仰。但是，他们的哲学论证除了加强了对信仰的自我理解之外，既不能把对《圣经》启示的排斥转变为接受，也没有让基督教信仰免除来自其他信仰体系的理性攻击。

诺奇克区别了哲学论证与哲学解释。他说，哲学论证停驻在并依靠于不同命题之间的张力或不相容性；而哲学解释可以用两种方式化解这种表面上的张力或不相容性。以上述命题符号为例，或是否定 $r_1 \cdots\cdots r_n$ 系列中的一个，或是否定这个系列的全部与 p 有任何关系。这样，即使 $r_1 \cdots\cdots r_n$ 系列命题的大部分或全部为真，也不影响 p 之为真。但是，诺奇克也清楚，这样的哲学解释只能解决表面上的张力或不相容性。两个不同信念体系的分歧不是表面上的，而是根本的对立和不相容。在这种情况下，他说："哲学家寻求深层的解释原则，最好有一些独立的可行性，与现行的知识不相排斥"；"独立的可行性"最终有赖于事实："如此这般的事实是可能的，并构成了到达 p 的解释途径"①。如果说历史模式是《圣经》启示的重要特点，基督教哲学的深层解释原则也必须依赖于《圣经》记载的历史事实。《圣经》记载的历史是否真实？这是涉及《圣经》启示有无真理性的基础问题。海德格尔质疑基督教哲学的"问题性"，也正在于此。

4.《圣经》启示与哲学真理

"真理"是哲学的应有之义。柏拉图说："没有什么能比真理更

---

① Robert Nozick, *Philosophical Explanations*, pp. 9-11.

接近于智慧的了",爱智慧和爱真理在本性上是相同的①。亚里士多德说:"讨论真理问题属于那些探讨共相和研究第一本体的人。"② 从古到今,哲学家们不断以好奇的态度追问那个彼拉多审讯耶稣时提出的问题:"真理是什么呢?"(《约翰福音》18:38)我们没有必要一一考察两千多年来让哲学家殚精竭虑的形形色色的真理学说,只需注意 20 世纪哲学的一个伟大发现——海德格尔发现,真理的意义是"除蔽"。伽德默尔说:"海德格尔不是第一个让 alētheia 的除蔽意义被认识的人。"③海德格尔把赫拉克利特和巴门尼德解释为首先认识到真理即除蔽的人,但赫拉克利特和巴门尼德并没有明确说出 a-lētheia 的否定含义;只有《新约》才明白无误地表达了 alētheia 的除蔽作用。

在《新约》中,"真理"(alētheia)是最常见的词汇之一,共出现 109 次,形容词"真"(alēthēs)出现 25 次,"真实"(alēthinos)出现 28 次。上帝是真理的力量,因此耶稣说:"我就是道路、真理、生命"(《约翰福音》14:6);道(logos)成肉身的目的是"来到世间,特为给真理作见证"(《约翰福音》18:37);人的罪遮蔽真理,上帝的救赎就是除蔽,因此说"你们必晓得真理,真理必叫你们得以自由"(《约翰福音》8:32),自由即从罪的奴役中解脱(lysis);救赎出自恩典(charis),因此说"神就是爱"(《约翰一书》4:8);真理是启

---

① 柏拉图:《理想国》,485c-d。
② 亚里士多德:《形而上学》,1005a35-b1。
③ Brice R. Wachterrhauser (ed.), *Hermeneutics and Truth*, Evanston: Northwestern University Press, 1994, pp. 35-36.

示之光,因此说"神就是光"(《约翰一书》1:5),人对真理的接受是启蒙的"知识"或"认识"(ginōskein 或 eidenai)。"道""真理""自由""光""知识"等希腊哲学常见术语,通过希腊哲学家未知的"爱"(agapē)和"救赎"(lytrōsis)的纽带,获得融会贯通的意义。

海德格尔宣称:"真理的本质是自由。"① 又说:"自由管辖着廓清和照亮,即启示意义上的敞开。自由与启示或真理的过程有着最密切、最亲近的亲缘关系。……所有启示走出敞开,走进敞开,引入敞开。……自由就是向光敞开的遮蔽,掩盖所有真理发生的帷幕在光中闪烁,让帷幕显出被帷幕遮掩的东西。真理就是预定一定时间发生的启示领域。"② 这是一段难懂的话。熟悉《圣经》术语的人大概会猜测海德格尔是否自觉或不自觉地用《圣经》语言阐明自己的哲学思想。道斯泰尔说:"总的来说,《存在与时间》中的真理的经验是在一个宗教范式中塑造出来的,按照这个范式,聆听召唤或回应给予我们的道是启示,对被遮蔽的秘密的启示。"他举例说,《存在与时间》中"此在属于真理"来自"属真理的人"(《约翰福音》18:37)、"我们是属真理的"(《约翰一书》3:19)等《圣经》话语。他还告诉人们一个细节:海德格尔在弗莱堡大学作"论真理的本质"讲演的大厅外墙上,赫然刻着"真理必叫你们得以自由"的箴言。同样并非偶然的是,海德格尔后期的关键词"开放"和"敞

---

① Martin Heidegger, *Being and Time*, Oxford: Basil Blackwell, 1962, p. 126.
② 同上书,第306页。

开"(Offenheit, Offenbarkeit),与"启示"(Offenbarung)有相同的词根和相似的意义[①]。我认为这些还不足以说明海德格尔的真理观属于《圣经》启示范式,但至少可以表明,海德格尔作为神学院的学生,《圣经》术语是他不可避免的思想源泉。

雅斯贝尔斯说:"《圣经》和《圣经》传统是我们哲学的传统之一。西方的哲学研究,不管是否自觉,总是在使用《圣经》,即使在攻击它的时候也是如此。"[②]基督教哲学对《圣经》的使用,不是沿袭传统,更不是为了攻击它、批判它而使用它;而是出于自身性质和目标的根本需要。基督教哲学既然要对《圣经》启示进行哲学解释,而且拒绝承认《圣经》以外有其他启示来源,它必然要以《圣经》为经典。这个道理恰如柏拉图著作对柏拉图主义、亚里士多德著作对亚里士多德主义、康德著作对康德主义的意义一样。但《圣经》对基督教哲学还有更多的意义,这一经典内容不仅是基督教哲学主要和最重要的研究对象,而且是启迪研究者和学习者的心灵、使他们得自由的启示真理。

三、后记

本义发布后,我的朋友黄瑜生发文批评我先提出了"基督教哲学"的概念,后又否定自己。其实,否定自己是正常的。在 2007 年

[①] Robert J. Dostal, "The Experience of Truth for Gadamer and Heidegger", in Brice R. Wachterrhauser (ed.), *Hermeneutics and Truth*, pp. 53, 233, Note 25, 56.

[②] Karl Jaspers, *The Way to Wisdom*, Yale University Press, 1951, p. 7.

《基督教哲学1500年》的"再版前言"①中,我做了以下自我批评。

我把十多年前写的文字从头到尾看了一遍。如果要谈读后感的话,可以用"既欣慰又遗憾"一句来形容。这句话听起来好像是言不由衷的应付,因为辩证法是不能应用于个人心境的,我的感受究竟是欣慰还是遗憾呢?这是一个拷问我的心灵的问题。怎么回答呢?应该真诚地说,先是欣慰,继而遗憾。

我在重读这本书的时候,时常有自我欣赏的心情。有时看到得意之处,不禁会有这样的感慨:当时是怎么想到这一点的,后来怎么竟淡忘了,而没有继续发展这个思想,如此等等。有时也会有缺憾,有时觉得书中的一些提法比较简约,可以有所补充,有所发挥;但同时又觉得简约并不是一个缺点,尤其是一本要处理1500年的哲学史的书,面对芜杂拖沓的中世纪文本和经院哲学的烦琐条文,内容的浓缩和观点的概括是不可少的。因此,即使书中留有需要解释和发展的空间,我也不准备扩大本书的篇幅,但会在将来用其他著述去填补之。

本书自1994年8月出版以后,读者反映不错,多次重印,换了好几次封面。但我心里一直惦记着黑格尔的一句话而忐忑不安。黑格尔说:"人的精神已显示出它的极端贫乏,就如同沙漠旅行者渴望获得一口饮水那样急切盼望能对一般的神圣事物获得一点点感受。从精神之如此容易满足,我们就可以估量它的损失是如何巨大了。"②中国的读者也像黑格尔描述的那样"渴望神

---

① 参赵敦华:《基督教哲学1500年》,人民出版社,2007年。以下引文文字略有修改。

② 黑格尔:《精神现象学》上卷,贺麟、王玖兴译,商务印书馆,1997年,第5—6页。

圣",即使一些粗糙的精神食粮也能满足他们的心灵。我生怕自己的著作只是搪饥之作。在本书出版之后的十几年里,出版了不少关于基督教思想的著作和译作。在中世纪哲学领域,不但出版了好几部新的通史,而且还有不少研究重要哲学家,如早期教父、奥古斯丁、托马斯、波那文都等人的专著、译著,中世纪重要哲学家著作的中译本也在不断出版。我为同行们的新书和新成果而感到高兴,同时也可以告慰自己:本书至少到现在为止还没有过时。本书的基本架构、选材、解释和概括,与现在的新成果相比,如果不是不谋而合,也是相得益彰。

既然如此,为什么还有遗憾呢?这种遗憾来自一种不安,面对真理的不安。彼拉多在作出处死耶稣的决定之前提出一个著名问题:"真理是什么呢?"(《约翰福音》18:38)作为一本关于基督教哲学的书的作者,我也要问自己:基督教哲学的真理是什么呢?可以说,在写这本书的时候,我对这个问题不甚了了;与那时相比,我现在是朝向真理迈近了一步,但却发现不能重写此书,为此甚感遗憾。现在只能在这个前言里大致说说本书所缺乏的真理,权作补救之计。

我对基督教哲学的定位,来自吉尔松的观点。我在 1994 年的"前言"中介绍了吉尔松的观点。他一方面承认中世纪哲学是希腊哲学传统的继续,"在主教座堂之前已有希腊神庙和罗马会堂的存在";另一方面提出了"在信仰中建构哲学"的主张[①]。我曾

[①] E. Gilson, *The Spirit of Medieval Philosophy*, p. viii.

经认为,这两条标准足以限定基督教哲学的界限;现在看来,这种观点不全面,它遗漏了基督教哲学的最重要的特征,即符合《圣经》。基督教哲学(Christian Philosophy)不是宗教哲学(Philosophy of Religion)的一个分支,不等同于关于基督教的哲学(Philosophy of Christianity)。基督教哲学的前提和基础是基督教的信仰和教义,而不是自诩为中立或客观的理性;因此,它的观点以《圣经》为准绳,它的内容是《圣经》的理性化。唯其如此,它才需要希腊哲学这个(但不是唯一的)理性工具,才需要在信仰中建构哲学的方法。

我必须坦诚地说,《基督教哲学1500年》未能以《圣经》为中心理解和把握基督教哲学。该书开始对《圣经》的阐释不够充分,而且只是把《圣经》作为基督教哲学的思想来源,在开头提了一下,而没有联系基督教哲学发展的全过程阐发《圣经》的基本原则和核心观念。与此形成鲜明对照的是,该书始终贯穿着希腊哲学的线索,把柏拉图主义和亚里士多德主义作为中世纪基督教哲学的一以贯之的传统。这种厚此薄彼的处理方式是西方哲学史家的范式,我为本书没有摆脱这个范式而感到遗憾。

作为一名中国的哲学史家(该书曾被列入"哲学史家文库",这是本人能够如此自称的唯一理由),我比西方哲学史家多了一个范式,那就是在中国学者中流行的"宗教文化"的范式。虽然我从不接受"文化基督徒"的称呼,但也曾未加审视地把基督教等同于一种文化。现在,我注意到保罗对信徒的一段警告:"你们要谨慎,恐怕有人用他的理学和虚空的妄言,不照着基督,乃照着人间的遗传和世上的小学,就把你们掳去。"(《歌罗西书》2:8)这里提到的与基督相对的因素有四种:"他的理学"指某人的哲学("理学"的原文是 philosophia,这是《圣经》中唯一提到"哲学"的地方),"虚空的妄言"指文字游戏或语言游戏,"人间的遗传"指一个民族的传统,"世上的小学"指看待现实世界的原则("小学"的原文是 stoicheia,即英文的 element,英文把这一词组译为 basic principles of this world)。这四项不正是文化的基本成分吗?当然,保罗并不是说基督必然要与文化相对抗。李察德·尼布尔把历史上基督教与文化的关系概括为五种模式:基督反对文化,基督适应文化,基督统摄文化,基督超越文化,基督改造文化①。我们现在所说的"基督教文化"的意思是"文化中的基督教",即"基督适应文化"的模式。在本书论述的 1500 年间,那五种模式都在起作用。

我把理性与信仰的关系作为贯穿基督教哲学的主线。按照这一解释,在教父哲学、经院哲学早期和繁荣期这三个关键时期,围绕理性与信仰这一问题,形成理性主义、信仰主义和两者的调和与综合,而第三种立场被教会当作正统,成为中世纪哲学的主流。按照上述五种模式来衡量,如果说理性主义属于"基督适应文化",那么信仰主义则比较复杂,可以是另外四种模式中的任何一种或两种。至于第三种立场的综合,那既排除了适应文化的模式,也排除了反对文化和超越文化的模式,因此选择统摄

---

① R. Niebuhr, *Christ and Culture*, New York: Harper Torchbooks, 1951.

文化或(和)改造文化的模式。按照这样的分析,第三种立场不是不偏不倚的折中,在信仰主义与理性主义的对立中,它更接近于信仰主义。我现在提请读者注意本书描述的相关事实。在教父中,奥古斯丁与德尔图良都是诺斯替派的敌人,他们与希腊护教士的共同性远远多于与克莱门特和奥立金的共同性。在早期经院哲学中,安瑟尔谟与他的老师兰弗朗克的共同性远远多于与阿伯拉尔的共同性,他和贝纳尔一样反对阿伯拉尔。在13世纪,托马斯与西格尔虽然同属于亚里士多德主义阵营,但他们之间的分歧要大于托马斯与波那文都的分歧。当事关"个人灵魂不朽"的信仰时,托马斯毫不犹豫地与波那文都一起批判拉丁阿维洛伊主义。这些事实可以说明,"基督教文化"的范式不适用于基督教哲学的全部。需要把德尔图良的"雅典还是耶路撒冷"的问题转化为一个新的问题:基督教文化还是基督教哲学?对这个问题,我过去的回答和现在的回答不一样,因此给人产生了我的自我否定是否定了"基督教哲学"的概念。

细读第一讲,希望读者不致产生这样的印象。

中世纪哲学研究的几个关键问题

中世纪哲学在中国是西方哲学研究领域的一个薄弱环节，研究成果比较少见。进入21世纪之后，哲学界的同人不无惊喜地发现，中世纪哲学史在中国又添新著，其中的鸿篇大作有：唐逸的专著《理性与信仰：西方中世纪哲学思想》，叶秀山、王树人任总主编的《西方哲学史》学术版第三卷，黄裕生主编的《中世纪哲学史》，刘放桐、俞吾金主编的《西方哲学通史》第二卷，佘碧平撰写的《中世纪文艺复兴时期哲学》。黄裕生主编的作者队伍和佘碧平是中青年学者，这些著作的出版，说明我国中世纪哲学研究代有传人。

唐逸先生是研究基督教的著名学者，曾任中国社会科学院世界宗教研究所基督教研究室主任，精通多门外语。他的这部新著充分体现了几十年学术研究的深厚功底，对基督教及其哲学思想的广博而又深邃的学识，以及对希腊文、拉丁文原始材料的全面把握。这些优点都值得我们中青年学者学习。在仔细读了唐逸先生的新著之后，我感到这本书的学术价值不仅在于展示了从奥古斯丁到库萨的尼古拉一千年时间中哲学思想的宏伟画卷，更重要的是提出了国内外中世纪研究的重要问题。这些问题对于进一步提升我国中世纪哲学研究的水平至关重要。我认为，认真思考和讨论唐逸先生书中提出的问题，才是阅读和理解他的著作的最好方式。抱着这样的想法，我在唐逸先生的书中，提炼出几个关键问题，谈谈我对这些问题的看法，就教于唐逸先生和同人。

一、如何理解理性与信仰的关系

唐逸先生著作的主标题为"理性与信仰"，两者关系确实是贯穿于整个中世纪思想的一个中心话题。唐逸先生在"绪言"中，提出了关于理性与信仰关系的新见解。他认为，现代西方的存在哲学在"本真自我，具体存在，自由抉择，以及扬弃那压抑当下生命的普遍理性"诸多方面，与中世纪哲学"大体有相通之处"，而且这些现代思想"似皆有其中世纪的源头"。他说，中世纪的人体验到的本真存在就是个人直面上帝的当下的生命抉择，上帝的救赎就是个人获得的生命自由之路。个人的信仰具有"具体性、存在性、当下性、本己性、自由性"等特点，以这种信仰为中心的存在方式与希腊哲学的理性主义"形成一种平衡"。在中世纪思想家的身上"并无理性与信仰的分裂，却只见二者的和谐"[1]。又说："对于生活在信仰时代的虔诚之士，存在即信仰，上帝即理性，本来没有矛盾。"[2]

唐逸先生以理性与信仰的和谐而无矛盾的纲领性观点，发掘出中世纪哲学家思想中常被现在的哲学家忽视或误解的深邃意蕴。比

---

[1] 唐逸：《理性与信仰：西方中世纪哲学思想》，广西师范大学出版社，2005年，第4页。

[2] 同上书，第5页。

如，在谈到奥古斯丁认识论时，唐逸先生提醒我们注意奥古斯丁的"话语的转换"，即："有的时候，尤其是启始之处，为哲学话语，逻辑清晰，并不诉诸权威。然而在论述永恒真理的时候，则突然转入神学话语，语义变得模糊，意象取代逻辑，依靠叙述、讲故事、情绪感染、《圣经》权威来说服读者。"①寥寥数语，刻画出视基督教为"真正哲学"的奥古斯丁神学的基调和风格。在他的认识论中，尤其是《论自由选择》这本书中，奥古斯丁从"我怀疑，故我理解，我活着，我存在"这一在逻辑上必然为真的命题出发（后来的笛卡尔亦把"我思故我在"作为他的哲学的出发点），以缜密的推理，论述认识的性质、过程和标准，而不直接诉诸上帝全知全能的教义，但最后却得到了上帝是真理自身和人类真理的唯一来源的"光照说"。著名的中世纪哲学史家吉尔松在《圣奥古斯丁的基督教哲学》一书中，对奥古斯丁以"光照"比喻真理的说法，颇有微词，以为"光照"不免带有普罗提诺的"太阳流溢"的阴影②。吉尔松似乎没有看到，"光照"不只是个比喻，"光照论"也不能归于新柏拉图主义的影响；而是以逻辑推理和理性论辩的方式，表达了奥古斯丁对《约翰福音》所说的"真光"和"道成肉身……充充满满的有恩典有真理"（《约翰福音》1:9、14)的确信。在这里和很多地方，体现出理性与信仰的和谐。

很多人以为，理性在中世纪只是信仰的婢女，低于信仰，没

---

① 唐逸：《理性与信仰：西方中世纪哲学思想》，第19页。

② E. Gilson, *The Christian Philosophy of Saint Augustine*, trans. L. E. M. Lynch, Random House, 1967.

有自身的独立地位和价值。唐逸先生在考证"哲学是神学的婢女"的出处时说明了两点。其一，这句话最早出于达米安，是说逻辑（辩证法）不可用于理解奥秘，但却可以为解释《圣经》服务，这意味着"逻辑的本质是语言陈述的规律，此一认识远远超出同时代学者将逻辑与形而上学混为一谈的知识水准，对未来时代的逻辑发展颇有意义"[①]。其二，唐逸先生指出，理性是信仰智慧的婢女这一比喻，在《圣经·箴言》9:1—4中已经出现。那里说："智慧建造房屋……打发使女出去"，召唤愚蒙人到这里来。在我看来，这段话表明，"使女"是"智慧"的传达者，"使女"固然居住在"智慧建造的房屋"里，但相对于"愚蒙人"而言，她却是主人。

　　唐逸先生对中世纪理性的褒扬，充分表现在他对那个时代的逻辑水平的高度评价。比如，他以专门一章（第六章）的篇幅，评述安瑟尔谟的"语义分析"，其中包括对《论语法家》中的逻辑思想和《论真理》中的科学方法论的详细分析，肯定了安瑟尔谟作为现代语义哲学的"某种先行者"的地位[②]和"在哲学观念与方法上"所具有的"现代性"[③]。在其他很多地方的论述，如奥古斯丁的数与真理、逻辑、时间理论，阿伯拉尔和吉尔伯特的共相论，司各脱的意向论，奥康的逻辑理论，以及经院哲学和近代哲学的关系，唐逸先生对其中的逻辑思想的阐发用力甚深。中世纪有丰富发达的逻辑

[①]　唐逸：《理性与信仰：西方中世纪哲学思想》，第76页。
[②]　同上书，第111页。
[③]　同上书，第140页。

思想，其形式既不同于亚里士多德的形式逻辑，也不同于现代数理逻辑，国际上对中世纪逻辑已有很多研究，但国内尚付阙如。唐逸先生之所以在中世纪哲学中关注其独特的逻辑思想，我想应该与他的理性与信仰相和谐的视域有关。

当然，唐逸先生也没有把中世纪完全视为理性与信仰和谐相处的乐园。他说："13世纪托马斯在理论上赋予人类理性在自然之事的独立认知功能，似乎标志着中世纪的理性与信仰分裂的端绪。14世纪神学的发展加深此种分裂，终于导致经院哲学的终结。"①

在我看来，中世纪的信仰始终存在着与理性的张力，13和14世纪既不是两者分裂的开始，也没有丧失两者的统一。托马斯以综合为能事，他的名言是："恩典并不摧毁自然，而是成全自然。"托马斯主义把信仰与新传入的亚里士多德主义综合在一起，实现了理性与信仰的新的和谐。至于14世纪经院哲学内部的分裂，主要表现为托马斯主义、司各脱主义、奥康主义等各派学说的争论，争论的焦点与其说是理性与信仰之间的冲突，不如说是不同理性之间的较量。这些理性都来自希腊哲学，但它们之间的分歧造成了对信仰和教义的不同理解，因而产生冲突。虽然各派指责对方偏离了信仰，但这些争论实质上还不是理性与信仰的冲突。直到16世纪，宗教改革的领袖对《圣经》教义的解释进行"去希腊化"，反对经院哲学中的希腊理性精神，这才造成了信仰与理性的根本冲突。此后，和信仰结合的希腊理性不得不让位于和近代科学结盟的新理性，经院哲

---

① 唐逸：《理性与信仰：西方中世纪哲学思想》，第6页。

学让位于近代哲学。

以上概括所依据的前提是：第一，中世纪的理性是对希腊哲学的理性精神的继承和发扬；第二，中世纪的理性与信仰既有矛盾，又相和谐；第三，和谐是矛盾的产物。希腊理性与基督教信仰的矛盾在《新约》中已见端倪。保罗在雅典与斯多亚派和伊壁鸠鲁派哲学家辩论（《使徒行传》17:18），他引用经文"我要灭绝智慧人的智慧，废弃聪明人的聪明"，用"十字架的基督"与"求智慧"的"希腊人"相抗衡（《哥林多前书》1:19，22—23），他还警告信徒，"有人用他的哲学①和虚空的妄言"把他们掳去（《歌罗西书》2:8）。早期护教士中也有强烈的反希腊哲学的情绪，著名者如德尔图良的"雅典与耶路撒冷有何干系"的谴责词。由于唐逸的书是从奥古斯丁开始的，我们一开始看到的就是信仰与理性的和谐，但这一和谐是经过四个多世纪的争论才达到的。奥古斯丁之所以成为教父思想的集大成者，是由于他把柏拉图主义与基督教信仰结合在一起，既避免了用信仰反对希腊哲学的信仰主义极端，也抵挡住异教的新柏拉图主义对基督教的攻击。

奥古斯丁主义的综合并没有一劳永逸地消除信仰与理性的张力。11世纪时，当一些神学教师把"辩证法"（逻辑推理、论辩）应用于神学命题时，遭到了一些权威神学家，如达米安、贝纳尔等人的反对。这些在唐逸先生的书中已有详细描述。从这些描述中，我们不难看出，正是由于安瑟尔谟、阿伯拉尔等人把当时兴起的亚里

---

① 这是《圣经》中唯一提到"哲学"一词之处。——作者注

士多德逻辑与神学结合在一起,才导致了经院哲学这种理性与信仰相结合的新的风格。

13世纪是信仰与理性既相矛盾、又相结合的又一关键时期。新传入的亚里士多德主义遭到恪守传统(主要是奥古斯丁主义传统)的神学家的反对,托马斯主义的新综合先被教会的谴责所连累,后被教廷所赞扬。此后,经院哲学各派斗争的是非和反复,以不同方式倚重于形形色色的希腊理性标准和教廷的权威,这些理性的主导地位虽然被近代哲学的理性所取代,但并没有与信仰相分裂。直到20世纪的新经院哲学中,虽然理性的范围已经扩展,但理性与信仰结合的传统仍然保持。长期的历史发展过程说明,中世纪哲学中理性与信仰的关系在不同阶段有不同表现,似不能用"和谐"与"分裂"分别概括之。

二、如何理解上帝存在的证明

中世纪哲学的一个主题是关于上帝存在的证明。从安瑟尔谟的"本体论证明",到托马斯的"五路",再到司各脱的"无限存在证明",组成了"信仰寻求理解"的一个系列。在经院哲学内部,不同的证明之间,已有方法论上的相互批评。近代哲学家更是质疑这些证明结论的有效性。康德的批判表明,所有这些证明都是"先验幻相"的产物,是无效的。还有人批评说,这些证明充其量只是证明了作为理性最高原则的上帝的存在,但那只是"哲学家和经院学者的上帝",而不是"亚伯拉罕的上帝,以撒的上帝,雅各的上帝"(帕斯卡语)。

但是，这种批评忽视了中世纪关于上帝的证明是在信仰的语境中展开的。比如，安瑟尔谟的《论证》有两段祈祷文，这是全书的语境。第一段祈祷结束于这样的结论："信仰，然后才理解；除非我信仰，否则我绝不能理解。"在第二段祈祷文中，引用了《圣经》的"愚顽人心里说，没有上帝"。卡尔·巴特很注重这些话。他说，安瑟尔谟的证明不过是"理解寻求信仰"的一个例子，不过是要证明：愚顽人否定上帝存在是逻辑上的自相矛盾。

唐逸先生也非常注意"本体论证明"的祈祷文，他用优美的笔调，把《论证》第一章的祈祷文从拉丁文翻译成汉语，力图保持原文的声色之美。我计算了篇幅，第五章第五节"安瑟伦的冥思录"包括祈祷文的翻译和解说，共 10 页[1]，而第六节"本体论证明"包括对其历史评价的介绍，不足 8 页[2]。我觉得这样的安排能够消除一些误解。今人被"本体论证明""物理学证明""目的论证明"等这些康德概括的名称所误导，只是从推理的步骤或用逻辑的标准来判断这些证明是否成功，似乎安瑟尔谟是因为本体的原因（即对 esse 的意义的理解）才相信上帝存在，而托马斯是由于亚里士多德的物理学和目的论才相信上帝的存在。事实恰恰相反，他们的证明所表示的是，本体论、物理学和目的论能够证明的是，上帝像他们所信仰的那样存在。不能说他们所证明的只是"哲学家的上帝"，而不

---

[1] 唐逸：《理性与信仰：西方中世纪哲学思想》，第 85—95 页。
[2] 同上书，第 96—103 页。

是基督徒信仰的上帝。从安瑟尔谟的祈祷文中可以看出，中世纪哲学家致力于理解的上帝，正是那个与他们息息相通的、有位格的上帝。他们信仰的上帝根本就不是证明的结论，而是证明的前提。因此，在他们证明的结论中只是说，如此这般的存在者就是我们所说的上帝，而没有必要对"我们所说的上帝"作进一步的论述。

对托马斯的"五路"证明，也应作如此理解。唐逸先生在说明了这些证明面临的逻辑难题之后说："托马斯论证的合理性，只能从神学的角度去理解。他的论证是深化《圣经》的启示真理。"又说，托马斯的论证与安瑟尔谟的本体论证明"殊途同归"，"只是托马斯的学术传承为亚里士多德，而独有认识论的体系而已"[①]。这一评价甚为精当。这些中世纪哲学家关于上帝存在的证明，可为信仰和理性在"他们身上并无分裂，却只见和谐"的解释作有力的佐证。但对于那些认为信仰与理性之间有张力和矛盾的人来说，关于上帝存在的证明既无可能，也无必要。他们和其他宗教的信徒一样，没有致力于发展基督教神学或哲学所特有的关于上帝存在的证明。

三、如何理解和翻译 Ego sum qui sum

这句话出自《出埃及记》3:14，耶和华回答摩西"你叫什么名字"的问题时如是说。中文和合本把这句话译为"我是永有自有的"；思高本则译为"我是自有者"，或"我是永存者，我是使万物

---

① 唐逸：《理性与信仰：西方中世纪哲学思想》，第258页。

生存者"。王路主张把这句话译为"我是我所是"①，周伟驰主张译为"我是正是者"②。唐逸先生在书中详细对比了这句话的希伯来文、希腊文和拉丁文的词义和语法结构，指出，这句话希腊文直译为拉丁文应为 Ego sum esse，因不合语法，故改译为上面的形式。但这句话的希伯来文、希腊文和拉丁文的原意都是"我是存在"，而不是"我是我所是"③。如唐逸先生所言，如何翻译这句话，不只是一个翻译问题，而涉及对上帝存在及其神学意义的理解。唐逸先生说："上帝的名是存在。唯其上帝是本真存在，故疏离上帝也就是疏离存在，即异化。这是异化的本义。"④这一理解与唐逸先生所理解的"存在神学之极致"相契合。但我在这里想知道，那种主张用"是"来翻译希腊文"*to on*"⑤或拉丁文"sum""esse"的观点，是否也有哲学或神学上的依据呢？

我们知道，《旧约》是以当时的希伯来的日常语言写成。耶和华(Jehovah)的希伯来文的发音是 Yahweh，即"雅威"(YHWH)，即"我是"的意思。据艾里克森的解释，耶和华说"I am who I am"，不过是说他就是活着的神(living God)，而与那些被崇拜的没有生命的偶像根本不同⑥。《旧约》其他地方的相关论述还有："偶像不过

---

① 王路：《"是本身"与"上帝是"——"是"的存在涵义探寻》，《世界哲学》2003 年第 1 期。
② 周伟驰：《记忆与光照》，社会科学文献出版社，2001 年，第 206—208 页。
③ 唐逸：《理性与信仰：西方中世纪哲学思想》，第 2—3 页，第 249 页注 1。
④ 同上书，第 3 页。
⑤ 本文用斜体字表示拉丁化的希腊文，括号内为对应的拉丁文。
⑥ M. J. Erickson, *Christian Theology*, 2nd ed., Baker Books, 2004, p. 297.

是木头。——惟有耶和华是真神、活神"(《耶利米书》10:8、10);"在你那里有生命的源头"(《诗篇》36:9),等等。《新约》在谈耶稣基督时,有"生命在他里头"(《约翰福音》1:2),"复活在我,生命在我"(《约翰福音》11:25),"我就是道路、真理、生命"(《约翰福音》14:6),等等。

七十子希腊文的《旧约》不只是对希伯来原文的字面翻译,其中包含着创造。当用希腊文 *to on* 来指示上帝之名时,不可避免地引起形而上学的理解。因为亚里士多德开创的形而上学就是以 *to on* 为研究对象的。但亚里士多德使用了不同的术语表示 *to on* 的意义,说它的中心意义是 *ousia*(substantia),而 *ousia* 的首要意义又是 *hypokeimenon*(subsistentia),最后又被归结为 *to ti en einai*(essentia),又被缩写成 *ti estin*(quod quid est; quo est),其意相当于 *eidos*(forma);他还用 *tode ti*(quod est)表示"是"动词 *einai*(esse)的原初意义。希腊形而上学的这些词汇,虽然都有"存在"的意义,但又不完全等同于"存在"。如此多的概念和术语在意义上的关联和分殊,在历史上引起复杂的解释和长期争论。四五世纪基督教神学家关于"三位一体"的争论,在很大程度上反映了由于使用希腊文 *ousia* 表示上帝的"本体",用 *hypostasis* 表示上帝的"位格",而引起的形而上学的语义混乱。波埃修把希腊形而上学的术语译成拉丁文,他和以后的神学家如托马斯等人对这些词语作出不同的界定,从而把希腊形而上学的争论也带入中世纪哲学。

另一方面,神学家非常重视上帝宣称的 Ego sum qui sum 的意义。据周伟驰统计,奥古斯丁在其著作中,引用这句话多达 50 多次。对 sum 或 esse 的解释不可避免地遭遇来自希腊的那些形而上学的概念。虽然这句话确有"存在"的意义，但神学家并未使用表示"存在"（exist）的词，来表达这个意思。拉丁文中的动词 exsistere 在卢克来修和西塞罗的著作中已经出现，但对基督教神学似无影响。直到托马斯的《论存在与本质》一文，才明确地从 esse 这个概念分析出"存在者"（ens）和"本质"（essential）这两个概念，此后，ens 被用作"存在"，直到后来，名词 existence，形容词 exsistent、exsistens 等，才广泛流行于哲学著作之中。

考虑到上述情况，我担心如果不加限制地把 Ego sum qui sum 翻译为"我是存在"，可能会使人产生这样的印象：基督教甚至希伯来宗教从一开始就有形而上学的"存在"概念。不容否认的是，犹太教、基督教以及一切宗教的信徒都坚定地肯定他们信仰的神的存在，但这种"存在"更多的是"生命"或"活着"的直观意义，而不是形而上学的思辨。近现代哲学的"存在"概念对中世纪前期的人来说是陌生的。只是在经过长期对上帝存在的哲学证明之后，"存在"才成为确定的、有专门意义的概念①。

最后说一说我的主张。我认为，不必对 Ego sum qui sum 的翻译强求一律。现有的"我是自有永有"的译法突出信徒对作为唯一的

---

① 参见 C. H. Kahn，"Why existence does not emerge as a distinct concept in Greek philosophy"。他说："现代意义上的'存在'成为哲学的中心概念，只是发生在希腊本体论在《圣经》的影响下被创世的形而上学作了重大修改的阶段"，而这一阶段指 13 世纪伊斯兰哲学作出了必然存在和偶然存在的区分之后。P. Morewedge（ed.），*Philosophy of Existence：Ancient and Medieval*，New York：Fordham University Press，1982，p. 7。

活着的真神的信仰,而"我是我所是"的译法则强调,希腊哲学的"是"的概念与基督教神学有密切联系。如何翻译要看语境,一般信徒不需要理解形而上学才相信上帝,而哲学家则需要通晓中世纪上帝观学理的来龙去脉。这两种译法分别适应不同的需要,可以并行而不悖。

四、如何理解"本土化"

唐逸先生中西兼通,他的书以中国人的观点看待西方哲学和神学,但又没有"比较哲学"所常有的牵强附会的毛病。书中只在一处进行过中西思想的比较,即在一个脚注中提及:朱熹的"圣经字若个主人,解者犹若奴仆"之语,"似与达米安语('哲学是神学的婢女')不谋而合"①。当时读到此处,疑为神来之笔。及至读到"附录一:基督信仰本土化三讲",才知道唐逸先生对基督教与中国文化的关系有成熟的通盘考虑,其中有很多精辟论述,如把基督教的中国本土化的类型总结为"语义的采纳、观念的折中及价值的完成"②。又如,以佛教中国本土化为参照,揭示基督教中国本土化的困难③,皆为不刊之论。

现在谈基督教本土化的观点很多,一些观点与唐逸先生的观点不尽相同。我在这里提出几个不同观点,与唐逸先生商榷。

---

① 唐逸:《理性与信仰:西方中世纪哲学思想》,第76页注3。
② 同上书,第386页。
③ 同上书,第404—406页。

第一，基督教的希腊化并非本土化，而是决定基督教特质的创新阶段。人们常说基督教是"两希"（希伯来和希腊）文化结合的产物。耶稣对门徒的教导如不被希腊化，乃至写成希腊文的福音书，恐怕也不会成为经典流传下来。保罗向希腊化地区传教，是基督教脱离犹太教而成为普世宗教的关键一步。《圣经》中有段记载：保罗在进入希腊之前，"见到有一马其顿人站着求他说：'请你过到马其顿来帮助我们'"的异象（《使徒行传》16：9）。最近，教皇本笃十六世把这一异象解释为"《圣经》信仰与希腊人探索和好的内在必然性的精义"①。基督教的基本教义是在希腊化的过程中被确定的。比如，"三位一体"的教义，唐逸先生视之为"基督信仰本土化在历史中的实例"②，窃以为不妥。中国基督教协会印发的《圣经》启导本的辅读专文中说："《圣经》中没有'三位一体'这个名词，也没有明文的定义，但这却是《圣经》中宣示的一个事实"；"三位一体的真理在《旧约》中已有暗示"；在《新约》中，"经文中清楚显示三位一体的合一性"；等等，并给出了《圣经》中相关论述的索引③。其中，耶稣对使徒说："奉父子圣灵的名给他们施洗"（《马太福音》28：19），已经规定了基督教的"奉圣父、圣子、圣灵之名"的仪式和教义。这些记载说明，希腊文的《圣经》（包括《旧约》和《新约》）是"三位一体"这一基督教基本教义的米源，而这一教义以信经方式最后确定，则是基督教希腊化所达到的最高成就。基督

---

① "Pope's speech at University of Regensburg"，来源：www.cwnews.com。
② 唐逸：《理性与信仰：西方中世纪哲学思想》，第378页。
③ 《圣经》启导本，中国基督教协会，1996年，第1873—1874页。

教的"本土化"(inculturation)不同，它指基督教确立之后，在向其他地区传播的过程中与其他文化的结合。本土化改变的是基督教的文化形象，而不是基督教的基本教义。其成果或是对教义有了一些新的神学解释，或是对仪式有了一些变动，无法与基督教希腊化的奠基作用相提并论。因此，不能把基督教诞生时期的希腊化与后来的基督教本土化混为一谈。

第二，由于基督教的影响而在中国产生的一些事件并非都属于基督教的中国本土化。唐逸先生把洪秀全的拜上帝会当作"折中式的本色教会"①。这一结论甚为可疑。如唐逸先生所说，拜上帝会"不知圣三的教义，不知耶稣为圣父的独子"，乃至救赎、复活、上帝之爱的教义一概不知，洪秀全还自称是"天妈所生的次子"，根据中国"不孝有三，无后为大"的观念，被过继给无后的长子耶稣当儿子。这哪里有一点基督教的味道呢？至于"本土化"，就更谈不上了。太平天国烧诗书，毁孔庙，杀儒生，视中国文化传统为仇敌，不知为何要把它当作基督教"中国本土化"的一个实例。

第三，本土化并非作为方法的文化。唐逸先生认为，基督教代表了以目的论的世界观为特质的文化系统②，与中国文化心理的基本前设不相通③；因此，基督教的中国文化本土化要把文化当作方法，而非目的论的文化④。说基督教具有神圣的目的论并无不当；

---

① 唐逸：《理性与信仰：西方中世纪哲学思想》，第392页。
② 同上书，第398—399页。
③ 同上书，第401—404页。
④ 同上书，第406—410页。

至于它是否必定与"中国文化心理的基本前设"不相通，那要看如何理解"神圣""目的论""文化心理"等抽象概念了。在抽象的理论层面上，说两者相通或不相通都可以说得通。在此情况下，只有用事实来说话了。西方学说中，不独基督教有神圣的目的论；抽象地说，马克思主义的共产主义未尝不可被理解为"神圣的理想"，被理解为人类历史的终极目的。但这种神圣的目的论不是与中国革命实践和中国文化结合在一起了吗？不是已经被中国人接受为主导思想了吗？抽象地说，基督教的神圣目的论并不必定要与中国的"天道神圣""民欲天从"等观念相冲突，但落实到具体途径，基督教的中国本土化困难重重。可见，本土化的关键其实不在抽象的形而上层面的比较，而在具体的观念和实践的转变。唐逸先生要把文化作为"方法""过程""人的存在形式"，其用心也正是要解决本土化的具体途径问题。为此，他设计了"思想的""学术的""伦理的""美学的"四个契入点。早在80年前，赵紫宸先生在"自然与人两个观念""伦理""艺术""神秘经验"等四个方面，提出了基督教与中国文化相结合的"本色化"途径[1]。两位先生的观点有相同之处，都试图以文化作为基督教本土化或本色化的契入点，而不强调基督教基本信仰的特质，如"三一神学""罪与救赎"等。我的最后一点疑问是：如果只是把基督教的这些基本信仰当作过去的民族（如希腊人）的本土化产物，而试图在现在的中国本土化过程中改变

---

[1] 赵紫宸：《基督教与中国文化》，重印于张西平、卓新平编：《本色之探》，中国广播电视出版社，1999年，第1—17页。

它们，这些以及其他美好的文化设计，能够在实际中奏效吗？

五、中世纪哲学的现代意义

我们首先不妨回顾一下中世纪哲学在西方的命运。从价值论（axiology）的角度看问题，任何哲学都是关于真、善、美、圣的价值体系。确实，从古希腊开始的西方哲学史可被认作一个个价值体系变更交替的过程。中世纪哲学在西方的重要地位是由它对西方文化传统的重要贡献所决定的，这就是它对于西方价值体系的重要性。基督教对西方文化的特殊贡献在于，它整合了希腊理性精神、希伯来宗教精神和罗马法治精神，建立了一个神圣价值体系。

这一体系在中世纪占据绝对统治地位。17世纪开始的现代化进程实质上是世俗化，原来在西方文化居核心地位的基督教神圣价值观逐渐被排挤到边缘地位，以人类中心主义和科学唯理主义为代表的世俗价值观和世界观占据了中心位置。然而，20世纪80年代以后，后现代主义兴起，猛烈地冲击着西方现代文化。后现代主义并不是现代主义的对立面，而是现代主义的世俗化倾向的极端化；它与现代主义一样，作为世俗文化的代表与一切形式的神圣文化相对立，包括与现代主义中残存的或蕴含的神圣因素相对立，比如，现代主义所推崇的大写的"人"和"理性"就是这样的因素，因而遭到后现代主义的批判。后现代主义的"反人本主义"和"反理性主义"实际上是启蒙主义对基督教神圣价值观的批判的彻底化。他们的逻辑是，"上帝死了"之后，人也死了，因为大写的"人"是上帝的替身；信仰主义消亡之后，理性主义也消亡了，因为权威的理性只是信仰。这个逻辑并不错，有错的只是前提。正如尼采所理解的那样，"上帝死了"意味着神圣价值的颠覆。我们还可以补充说，"信仰消亡"意味着没有规矩，理性的规矩也无法维持；这正是一切相对主义、怀疑主义和虚无主义所依赖的理论前提。

后现代主义虽然不可能超越现代主义而成为独立的文化形态，但它的前提、逻辑和结果都暴露出现代主义的内部矛盾，使现代主义陷入困境，甚至造成了西方文化和精神的危机。要走出这一危机，当然不能沿着从现代主义到后现代主义的路线。现代主义的弊病和后现代主义的乖谬都要靠改变它们的基本前提，才能得到症治。前提的改变也是一种价值转换（transvaluation），即从彻底的世俗价值观转变为神圣与世俗相结合的价值观。要完成这一价值转换并不意味着回到前现代。仅仅依靠基督教的价值观也难以实现这一价值转换。因此，西方有识之士都认识到，在其他传统，尤其是东方传统中吸收他们所需要的文化资源，以匡正西方现代主义与后现代主义所带来的偏差①。

中世纪哲学对于西方文化的重要性仅仅是我们考虑问题的开始，我们并不是为了西方文化的目的而研究中世纪哲学的。我们的目的是中国现代文化和哲学的建设。围绕着这一目的，有两种貌似完全相反的主张，一是中体西用，一是全盘西化，当然还有一些中

---

① 更详尽的分析，见赵敦华：《超越的循环：基督教现代性和后现代性三种文化类型的互动关系》，高师宁、何光沪编：《基督教文化与现代化》，中国社会科学出版社，1996年。

允之论，如中西合璧，综合创新。那么，中世纪哲学的研究是否会引起一些有建设性的新主张呢？这是需要我们深入思考的问题。我们说，中西文化的比较和沟通需要以中国哲学与中世纪哲学的比较为突破点和生长点，中国现代文化建设所需要的一些资源可从中世纪哲学汲取。

中国现代文化发生的时间较晚，此时，西方现代主义已发展到高峰期，它强劲地影响着世界化和现代化的进程。有鉴于此，我们便不难理解，中国现代文化的世俗精神特别鲜明，这不仅表现于对自己传统的神圣因素的藐视，而且体现在对一般宗教精神的排拒。另一方面，我们也应看到，正如西方启蒙运动以来的现代主义依然保留着一定的神圣价值观，中国现代文化也不乏神圣的因素，这主要表现在马克思主义之中。马克思主义具有神圣性的一面，这是很多人都已看出的道理，有些人因此把马克思主义也看作是一种宗教。我们宁愿相信，马克思主义所具有的神圣因素是非宗教性的。宗教不等于神圣价值体系，有些神圣价值体系是非宗教的，有些宗教实际上是世俗价值体系。马克思主义基本上是世俗的世界观和价值观体系，但其中不乏神圣价值观因素，比如，它的终极目标、历史决定论、革命精神、集体主义和利他主义的道德，都包含有超越人的神圣因素在起支撑作用。也正是这些因素，在五六十年代支撑着中国人民的精神和社会的稳定。

正如西方现代主义所包含的神圣因素正受到彻底的世俗文化和极端的后现代主义的冲击，中国现代文化所具有的革命精神也面临着由于社会变动、思想解放和精神多样化带来的新情况的挑战。于是有人惊呼"信仰危机",有人感叹"世风愈下,今不如昔"。对于行将失落的神圣价值观,有人主张利用宗教和传统观念来补偿。比如,现在教会内人士提倡基督教处境化(contextualization),积极与中国传统文化对话。再如,新儒家站在"本位化"的立场,试图从儒家传统里开发出适合于现代世俗社会的神圣价值观。还比如,当前以孔汉思为代表的普世宗教运动正在推动"全球化"(globalization),要在宗教间对话的基础上建立"全球伦理"。应该看到,在中国社会的现有条件下,可供选择的文化资源还很多,不但有已经中国化了的马克思主义,而且有中国文化传统的优秀成分,还有西方文化中合乎中国国情的成分[①]。

我们在前面界定的中世纪哲学,对于中国人全面理解西方文化传统,对于中西文化比较和会通具有积极的意义和作用。我们在此还要进一步强调,对于中国现代文化所需要的神圣价值观,中世纪哲学也可提供必要的资源。应该看到,基督教的信仰与教义与中国传统文化确有一定的间隔,有一些差异是带根本性的,看起来是不可弥合的。两者需要经过某种中介作用,才能进行有效的对话,并最终走向融合。我们以为,这种中介不是别的,那就是中世纪哲学与中国传统哲学之间的比较。不管哪一种哲学,都是通过理性的解释,把特殊的信念加以合理化,使之具有最大限度的普遍性与必然性。经过这样的哲学解释和理性处理,基督教与中国文化之间的差

---

① 关于基督教与中国文化建设之关系,详见赵敦华:《基督教与中国传统和现代文化》,《天津社会科学》1997年第5期。

异会得到理解，间隔会被打通。比如，基督教的原罪说与儒家的性善论看起来是水火不相容的。但仔细的哲学分析可以表明，中世纪哲学家关于原罪的解释并没有否认人性中善的一面，他们通过对恶的原因的分析，强调的是趋善避恶的艰巨和道德抉择的严峻。另一方面，儒家也从不回避人的堕落的可能性和恶的现实性，他们从天人关系的高度，论证了道德自律的思想。基督教原罪说中关于意志自由的思想和儒家性善论中关于道德自律的思想是人类道德的两条普遍原则，这两种学说不是针锋相对的，而是可以取长补短的①。在其他一些重要问题上，如儒家的"天"和基督教的上帝，儒家的天人关系与基督教的神人关系，儒家的天道观与基督教的自然律，都有相通可比之处，两者都有神圣与世俗相结合的价值观；只不过两者的侧重不同，表达方式不同。通过理性解释和哲学比较，中世纪哲学体现的神圣价值观可以与中国传统的价值观相结合，并能适应中国现代文化对神圣文化的需要，甚至可能被吸收在中国现代文化之中。

六、研究中世纪哲学的中国径路

中世纪哲学与中国传统哲学的比较，不仅是必要的，而且是可行的；从某种意义上说，这是研究中世纪哲学的中国径路。在我们踏上这条径路之前，我们来考查一下，为什么这是一条可行之路。

---

① 参见赵敦华：《中西传统人性论的公度性》，《北京大学学报》1996年第2期。

中世纪哲学与中国传统哲学的比较属于跨文化比较研究范畴。在这一广泛的研究领域，人们首先遇到的是一个方法论的问题：不同的语言、文化和思想系统之间究竟有没有"公度性"（commensurability，又译为"可公约性"）、可比性（comparability）和"兼容性"（compatibility）的问题。在当代科学哲学和认识论领域，一些极端的相对主义者提出了"无公度性"的主张，否认不同的范式（语言的、科学的和信仰的）之间有高低优劣的可比性。很多人依据种种不同的理由，在各种不同的领域反驳"无公度性"的主张。值得注意的是，一些基督教神学家和哲学家认为，不同的宗教信仰是可比的，但却是不兼容的。最近，《维真学刊》翻译发表的阿兰·托伦斯和普兰丁格的文章，充分地表达了主张基督教与其他宗教和哲学不相兼容的"相斥主义"的立场。我们要正视"无公度性"与"相斥主义"的挑战，推进中世纪哲学与中国传统哲学的比较。

1. 可比性问题

应该承认，过去中西比较哲学有一个通病，那就是找错了对象；比如，拿当代西方哲学家与中国古代圣贤相比，拿西方以逻辑和知识论为中心的哲学派别与中国以伦理和宇宙论为中心的哲学派别相比，拿正在流行的西方价值观与已经或行将没落的中国传统价值观相比，而没有考虑它们之间有无可比性的问题。这些是跨文化的比较研究中经常可见的弊端，它们只能说明，不同文化的某些因素、某些方面没有可比性，而不能说明两者在整体上和在一切方面都没有可比性。拿中世纪哲学和中国传统哲学来说，两者之间存在着如此明显的对应或接应关系，以至于我们可以说，两者有着天然的可比性。除了上一节列举的几个重要问题的可比性之外，两者在整体上还有这样一些可比性。

首先，两者在历时性和共时性两方面都有可比性。我们看到，中世纪哲学属于西方"永恒哲学"的传统；同样，中国也有一个"永恒哲学"的传统，这就是从西周时期开始的"以德配天""敬天保民"的传统，儒家哲学是这一传统的继续和发展。中国先秦两汉时期的哲学与希腊化时期的教父哲学，宋明道学（理学和心学）与经院哲学则是这两大传统上对应的两对重点。

其次，两者的运作方式也有可比性。我们知道，中世纪哲学的特点是在信仰之中建构哲学理论。中国传统哲学并不是像基督教那样的宗教信仰体系，但这不是说它只是一种理性活动，与信仰没有关系；恰恰相反，中国哲学中充满着来自经书的信仰命题（belief propositions），理性知识是围绕着信仰命题而展开的，通常是通过对信仰命题的注释和发挥而获得的。不管是作为中世纪哲学的前提的信仰，还是中国哲学的信仰命题，与其他文化的价值观和理性思维都有一定的包容性。中世纪的中世纪哲学对希腊哲学的吸收，近代中世纪哲学对形形色色哲学流派的吸收，都是这种包容性的表现。在中国哲学方面，儒道释的合流是通过理性阐释的途径达到的信仰上的融合。

2. 公度性问题

当然，基督教的信仰命题与儒家的信仰命题是根本不同的，即使两者在各自的系统中发挥着相似的作用，也还有一个两者是否有公度性的问题。否认中世纪哲学和中国哲学两大传统之间有公度性的人没有认识到,两者的规范和方法都不是一成不变的,而是多样的、可伸缩的、可转换的,因此不难在其中找到两者的公度性,或共同适用的规范、方法。有没有公度性的问题不完全是一个事实问题,而是一个解释学的问题。按照一种解释,两个东西或许没有任何相似之处;但按照另一种解释,它们或许非常相似。庄子说:"自其异者视之,肝胆楚越也;自其同者视之,万物皆一也。"(《庄子·德充符》)他说的虽然是极端的情况,但他正确地指出,比较是一种"视"。看东西的角度、方法不同,看到的结果也就大相径庭。如果一味强调差异,那么,基督教也不能说是一个统一的传统。孔汉思的新作《基督教》区分了七个范式:早期使徒,早期希腊化,中世纪罗马天主教,宗教改革时期的新教,启蒙时代的现代主义,当今的后现代主义。没有人会因为基督教历史所展现的范式性的分歧而否认基督教信仰的统一性;相反,人们还以这种统一性为公度,去衡量众多的教派和教义①。既然如此,为什么不能以同样的方式对待中世纪哲学与中国哲学之间范式性的差异呢? 这两者的差异与基督教内部范式之间的差异,以及中国哲学内部范式之间的差异,固然有程度和范围大小的不同,但性质是一样的:它们都有赖于一定的解释。人们选择的解释不同,他们所能看到的差异与相似也就不同。有的人也许完全看不到两者的公度性,但不要因此而否认别人所能看到的公度性;同样,看到公度性的人也不要把它看

---

① Hans Kung, *Christianity: Essence, History, and Future*, New York: Continuum, 1994.

作是客观存在的,不容置疑的。归根到底,承认还是不承认两者的公度性取决于理论上的选择。

我们说,有没有公度性不完全是一个事实问题,但这不是说,它能完全脱离事实判断。中世纪哲学与中国哲学之间的公度性是有一定的事实为基础的,这就是我们已经谈到的中世纪哲学与中国国情相适应的一面。我们的选择不但是理论上的抉择,也是一种历史性的选择。我们认为,经过了长时期的隔阂,中世纪哲学与中国哲学应该有更多的交往。只有经过相当长的碰撞与磨合,才能达到融合;但在碰撞与磨合之前,我们至少要设定双方是能够融合的。公度性是为了融合的目的而设置的比较和交往的基础。从中国现代文化建设的需要出发,承认这个设定比不承认这个设定要较为有利。

3. 相斥主义,还是相容主义?

如果说,可比性问题涉及两个对象相比较的可能性,公度性问题涉及被比较对象的同异,那么,兼容性问题涉及的是两者的优劣是非。否认可比性和公度性会导致否认兼容性,否认兼容性也会导致不同的后果,其中之一就是 A. 托伦斯和普兰丁格最近提出的"宗教相斥主义"。

确切地说,A. 托伦斯和普兰丁格所谓的宗教相斥主义实际上是"基督教相斥主义"。如普兰丁格所说,相斥主义的意思是,凡是与基督教的基本信仰不相符合的信念(不管是自己的,还是哲学的)都是错误的。他把基督教的基本信仰界定为两条:(1)世界是一个全能、全知、全善的上帝创造的,这个上帝是有人格的存在,有目的、有计划、有意图,并能够为完成这些目的而行动;(2)人类需要拯救，上帝通过他的圣子的肉身化、生活、牺牲和升天，提供了拯救的唯一道路。无神论否认这两条，基督教以外的其他宗教否认第二条，按照相斥主义的观点，它们都是错误的。

A. 托伦斯说，相斥主义是唯一正确的选择，因为除此以外的立场都是不可能的。在信仰的是非优劣问题上，除了相斥主义外，还有多元主义（彼此不相符合的信仰可以作为独立并行的真理而存在）和相容主义（彼此不相符合的信仰服从一个共同的真理）。后两种立场是不可能的，因为任何关于真假是非的判断都是以一定的信念为前提和标准的；按照某种特定的标准去判断，不可能承认与之不相符合的标准所认定的真理，因此多元主义是不可能的；也不可能让自己认定的真理服从于其他标准所认定的真理，相容主义也是不可能的。A. 托伦斯引用神学家德·考斯特（D'Costa）的话说："所有的多元主义，包括所有的相容主义实际上不过是匿名的相斥主义"，因为他们都不可避免地把自己的标准当作代替其他一切标准的普遍标准①。

相斥主义的出发点是承认信仰的前提和标准作用，以及信仰的相对性，这些也是多元主义和相容主义的出发点。差别在于，多元主义认为，不同的信仰不可比，无公度，因此不兼容，可各行其是，并行不悖；相容主义认为不同的信仰有公度，可以取长补短，融合为人类共同的真理；相斥主义则认为不同的信仰虽没有公度，

---

① A. Torrance, *"Religious Studies" or Studying Religion*: *150th Anniversary Celebrations*, typescript, p. 2.

但这并不妨碍以基督教信仰为判断真理的前提和标准。

普兰丁格为相斥主义所作的辩护可分两部分：第一部分以信仰的相对性为由说明：以基督教信仰为真理标准是基督徒正当的"理智的权利"，这种权利既没有剥夺其他人不同的道德准则，也没有否定持守其他真理标准的人的"理智的权利"（intellectual right），因此，既不是非道德的，也没有理性的骄傲。至此，普兰丁格的辩护与持"无公度性"说的相对主义并无什么不同。但是，他并未因此而走向相对主义，个中原因在于，他把基督徒的"理智的权利"变成基督徒必须履行的"认知的义务"（epistemic duty），即必须以基督教信仰作为唯一的真理标准，并以此排斥不相容标准，这是他后一部分辩护的内容。普兰丁格论辩的关键是把一种相对的权利（相对于其他信仰而言的正当性）转变为一种绝对的义务（能够判断自己的信仰为唯一真理，并排斥其他信仰的优越性）。我们来看一看，他有没有充足的理由作出这样的转变呢？

普兰丁格看到，有两种理由：外在的和内在的理由。外在的理由是，作为一个基督徒，一个人不得不这样做，他不得不恪守他的与生俱来的信仰，不得不排斥其他信仰，正如一个伊斯兰教徒也会用同样的态度对待自己的信仰和其他信仰一样。普兰丁格认为完全外在的理由是偶然的、不充分的，他从他的"改革宗的认识论"的立场出发，提出了"合适的功能主义"（proper functionalism）的理由。按照这一理论，如果产生一个信念的认识能力和认识环境是合适的，如果这种认识能力的自然的目的是产生正确的信念，如果这一信念为真的或然性较高，那么这一信念就可被确信为真。这四条标准把真理的主观条件和客观条件概括得很全面，他可以说，不管基督徒还是非基督徒，都要遵守这些真理标准。但是，普兰丁格紧接着做了一个转化，他把加尔文的教义理解为可以取代这些标准的功能。他说，加尔文所说的"神圣的感觉""圣灵的内在见证"以及《圣经》揭示的人类的罪和悲惨的状况，都具有满足这些标准的功能，因此都可以视为真理的标准；按照这样的标准，证明基督教的那两条基本信仰为真，其他与之不相容的信仰为假。

普兰丁格的做法实际上是用信仰来证明信仰，即用某种特殊的教义所具有的认知的功能，来证明基督教一般的教义。我们可以提出这样一个问题：某种特殊教义的认知功能能够代替普遍的真理标准吗？伊斯兰教徒、佛教徒或无神论者的某些特殊信仰也有证明他们各自的一般教义或学说的功能，按照普兰丁格的逻辑，这些特殊信仰岂不也可以取代真理的普遍标准？其他宗教乃至无神论的一般信仰岂不也能用同样的方式证明为真？要之，普兰丁格是在基督教信仰内部证明信仰的真理性的，他从一开始就把与基督教信仰不相容的信仰排除在证明的过程之外。A. 托伦斯直截了当地宣称："总之，关于上帝的言谈在对上帝之道的认识中找到自身的最后基础，而通过迎合与重建的方式使圣灵显现出来，这种认识才会发生。"①如果基督教神学完全建立在圣道或圣灵的显现的基础上，它当然不需要与外部的话语进行对话和交流，相斥主义正是以信仰的

---

① A. Torrance, "*Religious Studies*" or *Studying Religion*: *150th Anniversary Celebrations*, typescript, p. 4.

封闭性为前提的，它的真理性也只能在一个封闭的信仰体系中被证明。

普兰丁格至多只是证明了，在任何一个封闭的信仰体系中，相斥主义都是正确的，他并没有证明基督教相斥主义为真。因为其他宗教和无神论也可以用同样的证明方式来排斥基督教信仰。如果相斥主义对不同信仰的各方都是真的，宗教对话与交流不仅是不需要的，而且是不可能的。A.托伦斯说，这正是相斥主义的目标，因为只有当相容主义不可能时，基督教才能"教育""解放"那些基督教以外的人，并最终把他们包容进基督教之中(如果他们接受"教育"和"解放"的话)①。这些话不禁使我们想到，如果不同信仰的社会集团都要"教育"和"解放"别人，而不能与别人进行平等的对话，那么，还会有宗教间的宽容和思想宽容可言吗？

现在的中世纪哲学家和神学家们没有看到，相斥主义与相容主义是可以相容的，因为两者是针对不同情况说的。在不同意见的对话开始时，对话各方不可避免地持相斥主义；即使有人认为对方的意见与自己是一致的，他也是以自己的意见为基础去理解对方的，仍然是"隐性的相斥主义"；就对话的出发点而言，相斥主义是正确的。但是，为了使对话能够有效地进行，并达到积极的成果，对话各方至少要设定，他们的分歧是可以调和的，不同的意见包含着共同的真理；以相容主义为目标的对话的结果很可能是各种意见的

---

① A. Torrance, "*Religious Studies*" *or Studying Religion*: *150*^{*th*} *Anniversary Celebrations*, typescript, p. 4.

融合，不是被融合在一方的意见之中，而是被融合在一种前所未有的新意见之中。因此，就对话的目标与实际所能达到的结果而言，相容主义是正确的。我们应该把对话看作一个过程，一个真理发生和完成的过程；这个过程开始于相斥主义，结束于相容主义。正如黑格尔所说，真理是一个过程。我们现在更要记住：真理不是一开始就掌握在某种特殊身份的人的手中的、他人不能染指的圭臬。

关于相斥主义与相容主义的争论直接涉及中世纪哲学研究中的外部研究和内部研究的关系。受中国目前的社会环境和学术条件的制约，中国人目前研究的中世纪哲学基本属于外部研究，但是，"外道"与"内学"不应当相互排斥，而应是相得益彰。内部研究者往往会忽视自己最熟悉的东西，偏爱自己坚信不疑的东西。"不识庐山真面目，只缘身在此山中。"外部研究往往可以克服这些盲点和偏见。同样，外部研究者往往会因为缺乏某种宗教体验和情感，而不理解一些词语的特殊意义；或者会因为自身的立场，有意无意地低估，甚至否定自己所不信仰的观点。内部研究往往可以弥补这方面的不足。

4. 用中国人的眼光解读中世纪哲学

我们所说的中世纪哲学与中国哲学之间的可比性、公度性和兼容性都是以中文为媒介的。这似乎是一个悖论，我们似乎又回到了需要论证不同语言之间是否有公度性的问题。这个问题的解决仍要回到中世纪哲学在中国的意义。如前所说，公度性既然是一个理论上的选择，既然是为了中国现代文化建设之需要而设定的，它当然要借助一种特定的语言以及与之联系的思维方式作为它的参照系。

任何公度都有参照系,参照系不同则公度也不同,但这只能说明公度的相对性,而不能否定公度性本身。不管是以西方语言为媒介或参照的公度,还是以中文为媒介或参照的公度,都是为不同目的和需要而使用的、可以普遍化的标准,正如市尺和英尺都是可以在全世界使用的尺度,并可以互换一样。

使用中文作为媒介的中世纪哲学是中国人研究中世纪哲学的特点,也是中国人对中世纪哲学可能作出的新贡献。我曾在《用中国人的眼光解读西方哲学》一文中说:"中国人离不开自己固有的思维方式。语言是思维的媒体,只要你用中文去翻译、理解和表达西方思想,那么你必然是以中国人的特有方式思维。退一步说,即使你能完全运用外文来理解和表达,几千年的文化传统也仍然会潜移默化地在你脑中起作用。"[①]同理,我们也要用中国人的眼光解读中世纪哲学。中世纪哲学是西方人(包括古代希腊化地区的人们)发明创造的,但这并不意味着西方人对他们自己的理论具有优先的解释权,也不意味着教会对这种理论有垄断权和裁决权。按照中国人的眼光,特别是按照中国世俗学者的眼光来解读中世纪哲学,对于促进中国文化和西方文化、宗教徒和非宗教徒以及宗教间的对话、交流和相互理解,无疑具有重要的意义。

用中国人的眼光来解读中世纪哲学,要求我们不只是重复外国人的观点,也不只是翻译介绍外国人的著作。中国人需要做的创造

[①] 赵敦华:《用中国人的眼光解读西方哲学》,《北京大学学报》1994年第4期,第60页。

性工作很多。比如，按中国人的思想和语言来理解中世纪哲学的观念，创造为人们喜闻乐见的表达形式。再比如，按中国文化建设的需要来选择、组织素材，使中世纪哲学与中国哲学之间的可比性凸显出来。还比如，按照中国人的眼光，重新评估和解释一些基督教哲学的理论，使之在中国文化的环境中发生"价值转换"的作用，等等。我们希望，用这种严谨的、开放的和创新的精神，我们能够在从事中世纪哲学的教学和研究的过程中，用具有鲜明中国文化特色的中世纪哲学的成果，参与国际间的对话。

3

《上帝之城》里的哲学

《上帝之城》是奥古斯丁的一部代表作，很多人认为这是他最主要的代表作。奥古斯丁在哲学史上的地位非常重要。在讲到柏拉图的时候，怀特海说整个西方哲学都是柏拉图哲学的注脚①。在类似的意义上，整个基督教神学也可以看作是奥古斯丁著作的一系列注脚。其实，不仅仅是神学，西方的许多其他的哲学家也受到奥古斯丁哲学的影响。

一、《上帝之城》的主要内容

《上帝之城》一共有二十二卷，它的前十卷主要是反驳，后十二卷主要是正面阐述他自己的观点。反驳什么呢？ 这本书的写作有这么一个历史背景。在410年，西哥特人攻陷了罗马城。当时，罗马帝国已经皈依基督教了，罗马城被基督徒看成是永恒之城。可以想象，罗马的陷落在当时的基督徒的心中引起了多么大的失望和恐慌。当时奥古斯丁在一次布道时说，罗马城被攻陷了，我的心都碎了。一些异教徒也借机攻击基督教，他们幸灾乐祸地说，罗马是在

---

① 怀特海：《过程与实在》，杨富斌译，中国城市出版社，2003年，第70页。

信仰传统的宗教的基础上强大起来的，自从它抛弃了自己的宗教，改信基督教之后，受到了那些传统神灵的报复，罗马才遭到这么大的劫难。奥古斯丁花了十五年的时间(412—427)，在他去世之前，完成《上帝之城》的写作。

这本书前十卷主要是反驳这些异教徒，它分两个部分。一到五卷是第一部分，主要是讲罗马的衰落与其宗教信仰并没有必然的联系，希腊罗马的多神教信仰没有能够保证罗马的繁荣，禁止多神教也不是罗马陷落的原因。第六到第十卷是第二部分，着重反驳异教徒的一个观点，他们认为多神崇拜能够保证不朽的幸福，不但能够保证帝国的不朽幸福，也能够保证个人的不朽幸福，奥古斯丁对此进行了反驳。当然他同时也反驳了哲学。因为幸福是当时哲学的主题，当时流行着288种哲学，都在讨论什么是幸福的问题，所以，奥古斯丁不但反驳异教的幸福观，也反对哲学的幸福观，说希腊哲学不能保证使我们得到真正的幸福。他说希腊哲学有一个承诺，即哲学是幸福之学，但希腊哲学达不到这个目标。

后十二卷是正面阐述奥古斯丁的观点，这是对《圣经》的历史性解释，堪称历史神学的巨著。奥古斯丁从《圣经》的《创世记》开始，一直到《圣经》的最后一卷《启示录》。奥古斯丁把《圣经》看作是一本关于上帝与人关系的历史之书，书中谈到上帝是怎么创世的，是怎么造人的，亚当、夏娃是怎么堕落的，人类各个部落是怎么繁衍的，七天洪水之后诺亚子孙的历史，亚伯拉罕子孙即以色列人这一支的历史，也讲了耶稣的诞生，基督教的传播以及历史的终结即最后审判，他把整个《圣经》从头至尾用历史叙事的方法做了神学的解释，所以说，《上帝之城》是一部历史神学著作。

前十卷也是用了历史叙述的方法，奥古斯丁在反驳异教的时候，引用了许多古代史的知识，包括希腊史、罗马史和古希腊罗马的神话，还有古代其他人的历史，来说明多神崇拜为什么不能给人类带来幸福。全书都是运用历史叙述的方法写成的神学著作，前一部分讲的是俗史，就是人类还没认识到上帝之前的历史，通过对古罗马的历史叙述来反驳异教徒的多神崇拜以及他们的思想体系（哲学）。作为第二部分的后十二卷讲的是圣史，即当人类认识到上帝之后，他们的信仰、背叛以及救赎的历史过程。先是人类初民（亚当）和亚伯拉罕子孙的信仰，其中也包括人类和以色列人的多次背叛，直到耶稣诞生了，圣史从此展开了一个新的篇章，人类得到了救赎，一直到最后审判。俗史讲的是地上之城；圣史中，有信仰，也有背叛。信上帝和不信上帝这两种人，上帝之城和世俗之城这两种体制，在人类历史中是交织在一起的。奥古斯丁把圣城和俗城看成是既相互冲突又相互结合、相互混合的历史。这十二卷可以再分成三个部分，分别谈圣城和俗城的产生、发展和结局。第十一卷到第十四卷讲述了两个城的产生，第十五卷到第十八卷讲述了圣城和俗城在人类历史中的发展和变迁，第十九卷到二十二卷讲述了最后的结局，即基督最后的审判。到最后审判的时候，这两个城就分开了，在此之前即其产生的时候和人类历史发展过程当中，这两个城都是合在一起的，都是不可分的，到最后审判的时候，这两个城在时间上、在空间上分开了：在空间上，生活在圣城里的人就可以上天堂，生活在俗城里的人就下地狱；从时间上讲，历史已经终结了。我们所讲的"历史终结"是历史神学的一个概念，并不是黑格尔最先提出来的一个概念。"终结"是什么意思呢？它是指时间停止了，凝固了，圣城的人在天堂得到的是永恒的幸福，俗城的人在地狱里得到的是永恒的惩罚，但是在此之前，奥古斯丁再三强调，圣城和俗城在人类历史当中，在历史没有终结之前，都是混合的。这就是本书的概要。

中世纪哲学的两本最重要的书，一是《上帝之城》，一是托马斯的《神学大全》，长期没有中译本，反映了我国长期不重视中世纪哲学这一事实。现在都有了。《上帝之城》的中译本有两本。我们引自王晓朝的译本[①]。总的来说，在奥古斯丁这本书里，没有太深奥的哲学思辨和论证，它在谈论观点的时候，用了很多历史故事，包括神话、传说，这本书历史感特别强，引用的历史资料非常多。如果直接看英文版比较困难，里面涉及很多专有名词，如人名、神名、地名，比较难读，这倒不是因为这本书的思想难懂。王晓朝的翻译解决了这个问题，读中文版可以省去很多查字典的工夫，很快搞清楚讲了什么人，什么地方，什么事件等。

《上帝之城》里的哲学有三个部分。第一部分是对希腊哲学作了一个总结，这是从基督教的立场所写的一部希腊哲学史。第二部分是对恶的解释。奥古斯丁在很多著作都提出了对恶的解释，这次是在圣城和俗城的产生的背景中提出恶的来源的问题。第三部分是从上帝之城和地上之城的关系中所阐发的政治哲学。

---

① 奥古斯丁：《上帝之城》，3册，王晓朝译，香港道风书社，2003年。

二、奥古斯丁和新柏拉图主义

奥古斯丁讲的柏拉图主义实际上就是新柏拉图主义,其特点就是系统化甚至是教条化的柏拉图主义,也就是我们讲的正面的读法,也就是把柏拉图对话里苏格拉底讲的话都当作正面的结论,然后系统化为一个理论。奥古斯丁讲的柏拉图主义就是系统化、教条化的新柏拉图主义,普罗提诺、普洛克鲁斯、扬布里柯等当时新柏拉图主义者创造的,都是这样的体系,这些体系都可以在柏拉图的著作中找到一些根据,但把柏拉图的学说教条化、系统化了。他们就是奥古斯丁所欣赏的柏拉图主义者。他说:"柏拉图主义者比任何哲学家都更接近于我们。"

关于奥古斯丁和新柏拉图主义的关系,现在的研究者有不同的看法,有的抱着肯定的、欣赏的态度,有的是持批判的态度,比如,意大利学者雷里(G. Reale)对基督教时期的新柏拉图主义有这么一个看法,即认为当时的新柏拉图主义分异教和基督教,异教和基督教都利用了新柏拉图主义,两者的差异在于:异教的新柏拉图主义的系统越来越复杂,而基督教的新柏拉图主义把复杂系统简单化。普罗提诺本来已经创造了一个体系,也是"太一、理智或理念、灵魂"的"三位一体",后来的新柏拉图主义把这个体系越来越复杂化,按照一分为三的方式,即"太一"、理念、灵魂各分成三部分,一直这样分,可以分成很多更小的理念,小的"太一"、小的灵魂,每一个灵魂都和希腊罗马他们所信奉的神祇相对应,形成一个多神教的体系,把本来就很复杂的多神教的体系用哲学的语言分门别类,安排成复杂的等级,这就是新柏拉图主义体系的复杂化倾向。奥古斯丁是基督教新柏拉图主义的一个代表。由此可以解释,奥古斯丁在引用柏拉图主义的时候,为什么没有引经据典,他除了引用《蒂迈欧篇》《斐多篇》中比较简单的结论、观点,很少直接引用柏拉图的对话,也没有引用新柏拉图主义者普罗提诺等人的著作。现在一些学者怀疑,奥古斯丁是否真正读过、是否真正理解柏拉图主义的著作,是不是真正研究过新柏拉图主义。雷里的解释解决了这个问题。他认为,基督教的新柏拉图主义既然要把复杂的体系简单化,就要抓住新柏拉图主义与基督教的共同之处,作简单明白的分析①。奥古斯丁也许没有细读过很多新柏拉图主义的著作,更别说柏拉图的对话了,但是他基本上掌握了新柏拉图主义的最扼要、最有用的部分;柏拉图的著作很多,他抓住了为他所用的部分,用"六经注我"的方法予以发挥。所以,我认为,不能用一个学究的态度质疑奥古斯丁是不是懂新柏拉图主义或懂多少新柏拉图主义,关键是看他怎样利用新柏拉图主义,是不是利用得巧妙、是不是成功,是不是达到了为基督教辩护的目的。从功用和目的上看,奥古斯丁做得很成功。

现在国外学界对奥古斯丁和新柏拉图主义传统的研究提出的另一个重要问题是,奥古斯丁到底是把柏拉图主义基督教化了,还是把基督教柏拉图主义化了? 对这个问题有不同的理解。首先是肯定

---

① R. Dodaro & G. Lawless (eds.), *Augustine and His Critics*, London: Routledge, 2004, p. 41.

性的理解，认为整个基督教传播的过程就是希腊哲学基督教化的过程。比如，德国的新教神学家哈纳克（A. Harnack）写了著名的《基督教神学史》，他高度评价了基督教的希腊化，并认为基督教的希腊化就是基督教教义和希腊哲学的结合，这一结合在《圣经》里是有根据的，《约翰福音》里运用了"逻各斯"这个概念，而整个希腊哲学就是"逻各斯中心主义"。"逻各斯"在《约翰福音》里就是圣子即耶稣基督。哈纳克说，当《圣经》用"逻各斯"来表示耶稣基督的时候，已经宣布了基督教和希腊哲学结合的开端[1]。按照这种解释，以后的护教士所做的工作，就是沿着这个方向，在奥古斯丁那里达到了一个顶峰，最终完成了改造整个希腊哲学使之基督教化的过程。

但另外一方面，也有人反对基督教的柏拉图主义化。比如，尼格伦（A. Nygren）是瑞典的一个主教，同时也是一个神学家，他写过一本很有名的书，题目是 Agape and Eros，Eros 是柏拉图讲的爱欲，Agape 就是《圣经》里的爱，上帝对人的爱、人对上帝的爱，有人把它叫做"圣爱"。尼格伦认为这两种爱，希腊之爱和基督教之爱是根本对立的，一是俗爱，一是圣爱，他指责奥古斯丁在《上帝之城》里创造了一个新词 charitas，即英语的"charity"，是"仁慈""仁爱"。尼格伦指责说，奥古斯丁用这个词混淆了 eros 和 agape 的区分，即混淆了基督教之爱和希腊哲学之爱的根本区别。

---

[1] 转引自 E. Gilson, *History of Christian Philosophy in the Middle Age*, New York: Random House, 1995, p. 75。

他认为奥古斯丁错误地利用新柏拉图主义，引进了基督教当中没有的世俗的希腊哲学的成分，损害了基督教之爱①。另外，法国的中世纪哲学史的权威人物吉尔松也指责奥古斯丁把上帝的创世说混淆于普罗提诺讲的流溢说。流溢说是说"太一"是以流溢的方式创造了理智世界和灵魂，流溢引用"光"这个比喻，好像是太阳不断地发射自己的光芒而无损于自身的完美。吉尔松指责他把上帝的创世当成是光的流溢，这混淆了基督教义和新柏拉图主义的根本区别②。

这些研究把奥古斯丁和新柏拉图主义的关系理解为信仰和理性的关系，好像奥古斯丁所做的工作就是用信仰来改造理性或者说用理性来为信仰服务，他对哲学的理性似乎没有太大兴趣和实质贡献，似乎他的理性是从新柏拉图主义那里借来的，而他所做的贡献在利用这种理性为信仰服务。我认为不能这么说。我也找到了一个知音。在1998年，剑桥大学出版了S. Menn的《笛卡尔和奥古斯丁》。作者说了这么一句话："奥古斯丁相信，基督教在理性的内容上也超过了柏拉图主义，不仅是因为其信仰正确、是真宗教等，而且在理性内容上也超过了柏拉图主义。"③我认为这个判断对于新柏拉图主义来说还是正确的，因为在奥古斯丁时代，新柏拉图主义已经成为一种迷信，新柏拉图主义从普罗提诺开始的时候，还是很理性化的，即使存在教条化倾向，但是发展到后来，被系统化、复杂化之后，把许多大大小小的实体变成了民间宗教中的神，与民间

---

① A. Nygren, *Agape and Eros*, SPCK, London, 1953, pp. 449-451.
② E. Gilson, *The Christian Philosophy of Saint Augustine*, Random House, 1967.
③ S. Menn, *Descartes and Augustine*, Cambridge University Press, 1998, p. 195.

的宗教结合在一起。在奥古斯丁眼里，这是一种坏宗教，是一种偶像崇拜，其理性内容已经很少了。所以，奥古斯丁不仅仅是用基督教来反对坏宗教，同时也是用理性来反对迷信，这可以看作是奥古斯丁神学的一个主调。从文本中也可以看到，奥古斯丁对柏拉图、柏拉图主义一开始是作正面的评价。他说，离我们最近的希腊哲学家就是柏拉图。他接着做了些具体分析，把希腊哲学分成三支即自然哲学、道德哲学和理性哲学，在这三个分支当中，柏拉图主义是最优越的，优点是最多的，最接近于基督教。他把这三方面都和基督教作了对比，认为这些思想不仅在信仰上最接近于基督教教义，而且比较有理性。但到最后也对柏拉图主义进行了批判：虽然新柏拉图主义也认为最高的神只有一位（"太一"），或柏拉图所说的最高的理念、最高的神——"善"，虽然他们认识到这个真理，但仍然陷入偶像崇拜。反对偶像崇拜、反对希腊罗马多神教的精神以及和多神教相结合的哲学，这是《上帝之城》第一部分前十卷的主题，奥古斯丁批判新柏拉图主义最后还是不可避免地堕入了迷信，批判新柏拉图主义的非理性化的一面。在此，奥古斯丁并不是说新柏拉图主义太理性化，而是强调它的非理性化的一面，说它是坏宗教、是迷信。他是从两方面进行批判的，一方面是好宗教、真正的宗教和坏宗教的对立；另一方面是好的理性和迷信的对立。

不能说奥古斯丁只是强调信仰而不强调理性，其实他的理性很强。奥古斯丁对信仰下了个定义，即以赞成的态度去想，信仰不是没有思想。思想有两种，一种是以怀疑的态度去想，这是学园派的态度，对什么事情先怀疑、先否定、先打个问号，然后去思想。但奥古斯丁认为这是不可能的，因为有些东西是不能否认的。至少有三条是不能否认的：第一，我存在；第二，我活着；第三，我在思想。这三条是无法否认的、不能怀疑的。不管是否意识到这三条，都只能赞同这三条，才能够思想①。因此，只有先持赞成的态度，才可能充分利用理性去思考其他问题。这和笛卡尔说的"我思故我在"一样，只是奥古斯丁把"我思"放在最后。奥古斯丁问道，我为什么会思想？我的思想是从哪儿来的？要回答这些问题必然归结到思想的终极原因，即上帝的真理、上帝的存在。从奥古斯丁对信仰的论证来看，他的信仰里面本身包含理性、包含思想，没有把二者完全对立起来。如果联系到具体问题，会看得更清楚。

奥古斯丁经常引用经文"I am who I am"。在和合本被译为"我是自有永有的。"王路和周伟驰主张将这句话译为"我是我所是"，认为把上帝称作"实体"不恰当，恰当的称呼应当是"是""是者"。但是，杨适和唐逸不赞成这种译法。他们提出，英文 am 的希伯来文是 hayah, haw-yaw，其原意正是"存在"（to exist）的含义，而不仅是一个系词，并和"呼吸"和"生存"的含义联系在一起。这些都是实意动词的用法，不是单纯系词或助动词的含义。因此，和合本的译法还是比较准确的②。

在希伯来文的《圣经》里，我同意耶和华的那一句话强调的是

---

① 奥古斯丁：《论自由决断》，2卷3章，参阅赵敦华、傅乐安主编：《中世纪哲学》上卷，商务印书馆，2013年，第333页。那里"活着"被译作"生活"，"思想"被译作"理解"。

② 参阅杨适、唐逸：《中国的西方哲学研究中的十个误解》，《哲学动态》2004年第10期。

呼吸、生存、活着，即"living"这个意思，当上帝说"I am who I am"，从希伯来文原意上讲，即"我是活着的"，没有什么深奥的意思，它既不是表示"我是我所是"，也不是"我是自有永有"，而是表示"我是活着的神"，"I am"就是"活着"即"living"。《圣经》里用的都是生活当中最常见的词语。耶和华为什么要说"我是活着的"呢？他是在说，我是活着的神，不是没有生命的偶像。他区别了活神和偶像，《圣经》里有很多类似这样的话。比如，摩西在西奈山上见到耶和华之后，定下了十诫，当他下山以后，发现以色列人做了一个金牛作为最高的神来崇拜，摩西马上把这个金牛销毁掉。神是活着的神，起作用的真神，是通过真气、气息和人交流的。《创世记》里讲上帝在亚当的鼻孔里面吐了一口气，他就获得了灵魂，所以人的灵魂就是气，就是希腊哲学里讲的"普纽玛"（pneuma），《圣经》里译成"灵"。在斯多亚派那里，"pneuma"是气息，与中国哲学里讲的"魂魄"是"气"，有相同之处。在《圣经》里，上帝是有生气的、是活着的，是可以通过气息和人的灵魂相通的，不要把上帝过分的哲学化了，说上帝是"是者"或"存在"。

但是，奥古斯丁把上帝与哲学概念联系在一起，可以说他把基督教哲学化或柏拉图主义化了。当他说上帝是 being 的时候，being 指"是者"还是"存在"呢？这是现在哲学家争论的问题。我承认，the author of being，supreme being，absolute being 这样的语词是在说上帝是存在的创造者，最高存在，绝对存在，等等。但是，当他用上帝的 being 与柏拉图所说的 being 进行比较时，把 being 理解为"是者"更好理解一些。比如，奥古斯丁引用了《圣经·出埃及记》里耶和华自称自己的名字是"I am who I am",他解释说,这句话是说,"上帝才是不变的、真正的'being',而所有的可变的东西既是又好像不是什么(all mutable things are as if they were not)。而柏拉图对这一真理有着充满热忱的认知,孜孜不倦地教导它"①。大家可以看看《理想国》,柏拉图在区别知识和意见时,正是这样说的:知识的对象是确定的是者,而意见的对象既是又不是一个东西,好像这样一个谜语:一个不是男人的男人,看见又看不见,用一块不是石头的石头,打又没有打一只站在不是一根棍子的棍子上的不是鸟的鸟。柏拉图说:"这些东西具有含糊的两重性,使人不能明确地知道它们中任何一个是或不是什么,也不知道它们都是或都不是什么。"②在这样的语境中,把 being 翻译为"是者",才能把论辩的理由说清楚;如果翻译为"存在"或"存有",我们看不出柏拉图为什么要用那个谜语来比喻意见,奥古斯丁为什么说可变事物既存在又不存在。所以还是要在语境中理解 being 的不同意义和译法。

三、奥古斯丁与"原罪"的观念

"原罪"可谓基督教的特殊教义。罗素说,"原罪"的观念是区别中世纪与希腊两个时代的标记:"如果我们反问自己,希腊观点与

---

① 赵敦华编:《西方哲学经典名著选读》(英文版),中国人民大学出版社,2003 年,第 143 页。
② 柏拉图:《理想国》,479b。

中世纪观点之间的主要区别是什么？那我们就可以完全这样说：前者缺乏原罪意识。对于希腊人来说，人们似乎并不为遗传下来个人罪孽负担苦恼不堪。希腊人的心灵里是没有赎罪或灵魂获救一说的。"①其实，"原罪"的观念也是区别中世纪与近代哲学的一个重要标记。17世纪的帕斯卡说："原罪在人们面前是愚蠢的，然而它就是这样被给定的。因而你就不应该责备我在这个学说上没有道理，因为我给定它就是没有道理的"，"既然它是一件违反理智的东西……那么它又怎么能被人的理智所察觉呢？"帕斯卡又引用保罗所说"神的愚拙总比人有智慧"的经文为"原罪"说的"愚蠢"和"反理智"辩护②。但这样的辩护对追求智慧和要求理性证明的哲学家而言是无效的。一个世纪之后，启蒙学者公认"原罪"说是"对逻辑和伦理第一原理的侮辱"③。令对立两派哲学家没有想到的是，"原罪说"恰恰有哲学论证，这些论证由保罗提出，奥古斯丁发挥之。只是古人没有现代哲学的论证形式，他们的论证需要我们从文本中读出。我们从两方面解读之。

1. "型相-分有"论证

基督教的"原罪"教义的主要依据是保罗的《罗马书》。《旧约》和福音书中虽有不少"人皆有罪""全然败坏"的启示，但没有明确的"原罪"观念。保罗也没有使用"原罪"这一术语，他在《罗

---

① 罗素：《西方的智慧》，崔权醴译，文化艺术出版社，1997年，第358页。
② 帕斯卡：《思想录》，何兆武译，商务印书馆，1986年，第445、202页。
③ E. Cassirer, *The Philosophy of the Enlightenment*, Princeton University Press, 1951, p. 159.

马书》第 5 章中论述人在上帝面前犯罪的原因和后果，被后世称作"原罪"说。"原罪"之"罪"（sin）指人类之罪，"原"（original）可以指"起源"，也可以指"原因"①。保罗说："罪是从一人入了世界，死又是从罪来的；于是死就临到所有人（pantas anthrōpous，和合本译为'众人'），因为所有人都犯了罪"（5：12）；"死就作了王，连那些不与亚当犯一样罪过的，也在他的权下。亚当乃是那以后要来之人的预像"（5：14）②。

奥古斯丁根据哲罗姆的拉丁文译本，把"因为（eph'hō）所有人都犯了罪"改为"在他里面（in quo）所有人都犯了罪"③。现在很多学者认为奥古斯丁的解释不合希腊文法，但我以为符合保罗的本意；因为"在他里面"更明确地表示了后一句中"亚当乃是那以后要来之人的预像"的意义。"预像"（tytos）与柏拉图式的"型相"（eidos）的意义相似。《罗马书》5：12—21 基本上可以说是两个对应的"型相-分有"论证：人类"分有"了亚当之罪和死，因此人人皆有罪性和死性；"因信称义"之人"分有"了耶稣的赎罪和复活的恩典，因此得到赦免和永生。

虽然保罗书信中有"分有"（metochē，《哥林多后书》6：14；symmetochos，《以弗所书》3：6, 5）和"摹仿"（symmimētēs，《腓立比书》3：17）的术语，但最常用的术语是"在基督里"（en christō）、

---

① Original 源于希腊文 arche，这个词兼有"起源"和"最初或首要原因"之意。
② 本文《圣经》引文，均引自和合本，稍许改动之处在引文中注明。
③ Augustine, *A Treatise on the Merits and Forgiveness of Sin*, Aeterna Press，2015，3.14.

"在主里"(*en kyriō*)、"在圣灵里"(*en pneuma*)的词组，多达 50 余次(其中《罗马书》20 次)，以及"同基督一起"(*syn christō*)12 次(其中《罗马书》5 次)。对这些词组的意思有不同解释，一些研究者认为这两个词组表示信徒"分有"或"分享"耶稣基督的生命、苦难和荣耀。慕道格承认，它们确实"不能不带有'分有'的含义"，但又说，"我们在基督里""基督在我们里""基督为我们"等说法"不应该从本体论上理解，除非在说明这些说法的逻辑关系时遇到不可避免的困难"①。在我们看来，人们解释《罗马书》5：12—7：25 论证时遇到的难题正是由于没有从本体论上理解所造成的。

奥古斯丁把"所有人犯罪"的原因解释为"在亚当里面"，实际上把亚当的"原罪"当作犯罪致死的"型相"，而人类的罪性和死性是"分有"原罪的结果。这是一个柏拉图主义式的论证。这深得保罗心传。《罗马书》的读者主体是熟悉柏拉图思想的希腊化地区的人("外邦人"和散居外邦的"犹太人")，对他们来说从"型相-分有"关系上理解"原罪说"，并没有理论上的困难。奥古斯丁在皈依基督教前，深受柏拉图主义影响，皈依后用柏拉图主义解释基督教学说。即使在最后完成的巨著《上帝之城》中，也承认"真正的哲学家就是热爱上帝的人"，"这个学派因其祖师爷(即柏拉图)而得名"②；又说："没有人比柏拉图主义者更接近我们了"，"我们喜欢柏拉图主义者胜过其他所有哲学家"，"因为柏拉图对神的理解有许

---

① Douglas Moo, *The Epistle to Romans*, Grandrapid: Eerdmans, 1996, pp. 394-395.
② 奥古斯丁：《上帝之城》上册，王晓朝译，8.1，第 332—333 页。

多方面与我们的宗教真理是一致的"①。《上帝之城》第 8 章至 9.15 说明柏拉图学说与基督教学说的一致性，9.16 至第 10 章反驳新柏拉图主义的误解。

但是，奥古斯丁在《上帝之城》第 13 章解释"初人"犯罪致死成为人类罪性和死性的原因时，却没有使用"型相-分有"关系，而使用"始祖-后裔"联系："初人一旦成为最早的罪人，责罚他们的死就会使得凡是从他们枝蔓上长出的，都要遭受这种惩罚。他们不会生出异于他们自己的人"；"初人的夫妇既然是人，就和他们的后代相同。初人之中包含了整个人类，初人的夫妇接受神的责罚，就通过女人的繁衍，把这责罚传到她的后代"②。这样的解释给人以始祖的"原罪"通过生殖遗传给人类的强烈印象。但我们应注意两点。第一，奥古斯丁这里只是说"死性"是人类遗传，并没有说"原罪"是人类遗传。第二，生殖遗传可能只是"型相-分有"关系的一种通俗解释。他把《创世记》2:7 中"你吃的日子必定死"改为"你们将在死亡中死去（morte moriemini）"。吴飞在译者注中说："奥古斯丁此处后半句直接引用的拉丁文《圣经》，与哲罗姆本相同，其本来含义为'你们将在死亡中死去'……哲罗姆译本是单数，但奥古斯丁改为了复数，不知是否有据。"③奥古斯丁

---

① 奥古斯丁：《上帝之城》上册，王晓朝译，8.5、8.10、8.11，第 339、348、349 页。

② 奥古斯丁：《上帝之城：驳异教徒》中册，吴飞译，上海三联书店，2008 年，13.3，第 153 页。

③ 同上书，13.3，第 155 页注 15。

的改动显然与他把《罗马书》5：12"因为所有人都犯了罪"改为"在他里面所有人都犯了罪"保持一致。"因为"或"必定"表示因果关系,而"在……里面"表示"型相-分有"关系。亚里士多德批评柏拉图的"分有说"的重要理由之一,就是它是不能解释事物运动原因的"空话和带诗意的比喻"①。其实,"型相-分有"关系是一种逻辑因果关系,亚里士多德在因果关系上要区分"逻辑"(形而上学)与"事实"(物理学)因而拒绝"分有说"的合理性。如果哲学家都难以理解"型相-分有"关系,一般人就更莫名其妙了。况且,奥古斯丁时代与保罗时代相差三百多年,如果说保罗时代希腊化地区的人尚可知道柏拉图学说,那么奥古斯丁时代说拉丁语的人,无论教父或教徒、哲学家或普通民众,更是不知柏拉图的"分有说"为何物。受历史条件限制,即使奥古斯丁知道保罗的"型相-分有"论证,也只能在翻译上动点手脚暗示之,而使用众所周知的"父母和他们的后代相同"的事实来解释"原罪"的效应。

2. 围绕"原罪说"的神学之争

如此说来,奥古斯丁对保罗的"原罪说"有隐性和显性两套解释,隐性解释符合保罗原意,显性解释原来只是符合读者理解水平的权宜之计,但却引起旷日持久的神学之争。

经院哲学创始人安瑟尔谟在"魔鬼"与上帝斗争的语境中解释"原罪说"。他说:"受造的人在乐园中,原本无罪,仿佛是为了捍卫上帝而被置于上帝和魔鬼之间,以便通过不屈从于魔鬼的引诱去

---

① 亚里士多德:《形而上学》,991a20—22。

犯罪而征服魔鬼，并荣耀上帝，使魔鬼蒙羞"；然而，事与愿违，亚当"未受强迫、自愿地允许他自己屈从于魔鬼的意志，并违背上帝的意志和尊荣"，这就是"原罪"。安瑟尔谟接着说："由于原罪所导致的致命后果(ex vulnere primi peccati)，人在罪中受胎(concipitur)，在罪中降生(nascitur)"①。"在罪中受胎"和"在罪中降生"决定通过两性生殖遗传的人性是罪性和死性。因此，上帝必须借童贞女降生为"神-人"即耶稣。耶稣自身没有罪性和死性，但却可以用自己的身体向魔鬼为人类"赎身"，这个不属于"亚当后裔的人"替"作为亚当后裔的人类偿还罪责"②。这就是"代偿说"。

虽然安瑟尔谟的"代偿说"引起争论，未成为正式教义，但"生殖遗传"的人性有罪被固定成为天主教"原罪说"的教义。1546年的托伦特大公会通过"繁殖而非模仿"(propagatione non imitatione)原罪教义，但"原罪遗传"说的教义不可避免地遭遇现代遗传学的问题：人类有无共同始祖？ 人类社会行为是否受基因控制？ 人类有无共同的犯罪基因？ 1950年教皇发表的《人类遗传》重申"罪由亚当一人通过生育传递给所有人"。第一次梵蒂冈大公会把原罪教义列为理性寻求的理解启示的奥秘的一个范例③。

新教不接受"原罪遗传"说。《威斯敏斯特信条》肯定亚当原罪"归算"(imputo)给人类。新教至少有15个信条讨论罪责如何"归

---

① 安瑟尔谟：《上帝何以化身为人》，1.22.引自《信仰寻求理解——安瑟伦著作选集》，溥林译，中国人民大学出版社，2005年，第333—334页。

② 引自《信仰寻求理解——安瑟伦著作选集》，溥林译，1.8，第355—358页。

③ A. M. Dubarle, *The Biblical Doctrine of Original Sin*, London: Geoffrey, 1967, pp. 227-239.

算"①。"归算"是联合体的代表与所有成员关系的类比,比如,一些教会代表签定的信经把信条归算给这个教派所有成员;议会宣战把战争责任归算给国家的所有公民,国家代表宣布投降把屈服的义务归算给所有公民。以此类推②,亚当的原罪把罪责归算给所有人类,而耶稣受难代表人类向上帝赎罪,代表信徒与上帝和好。"归算"的责任在一个联合体中有效,但要人类为他们始祖的行为负罪责,这不合常理和逻辑。潘能伯格说:"要我为许多世代之前的另一个人的行动承担联合责任(jointly responsible),好像我是他在一个与我现在根本不同的情境中行动的一个联合原因(a joint cause),这是不可能的。"③

保罗使用"型相-分有"关系论证"原罪说",既有思想周密、推论严谨的哲学优点,也非常贴己、生动、形象,毫无哲学思辨的抽象和玄虚。如果用"型相-分有"另外的方式解释"原罪说",都有不可逾越的困难。天主教的"人性遗传论"和新教的"罪责归算论"遭遇的困难源于离开了保罗的论证。再比如,早期教父用亚当的坏榜样解释原罪,致使佩拉纠认为,后人是否模仿亚当的坏榜样,取决于个人的自由选择,因此提倡道德自救的道路④。

---

① 杨牧谷主编:《当代神学词典》上册,台北校园书房,1997年,第587页。
② 墨瑞说,改革宗的合约神学建立在类比的基础之上(J. Murray, *The Imputation of Adam's Sin*, Phillipsburg, N. J.: Presbyterian & Reformed, 1959)。
③ W. Pannenberg, *Anthropology in Theological Perspective*, Philadelphia: Westminster, 1985, p. 124.
④ R. F. Evans, *Pelagius: Inquiries and Reappraisals*, New York: Seabury, 1968, pp. 82-83.

3. "历史-心理学"论证

我们不必担心使用柏拉图主义的术语会歪曲保罗神学或损害耶稣启示。柏拉图相信有形体的事物只能分有无形的"理念"或"型相",根本不相信一个人的身体和本性可被其他人所分有。保罗从不把"型相"当作没有形象的抽象形式。耶稣基督是这样的具体型相:他既有历史中的具体形象,也是单一、永恒、不可重复的"型相";新约中的"分有"是心灵感染的具体途径。

同样,《罗马书》第 5 章中的"原罪说"并不是抽象的哲学思辨,而是对 1:18—32 阐述的人类犯罪原因的历史概括;两者应该与《创世记》的历史记载参照阅读。亚当"明明可知"的上帝吩咐(《罗马书》1:20,参照《创世记》2:17),人类因为"心里的情欲行污秽的事"(《罗马书》1:24,参阅《创世记》3:6),"满心是嫉妒、凶杀、争竞、诡诈、毒恨"(《罗马书》1:29,参阅《创世记》4:4—9)。他们的罪行不是通过生物遗传,而是家族恶俗随着人口自然繁衍而蔓延,当偶像崇拜、性犯罪和社会罪恶(《创世记》4:24、6:2),在洪水前已经成为人类普遍罪恶;洪水后罪性不改(《创世记》8:21),世代流行(《创世记》11:4)。翻开人类有文字记载的历史,可验证《创世记》前 11 章的历史记载和《罗马书》中的历史概括。奥古斯丁在《上帝之城》第 13 章至 16.11 把早期人类犯罪的这些事实归结为"原罪"的最初效应。

《罗马书》第 7 章对人犯罪的根源有一个心理学的解释:"非因律法,我就不知何为罪。非律法说,'不可起贪心',我就不知何为贪心。"(《罗马书》7:7)"不可起贪心"是"十诫"的最后诫命,犹太拉比认为这条诫命统摄其他诫命。这条诫命并非以色列人所独有，它可以说是人类良心的命令。保罗说："没有律法的外邦人若顺着本性行律法上的事，他们虽然没有律法，自己就是自己的律法。这是显出律法的功用刻在他们心里，他们良心（*syneidēseōs*，和合本译作'是非之心'）同作见证"（《罗马书》2：14—15）。"本性"（*physis*）指人类自然拥有的灵魂和身体；"良心"（*syneidesis*）指分辨善恶的能力，这是人类共同的能力。就是说，没有摩西律法的外邦人都可凭借自己的即良心区分善恶，如哲学家所说的"自然律"就有的不成文法，人类成文法的很多条款都是对人起贪心犯罪的惩罚。保罗说诫命和法律不是禁止贪心，倒是贪心的起因，这就提出了法律与贪心、犯罪与良心和孰先孰后的问题：究竟先有贪心、后有惩治贪心的法律呢，还是先有法律、后由法律诱发贪心呢？ 究竟先有犯罪，后有羞耻之心呢，还是先有良心，然后违反良心而犯罪呢？ 这是一个犹如"先有鸡还是先有蛋"的悖论，人类经验不足以解决这个问题，但《圣经》记载中却有启示式的答案。

耶和华命令亚当不可吃"分别善恶树上的果子"（《创世记》2：17），这是最早的诫命，注意其形式不是"不可有贪心"，而是说"不可有分别善恶的良心"。亚当、夏娃不知善恶，"夫妻二人赤身露体并不羞耻"（《创世记》2：25）。"蛇"即以蛇为图腾的蛇族人①，引诱夏娃说：违反耶和华命令，"你们便如神能知道善恶"（《创世

---

① 关于"蛇"引诱夏娃性犯罪的解释，参见赵敦华：《〈创世记〉四大神话的历史还原》，《北京大学学报》2009年第5期，第23—25页。

记》3:5)。但是,人类"知道善恶"的良心起于犯罪的贪心,夏娃因贪心"食物""悦人的眼目""可喜爱"和"智慧"(《创世记》3:6)这四般可欲之物而犯罪,亚当"也"如此犯罪(《创世记》3:6)。犯罪之后,"他们二人的眼睛就明亮了,才知道自己是赤身露体"(《创世记》3:7),两性的羞耻之心就是最初的良心,然后才有防止人类性犯罪的法律(《创世记》3:21:"耶和华神为亚当和他妻子用皮子作衣服给他们穿")。原罪的过程是:上帝诫命—起贪心—犯罪—良心—律法。

保罗说:"罪趁着机会,就藉着诫命叫诸般的贪心在我里头发动"(《罗马书》7:8),"罪趁着机会,就藉着诫命引诱我,并且杀了我"(《罗马书》7:11)。如朗根奈克说,这里的"我"是"亚当里的我"①。此言甚合我意。保罗用第一人称的"我"(ego)描述我在上面解释的"原罪"过程:"罪"指蛇族人,"趁着机会""藉着诫命"指引诱夏娃违反上帝的命令;"叫诸般的贪心在我里头发动"指激发起夏娃的四般"贪心";"杀了我"指亚当、夏娃因贪心犯罪导致死亡。上帝赐予亚当永生的诫命,反倒产生人类死亡的恶果。因此,保罗说:"那本来叫人活的诫命,反倒叫我死。"(《罗马书》7:10)

律法激发的贪心一旦成为"亚当型相"的组成要素,就成为人类的普遍经验。这样的例证比比皆是;比如,法律条文反而激起人触犯法律的犯罪动机和行动,法律条文越细致,犯罪手法越高明;

---

① R. N. Longerecker, "On the form, function, and authority of the New Testament Letters", in D. A. Carson (ed.), *Scripture and Truth*, Grand Rapids: Zondervan Publishing House, 1983, pp. 109-116.

再如，警示人不要犯罪的警匪片和道德片反而引起人模仿匪徒和不道德的欲望，因此不宜刻画细节，或"儿童不宜"。保罗总结人类经验说："我以前没有律法，是活着的；但是诫命来到，罪又活了，我就死了。"(《罗马书》7:9)"以前没有律法"指天真素朴、不分善恶的人类童年，"诫命来到"指文明社会法网罗织，犯罪反而被激活加剧。

最近看到吴天岳著《意愿与自由：奥古斯丁意愿概念的道德心理学解读》一书。此书深入奥古斯丁所说"肉欲"(concupiscentia carnis)、"感性欲望"(sentiendi libido)与"性欲"的联系。他得出这样的结论："奥古斯丁原创地将性欲指向人性内在的无力，在奥古斯丁的哲学人类学中，欲念或肉欲作为对亚当和夏娃最初过犯的惩戒，它规定着堕落之后人的基本生存状态，特别是作为情感动物的人。这一特征首要地但并不是唯一地体现在我们的性欲之中。"[1]虽然吴天岳没有使用"原罪"一词，但他讨论了"奥古斯丁在注解《创世记》中有关人的堕落这一章节"中"蛇的诱惑"[2]。

保罗没有使用"性欲"一词，他所说的"情欲"或"贪心"是同一词 *epithymia*，这个词在柏拉图(如《理想国》434d—441c)和亚里士多德著作(如《论灵魂》432a—b)中指"欲望"；斯多亚派用这个词表示四种激情中的"欲求"（另外三种是忧伤、恐惧和快乐)[3]。希

---

[1] 吴天岳：《意愿与自由：奥古斯丁意愿概念的道德心理学解读》，北京大学出版社，2010年，第46页。
[2] 同上书，第38页。
[3] 参见赵敦华：《西方哲学通史》第一卷《古代中世纪部分》，北京大学出版社，1996年，第287页。

腊哲学家并没有把这个词与"性欲"紧密联系，但保罗确实用 *epithymia* 首要地但并不是唯一地指称不正当的性欲。比如，他在《罗马书》的开端说，由于人故意不认识神，"神任凭他们逞着心里的情欲行污秽的事，以致彼此玷辱自己的身体"（《罗马书》1:24）。这是说两性关系上的淫乱。当时罗马帝国，上到皇帝贵族，下到富人平民，淫乱成风。保罗再次强调，淫乱的根源是偶像崇拜。由于人们颠倒造物主和被造物的关系，"将神的真实变为虚谎"，"因此"（dia touto），保罗再次推理说，"他们的女人把顺性的用处变为逆性的用处；男人也是如此，弃了女人顺性的用处"（《罗马书》1:26—27a），这是说贵妇人养男嬖和社会流行的同性恋风气，"欲火攻心，彼此贪恋，男和男行可羞耻的事，就在自己身上受这妄为当得的报应"（《罗马书》1:27b）。吴天岳证明奥古斯丁拉丁文著作中的相关词也有这些意思。在我看来，这意味着奥古斯丁可能赞成保罗对"原罪"及其造成人类罪性的心理学分析。

四、神正论和"自由意志"辩护

基督教信仰唯一的全善、全知、全能的上帝，于是产生了一系列问题：上帝造出的人为什么会犯罪？世间的恶来自何方？当时的伊壁鸠鲁主义者利用恶的来源问题否证了基督教信仰的全善、全知、全能的上帝。他们说，如果恶出自上帝创造，那么上帝不是全善的；如果恶不是上帝的创造，那么它的出现是上帝不能阻止的；如果上帝是因为不知道恶的存在而没有去阻止它，那么他就不是全知的；如果上帝知道恶的存在但没有能力去阻止它，那么他就不是全能的。总之，恶的存在与上帝的全善、全知、全能相矛盾。这些问题严重困扰着神学家。奥古斯丁写了一系列的著作，力图证明恶的起源和性质与上帝的存在不矛盾，开创了基督教神学的神正论的传统。

在奥古斯丁之前，普罗提诺已经把恶定义为"缺乏"，即应当存在而没有存在的东西。奥古斯丁接受这一新柏拉图主义的解释，将恶定义为"背离本性，趋向非存在……倾向于存在的中断"。"趋向于非存在"不等于非存在，这一定义并未简单地将恶变为虚影幻相。相反，恶在上帝创造的世界里占据着不可否定的位置。在世界这一存在的等级系统中，低一级事物是相对于高一级事物的非存在，高一级事物是低一级事物的存在根据。如果一事物放弃这一根据，趋向比它低级的事物，这就是趋向非存在，表现出恶的性质。

按照恶的定义，一切被称作恶的东西可分为三类。第一类是"物理的恶"，指事物的自然属性造成的损失和伤害，如自然灾害，人的生老病死造成的痛苦，等等。这一类恶的原因是缺乏完善性，能否把这一原因归咎于上帝创世的不完善呢？ 奥古斯丁断然否定。他说，上帝创造的是一个完善的整体，单个被造物的不完善性正是完善秩序的组成部分。他说："在宇宙中，即使那些所谓的恶，只要能够加以控制，使之处于应处之地，也能增加我们对善的景仰，因为善若与恶相比较，更显出价值，更可羡慕。"[1]物理的恶不但无损

---

[1] 奥古斯丁：《教义手册》第 11 章，Philip Schaff (ed.), *A Select Library of the Nicene and Post-Nicene Fathers*, Vol. III, Grand Rapids, M. I.: Eerdmanns 1887, p. 240。

于上帝的善,而且衬托、显扬出上帝的善。

第二类为"认识的恶",指真理与谬误、确定与不确定的认识秩序的颠倒。认识的恶的原因是人类理智的不完善。它虽然比物理的恶更加危险,导致可以不相信上帝,但和物理的恶一样,其原因不能归咎于上帝。人类理智的不完善性"应当被看作现世生活的错误",只是相对的、局部的、表面的,并不影响上帝的智慧的绝对完善性。

第三类为"伦理的恶",只有这类恶才称得上罪恶,这是奥古斯丁关心的主题。他说,罪恶是"人的意志的反面,无视责任,沉湎于有害的东西"[1]。"意志的反面"不是说罪恶与意志无关,而是说罪恶是意志的背逆活动。他说:"当意志背离了不变的共同的善,追求个人的好处,即外在于自身、低于自身的好处,它就是在犯罪。"[2]意志是灵魂的活动,其正当目标应是高于灵魂的上帝;当意志追求低于灵魂的身体时,造成秩序的颠倒,产生伦理的恶。就是说,邪恶意志不是由一个外部动力所造成的,邪恶意志的原因在于意志内部的缺陷,即人类意志自身的不完善性。或者说,罪恶不是上帝的创造,但产生于人类意志的缺陷。

如果人们要继续追问:上帝为什么要赋予人以有缺陷的意志,以致产生出罪恶呢? 上帝为什么不赋予人只会行善,不能作恶的意

---

[1] 奥古斯丁:《教义手册》第 11 章,Philip Schaff (ed.), *A Select Library of the Nicene and Post-Nicene Fathers*, Vol. III, p. 246。
[2] 奥古斯丁:《论自由选择》2.19.53,A. Hyman & J. Walsh (eds.), *Philosophy in the Middle Ages*, Indianapolis, 1974, p. 55。

志呢？奥古斯丁回答说:"不是有意做的事既不是恶,也不是善,因此,如果人没有自由意志,则将不会有公正的惩罚和奖赏。但是,赏罚的公正来自上帝的善,它必然存在。因此,上帝必然赋予人以自由的意志。"①人类意志的缺陷在于包含着作恶的可能性,但这种缺陷还是意志自由选择所必需的,只会行善、不能作恶的意志不是自由意志,没有选择善恶的功能;而自由选择又是惩恶扬善的公正性所必需的,人们只有对自己自由选择的事情才承担自己的责任,否则将无所谓善恶之分,也不应该接受惩罚或奖赏;最后,惩恶扬善的公正性是上帝的善所必需的。经过这样的推论,可知人类意志的不完善性是相对于上帝的善而言的,人类意志的选择自由是惩恶扬善的先决条件。如果上帝不赋予人类意志以自由,他将丧失其公正性,这种为小善而舍大善的做法本身不符合善的秩序。这样,奥古斯丁证明了人类意志自由及其可能产生的罪恶的合理性。奥古斯丁把罪恶的根源归咎于意志自由,他认为灵魂的"背逆和皈依都是自愿的,而不是被迫的"②。也就是说,人的意志有行善或作恶的选择自由,上帝并不干预人的选择,但对自由选择的后果进行奖惩。上帝的恩典主要表现为赏罚分明的公正,而不在于帮助人择善弃恶。

佩拉纠(Pelagius)根据奥古斯丁的早期著作,合乎逻辑地否认人类的原罪和上帝的恩典。他认为,既然上帝赋予人类的自由意志是

---

① 奥古斯丁:《论自由选择》1.1.3, R. McKeon (ed.), *Selections from Medieval Philosophers*, Vol. I, New York: Charles Scribner's Sons, 1929, p. 13。

② 同上书, 2.19.53, A. Hyman & J. Walsh (eds.), *Philosophy in the Middle Ages*, p. 55。

善良的本性,即使自由意志的误用可以导致罪恶,但基督徒受洗之后,就可以恢复自由意志的正当用途,就会趋善避恶。除了自由意志这一上帝赋予人类的恩典之外,人不需要"救赎"的恩典。佩拉纠的追随者否认原罪,否认恩典的必要性,被教会谴责为异端。奥古斯丁在与佩拉纠派异端的争论中,修改了早期的意志自由说。他认识到他的早期观点可能被佩拉纠派所利用,在《更正》一书中他指出,早期著作是为反驳摩尼教而作,主要讨论恶的起源问题,"这些著作没有谈及上帝的恩典"。但是,佩拉纠派"别想得到我们的支持"①。他在后期反佩拉纠派著作中强调,没有上帝的恩典,人的意志不可能选择善,只能在罪恶的奴役之下,丧失了选择的自由。罪恶的原因与其说是人类的意志自由的误用,不如说是人类的原罪。他说,上帝在造人时曾赋予人自由意志,但自亚当犯下原罪之后,人类意志已经被罪恶所污染,失去自由选择的能力。他说:"人们能够依靠自己的善功获救吗? 自然不能,人既已死亡,那么除了从死亡中被解救出来之外,他还能行什么善呢? 他的意志能够自行决定行善吗? 我再次说不能。事实上,正因为人用自由意志作恶,才使自己和自由意志一起毁灭。一个人自然只是在活着的时候自杀,当他自杀身亡,自然不能自行恢复生命。同样,一个人既已用自由意志犯罪,被罪恶所证明,就已丧失了意志的自由。"②

---

① 奥古斯丁:《更正》,1.9.2, A. Hyman & J. Walsh (eds.), *Philosophy in the Middle Ages*, p. 65。
② 奥古斯丁:《教义手册》第 11 章, Philip Schaff (ed.), *A Select Library of the Nicene and Post-Nicene Fathers*, Vol. III, p. 247。

丧失了自由意志，人类处在罪的统治下。但人还以为自己是自由的、自主的，这本身就是罪。"傲慢是一切罪恶的开始。"①傲慢自大使人远离上帝，是人性堕落的开始根源。堕落的人性主要有三种：物质占有欲、权力欲和性欲。人总是具有无止境地占有物质财富的欲望，所以尘世的人永远不会有幸福。人由于其傲慢自大，想模仿上帝，于是就追求权力。第三种欲望就是性欲，原罪正是通过性活动而被传给后一代的。因而人是在罪中孕育而成的，他天生是有罪的；婴儿都是自私的，以自我为中心的。

奥古斯丁继承了保罗"因信称义"的教义，强调只有依靠上帝的恩典，人才能恢复意志自由，在非奴役的条件下作出善的选择，除此别无拯救之路。上帝的恩典首先表现在为人类赎罪。上帝之子耶稣基督牺牲自己，为全人类赎了罪，换取全人类复生。相信耶稣为人类赎罪，是救世主，这是摆脱罪恶、获得恩典的前提条件。

中世纪教会虽然谴责佩拉纠主义为异端，尊崇奥古斯丁为圣徒，但却没有完全采纳奥古斯丁后期对原罪的解释。因为照此解释，现实中的人完全受罪的奴役，没有行善的自由；在获得上帝的恩典之前，人也不会做出任何道德努力。这显然与基督教的伦理精神不相符合。中世纪的正统学说修正了奥古斯丁的原罪说和恩典说，吸收了佩拉纠主义对意志自由的看法。很多思想家认为，人类即使在堕落的状态中，也没有完全丧失选择善恶的能力，仍然可以

---

① 奥古斯丁：《信件集》第145封第3节，Philip Schaff (ed.), *A Select Library of the Nicene and Post-Nicene Fathers*, Vol. I, Grand Rapids, M.I.: Eerdmanns, 1887, p. 496。

择善行善。人的善功和德行是对恩典的回应和配合,也是获得拯救不可缺少的条件。

安瑟尔谟在《论选择的自由》中调和人的意志自由与上帝的恩典。他说,自由意志是上帝赋予人的不可更改与剥夺的能力,人在"原罪"之后并没有丧失自由意志的能力,所丧失的只是对自由意志的运用。好比一个自由人在他选择做他人的奴仆之时,他并没有放弃他的自由权,他的选择是和他的自由权相抵触的。"原罪"是人类由于亚当没有运用自由意志而承担的罪责,耶稣在十字架上的赎罪使人类摆脱了这一罪责,使意志仍然有着向善或向恶两种选择倾向,他们选择何种倾向将决定他们自己能否得救。

13世纪的托马斯也肯定了人的自由意志的崇高价值。他说:"人性并不因为罪而完全腐败到全然没有本然之善的地步,因而人有可能在本性遭腐败的状态也能依其本性做一些具体的善事。"① 人之所以能够在堕落状态行善,那是因为人性中仍然保有自由意志(libero arbitio)、良心(synderesis)和理性(ratio)的善的本性。

人的意志属于意欲范畴。托马斯把意欲分为感性的和理性的两种。理性意欲意志与感性意欲的差别就如理智与感觉的差别一样。感性意欲是动物意欲。托马斯承认,动物意欲,如食欲、性欲也是人的自然意欲。人的感性欲望本身既不善,也不恶,正如没有理性的动物没有善恶之分一样。感性意欲和理性意欲共同支配人的行

---

① 托马斯:《神学大全》1集49题3条, T. Gilby (ed.), *Saint Thomas Aquinas: Philosophical Texts*, Oxford, 1960, p. 281。

为，如果它成为决定性的因素，完全支配和改变了人的行为，那它就是罪恶的原因了。

宗教改革的时候，路德利用奥古斯丁反佩拉纠派的著作，否认人的自由意志、否认人有自由选择的意志，认为只有恩典才能决定是否能够得救，决定是否恢复行善的能力、自由意志的能力。加尔文派把保罗"因信称义"的宣讲发展为"选民"与"弃民"的上帝"预定论"。

宗教改革之后，为上帝恩典和预定辩护的神正论已经失势，现代基督教哲学区别了神正论和护教论两种立场。护教论以普兰丁格为代表，他使用逻辑分析说明上帝与罪恶可以共存。他说，上帝虽然全能，但至少有一个世界是上帝不可能创造的，这就是一个只包含道德上的善而没有伦理上的恶的世界，只要上帝创造的人有自由意志，世界将成为什么样取决于上帝的能力和人的自由选择。

奥古斯丁早期的自由选择学说是护教的神正论，在近代哲学中引起广泛讨论。护教的神正论要阐发的核心命题是"上帝创造了一个有罪恶的世界，但他这么做是有充足理由的"。但如果只是为了在最后审判时显示上帝的公正，而让这个世界罪恶泛滥，灾难深重，并对人间的恶采取了一种冷眼旁观的态度，这样的上帝也太没有爱心了，好像是一个冷冷的上帝。

18世纪刚开始，发生了里斯本大地震，造成了大量伤亡。人们问：仁慈的上帝为什么要用那么惨烈的手段来残害人呢？即使要减少人口，也没有必要用这样残酷的手段。这一事件，引起了一些哲学家，如伏尔泰和莱布尼兹，重新思考恶的问题。

英国20世纪哲学家麦基写过一篇文章,反驳"神正论",他说,如果为了更大的善而允许恶,那么在自然界和人类社会为什么会有那么多不必要的恶? 就是说,这些恶根本就不是实现善的目的。按照奥古斯丁的观点,我们在自然界看到的弱肉强食、自然灾害、生老病死,这些都是自然的恶,自然的恶从局部看来是恶,从整体看来,它是有秩序的安排。对此,麦基举了一个最简单的例子,猫吃老鼠是自然的恶,符合自然界生态平衡,但关键是,有的时候猫残忍地对待老鼠,直至把老鼠折磨个半死再把它吃掉。这种恶就是过分的、不必要的恶,没有任何服务于自然整体秩序的意义。一些非常惨烈的自然灾害,也是不必要的恶[1]。

20世纪的奥斯威辛集中营集中表现了惨绝人寰的伦理之恶。奥斯威辛之后,很多人的上帝观发生了根本的动摇。如此巨大的恶难道仅仅只能用来显示上帝的公正吗? 是惩罚少数法西斯分子的公正,还是为了惩罚犹太人? 在奥斯威辛集中营里,犹太教徒呼喊上帝,上帝在哪里? 为什么没有显示善的迹象? 这些事实都无法得到解释。汉娜·阿伦特在《艾希曼在耶路撒冷》一书中认为,艾希曼在耶路撒冷法庭上的辩词"好似在总结这堂关于人类弱点的漫长一课给我们的教训——那令人毛骨悚然的、漠视语言和思考的平庸的恶"[2]。"平庸之恶"不是"根本恶",而是无思想的人在特殊环境中都会犯的。她认为康德提出的"根本恶"是不符合西方概念

---

[1] J. L. Mackie, "Evil and Omnipotence", *Mind* 64 (1955), pp. 200-212.
[2] 汉娜·阿伦特:《艾希曼在耶路撒冷》,安尼译,译林出版社,2017年,第268页。

的:"如果说道德哲学传统,从苏格拉底到康德,直到现在,在一点上是一致的,那就是:无人有意作恶,不可能为恶而行恶。"她又说:"只有一件事情似乎可以辨别出来:我们可以说,在我们全部哲学传统中,我们本来就不相信一种'根本恶',在基督教神学里,魔鬼本人也是天使出身。"①阿伦特没有解释"平庸之恶"的哲学史来源,但不难理解,奥古斯丁对恶的本体论论证潜移默化地影响了阿伦特。奥古斯丁认为,恶不是没有原因的,但不能把恶理解为动力因而只能理解为缺乏因。阿伦特对奥古斯丁的神正论作了祛魅处理,把恶的缺乏因转化为"平庸之恶"。阿伦特说,根据她自己的经历,真正困扰我们的不是我们的敌人,而是我们的朋友的行为,即使是持续一生的友谊,也可以在一夜间被摧毁。有些人平常是好人,但是到了关键的时候,由于他无思想,没有判断是非的能力,在时代潮流和时髦中,或在履行责任和义务的名义下,放弃自由选择。恶实际上是一个很平庸的现象,根本不需要什么深刻的理由和原因。启蒙之后和现代对恶的解释,显然失去了早期基督教和宗教改革时代神正论的历史处境意义。

"平庸之恶"的含义是什么呢? 从哲学的角度来讲,从形而上学的角度来说,不要把恶想得太深刻,把恶的原因看得太高深,挖空心思为恶的存在找理由;相反,只有善才值得我们去深思,加以深刻的理解,才能在实践中弘扬善。用奥古斯丁的话说,只有善才

---

① 汉娜·阿伦特:《极权主义的起源》(第2版),林骧华译,生活·读书·新知三联书店,2014年,第572页。

是上帝的创造，在自然界和人的本性中，善处处可见；而恶是一种"缺乏"，是"非存在"，是"缺乏因"在起作用。奥古斯丁对恶的本体论解释符合阿伦特的"平庸的恶"的观点。这也不奇怪，阿伦特的博士论文写的就是奥古斯丁，奥古斯丁对恶的观点潜移默化地影响了阿伦特。

在《上帝之城》中，奥古斯丁对恶的原因做了更详尽的分析。我们可以看一段关于动力因（effective cause）和缺乏因（defective cause）的讨论。恶不是没有原因的，但不能把恶理解为动力因，而只能理解为缺乏因。"缺乏因"这个概念奥古斯丁只在这个场合下使用过，其他人都没用过。缺乏因是什么意思呢？那是因为缺乏一个本性、缺乏一个本质而产生的原因。奥古斯丁有一个很细致的分析和论辩。奥古斯丁说，如果恶有一个动力因，那么这个动力因（1）或者有意志，（2）或者无意志。

（1）如果它有意志，且（1a）：它是善的意志，那么，这个善良意志不可能是恶的动力因；（1b）：如果恶的意志是动力因有另一个恶的意志作为动力因，那么，这样不断地往前推理，就要有第一恶的意志在这个因果序列上作为第一因。这又可以被分成两种情况。(1b-1)：恶的第一动力因没有本性，因此不是原因；（1b-2）：这个第一因有自己的本性，但恶不能从这个本性中产生，因为一切本性自身不是恶。但这一本性的变动可能会产生恶，这样又可以分成两种情况。(1b-2-1)：如果它不造成伤害，它就不是恶的原因；(1b-2-2)：如果造成伤害，那么这也是偶然的（因为在变动中），和恶的现象没有必然联系，因此也不是恶的动力因。

(2) 如果恶的动力因是无意志的，有三种可能性：高于、等于或低于意志。(2a)：如果无意志的原因高于意志，那它就是善，善不可能造成恶；(2b)：如果无意志的动力因等于意志，那是自相矛盾的，因此，唯一的可能性是(2c)：如果恶有一个动力因的话，那么这个动力因是无意志或者低于意志。

奥古斯丁接着问：什么样的低于意志的东西可以成为恶的原因呢？那不可能是人的身体或肉体。肉体本身并不是恶的；正如黄金本身并不产生恶，但对黄金的贪婪产生了恶。只是因为灵魂朝向了低于意志的肉体，才产生恶。意志朝向低于意志的东西，这就是缺乏因。缺乏是什么意思呢？缺乏并不等于虚无，而是没有做应该做的事情，应该发生的没有发生，这就叫做缺乏。意志应该朝向比自身更高的善，但却因为沉溺于低于自身的肉体，这就是缺乏，处在缺乏状态的意志是恶的原因，是"缺乏因"①。

人的意志为什么会有这种缺乏因？归根到底，上帝的创造是从无到有的创造，在人的本性当中，"无"和"有"这样两种成分同时存在。后来的帕斯卡有类似的思想："无"和"有"有最根本的区别。但这一解释与"无中生有"的创造并不矛盾，因为：缺乏是"有"朝向了"无"，这恰恰是对创造的悖逆，使得上帝创造出来的"有"被"无"所吞没，这是创造的毁灭，因此是恶的最根本原因。从根本上说，不管是"无中生有"的创造，还是"有化为无"的毁

---

① 参阅赵敦华编：《西方哲学经典名著选读》（英文版），中国人民大学出版社，2004年，第150页。

灭,都没有必然性,前者出自上帝的自由意志,后者出自人的意志的错误选择。人应该赞美上帝创造的恩典,而为自己的错误负责。

奥古斯丁的解释虽然比较复杂,但是其最根本的一点就是把恶平庸化了。宋明理学里有句话,"恶不与善对",善"以一对万"。恶不是和善相对立的东西,恶是一个很低级的东西,有一个缺乏因,即在没有任何动力的情况下,在不知不觉的情况下,在没有自觉的选择的情况下,在放弃了自己的思想的情况下,它就悄悄地发生了,所发生的后果却非常严重。从它的原因上来说,是很平庸的。不要为恶作本体论的辩护,或者是找到它的一个终极原因,要警惕日常生活中时刻有可能发生的这种平庸之恶。因此我认为阿伦特的"平庸之恶"或恶的平庸化,阐述了奥古斯丁关于恶的思想的精髓,到现在仍然有启发作用。

五、奥古斯丁的政治哲学

对奥古斯丁的上帝之城和地上之城的政治理论,历史上有两种不同的解释。一种以天主教和新康德主义为代表,认为"上帝之城"是教会,"地上之城"是国家,含义是中性的。另一派以新教的一批神学家和自由思想家为代表,强调"上帝之城"的末世论特点,认为"上帝之城"是末日审判后的"属灵的爱的共同体",而"地上之城"是现实的国家,国家是人堕落之后的产物,是"天然的不正义",是上帝对罪的惩罚。第一种解释是中世纪以来的传统,有强调教权、贬低王权的历史背景。20世纪初,卡莱尔和马库斯等人持第二种解释，一时在奥古斯丁研究中成为主流。但20世纪90年代以来，伯特、伯内尔、海金等人对主流派的解释提出挑战。夏洞奇在《尘世的权威：奥古斯丁的社会政治思想》一书中，对这些人的思想做了比较详细的介绍和分析，他倾向于90年代以来的新观点，认为这些观点有较多的文本根据①。我也有同感，但我主要关心政治哲学的问题。按照主流派的观点，奥古斯丁的《上帝之城》是非政治的，甚至反政治的。我觉得这是过头的说法，应该肯定奥古斯丁有一套政治哲学。

波勒(John Boler)在《奥古斯丁和政治理论》一文中说，奥古斯丁没有提出政治理论；相反，他的思想是非政治的，甚至是反政治的。他的主要理由是，奥古斯丁没有对国家的结构作任何分析，只是谈论国家的世俗的功能；在世俗之城当中，虽然基督徒也要服从，但是基督徒服从的不是世俗的统治者，而是上帝；即使由基督徒当统治者，他们所执行的也是上帝的权威。奥古斯丁的思想之所以是非政治的，是因为他认为政治没有自身的意义，政治只有在和上帝之城的对立当中，才有自身的意义，因此，他按照非政治的原则来解释政治，否认国家的正义性，认为真正的正义只存在于天国，在现实当中是没有的。更有甚者，奥古斯丁认为政治本质是统治欲(libido dominandi)，是不可避免的恶；政治是对罪的惩罚，不仅是对被统治者的惩罚，也是对统治者的惩罚。统治别人的人，自

---

① 详见夏洞奇：《尘世的权威：奥古斯丁的社会政治思想》，上海三联书店，2007年。

己也是不自由的，不能摆脱上帝的惩罚。所有这些，都表达了他的反政治的立场①。

我不同意波勒的这些解释。首先，是否能够说，奥古斯丁没有对国家的结构作任何分析，国家的世俗功能没有任何积极的意义？不能这样说。奥古斯丁认为国家有两种功能：第一，对罪的惩罚；第二，维持世间的和平。在19卷13章，奥古斯丁从和平这一角度，对上帝之城和地上之城下了定义："政治团体的和平在于公民之间的权威和服从的有序和谐，而天上之城的和平存在于喜欢上帝和在上帝之中相互喜欢的人之间的完全有序的、和谐的交融。和平的最终的意义是来自秩序的平静，秩序在于把相似和不相似事物放置在各自合适位置的安排。"这个定义找到了两城的一个共同点：和平、秩序、权威和服从。其中：和平是目标，秩序是结构，权威和服从是功能。差别只是在于：上帝之城的和平是永恒的，只服从上帝的权威；而地上之城的和平是暂时的，要服从世俗的权威。

奥古斯丁肯定，按照上帝创造的秩序是权威和服从。这一秩序有三个层次：家庭、国家和天国。在家庭中，奥古斯丁强调子女服从父亲的权威，妻子服从丈夫的权威，奴隶服从主人的权威。国家具有与家庭相似的"权威-服从"结构。在奥古斯丁的语言中，"权威"（auctoritas）具有正面价值，较高事物对较低事物的权威符合上帝创造的秩序。在国家中，上级对下级的权威，可以是正当的"治

---

① John Boler, "Augustine and Political Theory", *Mediaevalia*, Vol. 4, 1978, pp. 83-132.

理"（imperare），也可以是"统治"（dominari）。因此，国家既是以不公正的统治对罪的惩罚，又是信上帝的人用爱的治理。

在第19卷的第21章，奥古斯丁反驳西塞罗关于国家的定义，按照这一定义，国家是按照全体人民的共识来行使普遍正义（summa justica）的共同体。奥古斯丁针锋相对地说，地上之城不可能有真正的正义（vera justica），正义不可能是国家的本质。这个观点贯穿全书。比如，第2卷第21章说，罗马从来都不是真正的共和国，因为它没有真正的正义。奥古斯丁给出的一个理由是，古代希腊罗马城邦奉行偶像崇拜，偶像崇拜把统治者变成了神。罗马统治者把自己当作神，偶像崇拜背后的政治意义就是人的统治欲的神化。偶像崇拜的习俗当然也可以说是对什么是正义的共识，但是这种共识和强盗团伙的共识没有什么区别。如同《庄子》说"盗亦有道"，奥古斯丁也说，王国是大强盗团伙，强盗团伙是小王国（4卷4章）。

奥古斯丁对国家正义观的反驳是直接针对西塞罗的，但与柏拉图和亚里士多德的观点不见得完全不同。柏拉图的《理想国》关于正义的讨论，使人以为正义是国家的无可非议的本质，但柏拉图关于国家的自然起源（"猪的城邦"）以及从君王制到僭主制的必然堕落，有些接近于奥古斯丁对地上之城正义的看法。亚里士多德也没有用"正义"来定义国家，他在《尼克马可伦理学》里面谈的正义是一种私德，即给予每个人应该有的东西，是从私人和私人的关系或私德的角度说的。在《政治学》中，亚里士多德也用人的"自然本性"来解释国家的起源。至于现代人，也不都是把正义作为国家的第一要义。比如，卡尔·波普尔在他的政治哲学中没有讨论正义。直到罗尔斯才认为，这是自由主义的一个缺陷，为了弥补这一缺陷，他把正义作为社会和国家的基本德性。现在，人们普遍认为，正义是无可怀疑的政治第一原则。其实，通览从古到今的政治哲学史，并非如此。正义在不同的哲学或政治学体系中有不同的地位和作用。奥古斯丁不用"正义"作为"城"的定义，并不意味着他使用了非政治的原则。

奥古斯丁不把正义作为政治和社会的原则，出于什么样的考虑？我想首先是出于宗教的考虑。上帝之城和世俗之城的区分，不是奥古斯丁的发明，在《圣经》里就有了。《圣经》的最后一卷《启示录》里，讲到巴比伦和耶路撒冷这两个大城，早期的基督徒是用巴比伦来影射罗马，认为罗马是世界邪恶的中心，用耶路撒冷来比喻天国，也用了天上之城这个概念，到了最后审判的时候，只有虔诚的圣徒才能进入天上之城的城门，其他人都要被拒于天上之城之外,.这是《圣经》的背景。当然，在《圣经》里面是用比喻的话，而没有指出城邦到底是什么意义。奥古斯丁是用基督教之爱把"城邦"的概念哲理化了。基督教讲信、望、爱，爱是最大的宗教的德性；而"正义"在"四主德"中被看作"全德"。根据宗教德性高于世俗德性的信仰，奥古斯丁用"爱"来定义城邦：爱上帝甚于爱自己的人民组成天上之城，爱自己甚于爱上帝的人组成地上之城。但是，在奥古斯丁的政治神学中，"爱"也可以成为政治原则，不要因为他用两种爱来定义两个城，就以为他采取了非正义的标准，也不要因为地上之城由不爱上帝的人组成，就否认了它有任何积极的作用。

在奥古斯丁看来，爱并不是个人的情感，而是人的基本的存在方式。在第14卷第7章，他说，使人爱是欲望，感受爱是愉悦，逃避爱是畏惧，沉溺于爱是悲伤，这四种爱构成了人的存在之网。他主要谈欲望和愉悦这两种存在方式。欲望是爱的动力，愉悦是爱的感受。他又用了两个词——有用（uti）和愉悦（frui），可欲的东西是有用的，是动力，但不是目的，愉悦才是目的。比如，水果是可欲的东西，吃水果是有用的，但愉悦才是吃水果的目的。

爱也是这样，上帝爱人是因为人是有用处的，但不是人对上帝的用处，而是人对人有用处或人自身的用处。上帝指定人作为自然界的管家，人对自然是有用处的，人相互间也是有用处的。人由于自身的用处而爱人，这个是动力，但是目的才是愉悦，上帝因为人的用处而感到愉悦。同样，人爱上帝，是因为上帝对人是有用处的，这个用处就是永恒的幸福与和平，这是人因此而感到愉悦的目的。在上帝之城，人和人之间的爱，也是因为互相有用（对上帝的爱有用），而达到了相互愉悦的目的。

在世俗之城，为了私利而利用上帝，即偶像崇拜，偶像崇拜并不爱任何的神，而是利用偶像达到自己的目的。比如说，为了金钱或享受而去崇拜一个偶像，希望偶像满足他的私利，这也是一种爱和愉悦，但这不是以真正的愉悦和幸福作为目的。

在第19卷第17章，奥古斯丁说，地上之城的暂时的好处与和平，可以是对天上之城有用的。关键在于使你愉悦的是什么东西，如果使你愉悦的是永恒的和平，那么你对世俗事物的利用就是正当的，如果为了自己的私利而满足于暂时快乐，那么你对事物的利用，包括对偶像的崇拜，或者把上帝当作工具来利用，这都是不正当的。

如何利用地上的和平来达到永恒的和平？不是要用地上的和平来改善地上之城，地上之城的堕落是不可改善、不可救药的。但地上的和平可以作为朝向天上之城的手段。或把爱上帝的群体更好地团结在一起，更好地利用他们的爱来为社会服务，用这种方法把越来越多的人吸收到天上之城。或使属于上帝之城的群体更好地显示自己的爱心，利用地上的世俗的事物，感受上帝的爱，并荣耀上帝。

我认为历史上的"政教分离"或"政教合一"的现实与奥古斯丁的思想并无内在联系，即使有联系，那也是一定历史条件的产物。奥古斯丁认为，世俗之城等于国家，上帝之城不等于教会；即使是基督徒当统治者的国家仍然是地上之城。两城的关系不是中世纪以后讲的教会和国家的关系，起码奥古斯丁不是这么理解的。在这一点上，新教的神学家比天主教的看法更正确。中世纪的人都可以利用奥古斯丁的话来为自己的利益辩护，教会可以说奥古斯丁的上帝之城就是指教会，世俗之城就等于国家。但是神圣罗马的皇帝或者英国、法国的国王可以说：君权神授，朕即国家，按照基督教的教义统治的王国也可以说是上帝之城。因此，教权主义和王权主义都可以在《上帝之城》中找到理论根据。

奥古斯丁说得很清楚，在教会里面也有不信教的人，他们伪装和我们在一起，但是他们出了教会以后，就会马上和不信上帝的人打成一片。他说，上帝之城和世俗之城两者的混合，始于人类历史的开端。亚当有两个儿子——该隐和亚伯，该隐把他的弟弟杀死了，亚当又生了个儿子塞特。塞特的子孙是最初的上帝之城的子民，而该隐的子孙是世俗之城的子民，但后来两个谱系的后代通婚结合了，洪水之后，挪亚的三个子孙闪、含和雅弗，虽然也各有各的谱系，但爱上帝和爱自己这两群人也是生活在一起的，亚伯拉罕的子孙也是如此。在人类历史中，上帝之城和地上之城始终是混合在一起的。只有在最后审判的时候，两城才能从时间和空间上分开，一个在天堂，一个在地狱。但在此之前，两城是在任何地方和组织里，共同生活在一起的两群人，国家中有上帝之城的子民，教会中也有世俗之城的子民。只要上帝之城和地上之城没有最终分开，上帝之城需要依靠地上之城（国家）所维持的和平，达到自身的目的。另一方面，国家里真正爱上帝和他的同伴的人，不管在教会之内还是之外，通过"爱的治理"，维持地上和平，为上帝之城的最终到来服务。国家既然包含着上帝之城的子民，就不可能没有政治上的正当性。上帝之城的子民在国家中的作用不完全是消极的服从，而且也是积极的爱的治理或服务。

至于奥古斯丁有没有政治哲学的问题，关键在于如何看待政治。奥古斯丁说的出于统治欲的政治，是少数人对多数人的统治，国家根本上就是统治阶级的一种工具，本质是不公正、不平等的，统治是不可避免的恶，是对罪的惩罚。但是，奥古斯丁还有另一方面的政治观，政治不是统治，而是治理。他要求生活在地上之城的基督徒也要抱着积极入世的态度，要求在世俗之城的基督徒有更多的服务和爱。但是基督徒对于世俗政权的积极态度，并不是为了使政权更强大，而是弱化政权。爱上帝的群体可以替代国家的一些功能，使惩罚罪的统治越来越没有必要性，最大限度地降低不必要的恶。奥古斯丁所说的"城"（civitas），兼有社会和国家的意思，又等同于"人民"。他所说的具有积极意义的政治，指用人民社会替代国家统治的社会治理方略，这里包含"最小政府"的思想。奥古斯丁的政治主张不是改善国家，而是净化和壮大"上帝之城"，其结果是国家间的和平和社会的有序、和谐。从这几点我们看到，奥古斯丁对国家和社会有比较系统的看法，有一套政治哲学。

西方文明传统的罗马法来源

一、 西方文明传统的中世纪来源

一说起西方，人们常常"言必称希腊"，古希腊似乎是西方文明一切形态的源头，举凡哲学、文学、艺术、历史学、科学、政治学等等，无不起源于古希腊。由于长期在西方世界盛行的基督宗教，是在希腊化时代巴勒斯坦的犹太教中脱胎而出，自东向西席卷罗马帝国，变成在欧洲占统治地位的宗教，于是，希腊-希伯来的"两希"起源说显得是一个更全面的解释模式。在此模式中，地中海地区的古代霸主罗马被视为希腊化的文化附庸，中世纪的"神圣罗马帝国"和东罗马帝国被视为名不副实或无足轻重的政治实体，乃至18世纪的狄尔泰嘲笑说，它既不神圣也不在罗马，更不是帝国。更有甚者，中世纪被视为希伯来宗教吞噬古希腊文明的黑暗时代，只是在黑暗时代之后，希腊罗马文化才被纳入西方文明之中。这个解释模式名曰"两希"，其实和希腊起源说没有实质区别，因为它把西方文化中的黑暗面归咎于希伯来的宗教性，而把其中的光明和先进归结为希腊文明传统。

所幸的是，学术研究用历史事实逐步为中世纪恢复了名誉，洗白了"黑暗时代"的指控。我们可以把学术研究的这一"逐步"进展概述为三个步骤。第一步,人们发现,9世纪卡罗林王朝的教育复兴,已经在4个多世纪蛮族入侵造成的无序、破坏和黑暗中,燃起了光明。但新一轮蛮族入侵延缓了文化复兴,直到11世纪起,中世纪教育制度加速运转,文学、神学和哲学逐步复兴,与15世纪更大规模的文艺复兴运动相对接。这个连续的发展过程表明,中世纪与近现代文化的区分是不同程度的划分,而不是野蛮与文明的根本差别。第二步,经济学、社会学、科技史等领域的研究表明,自11世纪起,农业生产恢复,手工业发展,城市繁荣,出现了早期市民社会。第三步,法学史研究表明,同一时期,借鉴罗马法,开始建立适用于全社会的法律制度。如果说,第一步涉及中世纪精神文明,第二步涉及物质文明,那么第三步涉及的是制度文明,中世纪的文明程度被全面展示出来。

上述第一和第二步,到20世纪中叶基本完成了。第三步的工作在很大程度上得益于伯尔曼1983年出版的《法律与革命》。他在《导论》中的第一句写道:

> 本书讲述的是下面的历史:曾经有一种称做"西方的"文明,这种文明发展出了独特的"法律的"制度、价值和概念;这些西方的法律制度、价值和概念被有意识地世代相传数个世纪,由此而开始形成一种"传统";西方法律传统产生于一次"革命"。[①]

---

① 伯尔曼:《法律与革命》第一卷《西方法律传统的形成》,贺卫方等译,法律出版社,2008年,第1页。

伯尔曼首先提出了什么是"西方"(the West)的问题。他说,这不是一个地理概念,西方是不能借助罗盘找到的。地理上的边界有助于确定它的位置,但这种边界时时变动。而西方是具有强烈时间性的文化方面的词。不过,它不仅仅是一种思想;它也是一个社会共同体。它意指历史的结构和结构化了的历史两个方面①。

他还说,"西方"的特征可从许多不同的方面来概括,"这取决于该种概括的目的"。按照与东方文明相区别的目的,西方文明"被认为包括继承古希腊和罗马遗产的全部文化",而东方文明"主要包括伊斯兰、印度和'远东'"。如果按照"二战"后"冷战"的目的,"东方"和"西方"则用来"区别共产党国家和非共产党国家"。但这种带有任意性的区分没有太大意义,伯尔曼说,按照"冷战"目的的区分,"从布拉格到东京的货物运输被认为是一种从东方到西方的运输"②。

顺便插一句:我们也可以说,把伊斯兰、印度和中国、日本等文明都归于"东方",没有什么意义,因为一般来说,它们之间的差别也许比与西方的差别更大。

伯尔曼关心的是如何在西方内部界定西方文化的传统。他说:

> 西方作为一种历史文化和一种文明,不仅区别于东方,而且区别于在"文艺复兴"各个时期所曾"恢复"的"前西方"文化。这种恢复和复兴是西方的特征。它们并不混同于自己曾从中吸取

---

①② 伯尔曼:《法律与革命》第一卷《西方法律传统的形成》,贺卫方等译,法律出版社,2008年,第2页。

灵感的模式。"以色列""古希腊"和"古罗马"变成西方文明的精神原型,主要的不是通过一个保存或继承的过程,而是通过采纳的过程,即:西方把它们作为原型加以采纳。除此,它有选择地采用了它们,在不同时期采用了不同部分。①

令人感兴趣的有三点。第一,"文艺复兴"的各个时期所要恢复的文化是"前西方"的。如果我们理解,打引号的"文艺复兴"各个时期,不是通常所说的15世纪的文艺复兴运动,而是指11世纪开始的文化。就是说,西方文明传统既不直接来自古希腊-罗马,也不是基督教的产物,而是在11世纪之后的中世纪中形成的,在此之前,谈不上"西方文明传统",充其量只是基督教传统的定型和古希腊传统的余绪。如果把15世纪算作中世纪晚期,那么狭义的文艺复兴运动也属于现在所说的西方文明传统的起源期,而且是高潮。第二,这些"前西方"的文化包括"以色列""古希腊"和"古罗马",这就在"两希"起源说的基础上补充了古罗马的第三个来源。这三个精神原型在11—15世纪的融合铸造了西方文明传统的开端。第三,这三个"前西方"的"原型"曾分别是希腊人、犹太人和罗马人的独立传统,但被有选择、有重点地吸收在西方文明传统之中,成为相互依存,各有侧重的三种精神要素。概括地说,西方文明传统采纳的古希腊原型是希腊理性精神,以色列原型是希伯来宗教精神,而罗马原型是罗马法制。伯尔曼的贡献是阐明了11—12世纪之交的格列高利教皇的"法律革命"把希腊理性、罗马法制和基

---

① 伯尔曼:《法律与革命》第一卷《西方法律传统的形成》,贺卫方等译,第2—3页。

督教神学结合为一个整体,"导致了第一个西方近代(modern)法律体系即罗马天主教'新教会法'(jus novum)的形成,并且最终也导致了王室的、城市的和其他新的世俗法律体系的形成。"①

伯尔曼正确地指出,"在1050—1150年之前的欧洲与此后的欧洲之间确实存在着根本的断裂",但他把这一时期当作"近代"(modern)与"当代"(contemporary)的分界线不符合语言常规。西文中没有与中文"近代"相对应的单词,而用"现代前期"(early modern)这一词组表示中文"近代"的意思。西文的"当代"的原义是"同一时期"(con-temporary),如伯尔曼所说,当代适用于1945年以后的时期。但他进一步要求"不应在'西方'与'现代'(modern)这两个词语之间作明显的区分"。照他的说法:

> 在西方,现代起源于1050—1150年这一时期而不是此前时期(and not before),这不仅包括近代的法律制度和近代的法律价值,而且也包括近代的国家、近代的教会、近代的哲学、近代的大学、近代的文学和许多其他近代事物。②

在伯尔曼论述的法律史范围之内,把1050—1150年的"教皇革命"当作现代法律制度的起源也许勉强说得通③。但如果说这一时

---

① 伯尔曼:《法律与革命》第一卷《西方法律传统的形成》,贺卫方等译,第2页。
② 同上书,第4页。
③ 彭小瑜批评说:"伯尔曼得出的有些结论现在是经不起推敲的。他的著作应该是法律学学生和学者方便的富有启发性的参考书,不过对历史学者来说就相当粗糙了","法制史学者晚期的研究推翻了伯尔曼所接受的看法"。参阅彭小瑜:《教会法研究》,商务印书馆,2003年,第23、25页。

期开创了现代国家、现代教会、现代哲学、现代文学和其他现代事物,那就未免夸大其词了。中文译者把 modern 译作"近代",意在淡化夸张,但立即造成一个问题:近代(现代早期)与一般意义上的现代(现代后期)的分界线和区别何在?《法律与革命》第一卷阐述了"教皇革命",第二卷"导论"接着指出此后发生的两次新教革命与法国革命、美国革命和俄国革命,但正文只论述 16—17 世纪路德宗在德国和加尔文宗在英国创立的新的法律体系。虽然否定"教皇革命"之后属于"中世纪"范畴,但伯尔曼承认:"应该欢迎一种新的分期,它来自法律史,把 16 世纪和 17 世纪的新教改革时期当作一个转变时期,现代性的第二个阶段。"①

《法律与革命》的论述把法律史、法理学和法哲学交织在一起,而法哲学与政治哲学有密切联系,在德国简直就是一回事。本书的政治哲学研究从那本书中获得不少启发,特别是接受了把 11 世纪当作西方文明传统开端的解释模式。我与伯尔曼之间的分歧,部分出自语词使用的考量,部分出自对相关学术派别的不同评价。我认为没有必要把西方文明传统的起源期与"中世纪"的概念切割开来,硬要把中世纪的"西方文明"与"现代"直接挂钩。在我看来,只要不把整个中世纪等同于"黑暗时代",只要承认中世纪与现代的发展有连续性,承认西方文明传统起源于中世纪又何妨呢? 诚如伯尔曼所说,"历史的分期,有强烈的政治内涵"②。伯尔曼不满于

---

① 伯尔曼:《法律与革命》第二卷《新教改革对西方法律传统的影响》,袁瑜琤、苗文龙译,法律出版社,2008 年,第 390 页。
② 伯尔曼:《法律与革命》第一卷《西方法律传统的形成》,贺卫方等译,第 2 页。

马克思主义历史学派把"中世纪"的内涵规定为"封建制度"的阶级分析,也不满于"韦伯和他的追随者接受了马克思主义者的历史编纂,它将社会的发展追溯至从封建主义到资本主义,因而把新教改革视为新兴的资本主义精神"①。在我看来,只要不把马克思唯物史观和韦伯的宗教社会学解释当作严格决定论,承认新教改革具有资本主义变革的划时代意义又何妨呢?

本书的研究吸收了伯尔曼关于"西方"和"传统"的合理解释,同时承认常规史学关于中世纪和现代的区分,把1500年的中世纪思想当作西方文明传统的起源和整合。11—12世纪之交古希腊、以色列和古罗马三个精神原型的整合标志西方文明的开始。但是,Roma non est uno die condita("罗马不是一天建成的")。在此之前,这三者业已两两结合:希腊化时期,希腊理性和罗马法制结合为自然法学说,而基督教诞生是希腊理性与希伯来宗教结合为基督教神学的过程,在此基础之上,造就了整合三者的法律体系。如下图所示。

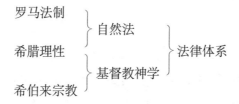

11—12世纪之后建立的法律体系作为西方文明传统的最初果

---

① 伯尔曼:《法律与革命》第二卷《新教改革对西方法律传统的影响》,袁瑜琤、苗文龙译,第390—391页,另参阅第25—26页。

实，不但持续促进制度文明的成熟和发展，而且在法制的框架之内，促进物质文明和精神文明的繁荣，中世纪精神文明和物质文明在15世纪文艺复兴运动中达到高潮，经过5个多世纪的发展，中世纪肇始的西方文明在自身中准备和孕育了现代文明所需的物质的、精神的和制度的资源。从表面上看，它们似乎只是希腊文化的恢复，实际上这种"恢复"不过是中世纪条件下的整合和发展。

如前所述，虽然可以接受伯尔曼把11世纪当作西方文明传统开端的解释模式，但我们没有必要把"西方"与"现代"直接挂钩，而可把中世纪当作近代政治哲学的背景，这个背景不限于1050—1150年开始建立的法律体系，而是希腊、希伯来和古罗马三个精神原型从两两结合到三者整合的全景图，横亘从基督教诞生到文艺复兴运动的1500年。我们选择实践和理论的维度，呈现罗马法的问题域。实践的维度是神权和王权的"双城论"，理论的维度是中世纪的自然法学说。

二、"双城论"

我们在第三讲看到，奥古斯丁的《上帝之城》对罗马帝国的历史命运作了神学思考，作出上帝之城和地上之城的区分：世俗之城等于国家，但上帝之城不等于教会；即使是基督徒当统治者的国家仍然是地上之城。两城的关系不是中世纪以后讲的教会和国家的关系，起码奥古斯丁不是这么理解的。他说得很清楚，在教会里面也有不信教的人，他们伪装和我们在一起，但是他们出了教会以后，就会马上和不信上帝的人打成一片。从人类历史的开始，上帝之城和世俗之城就是混合在一起的，爱上帝的人和爱自己的人这两群人也是生活在一起的，只有在最后审判的时候，两城才能从时间和空间上分开，一个在天堂，一个在地狱。但在此之前，两城是在任何地方和组织里，共同生活在一起的两群人，国家中有上帝之城的子民，教会中也有世俗之城的子民。只要上帝之城和地上之城没有最终分开，上帝之城需要依靠地上之城（国家）所维持的和平，达到自身的目的。另一方面，国家里真正爱上帝和他的同伴的人，不管在教会之内还是在之外，通过"爱的治理"，维持地上和平，为上帝之城的最终到来服务。国家既然包含着上帝之城的子民，就不可能没有政治上的正当性。上帝之城的子民在国家中的作用不完全是消极的服从，而且也是积极的爱的治理或服务。

在中世纪教权和王权对峙的情况下，教权主义和王权主义都可以在《上帝之城》中找到理论根据。君王和教会都可以利用奥古斯丁。教会可以说奥古斯丁的上帝之城就是指教会，世俗之城就等于国家。但是神圣罗马的皇帝或者地区国王可以说：君权神授，基督教王国也是上帝之城。

在实践中，奥古斯丁在政治上不得不依附世俗权力。他于395年任希坡主教之后，参与了延续百年的多纳特派之争。奥古斯丁试图通过和平辩论的方式结束教内分裂状态无果，于是指控多纳特派为异端而取得胜利，多纳特派异端被没收财产和教堂，主教和神职人员被放逐。面对多纳特派"借助世俗权威压制多纳特派"的控诉，奥古斯丁指出多纳特派才是"借助世俗权威"制造分裂的祸首,而为大公教会"借助世俗权威"之正当性作论证,他强调了信仰基督教的世俗皇帝的职责,他负有神授予的命令,侍奉神的方式与一般基督徒有所不同,有权制定相关法律来禁止和惩罚不敬虔的、不义的行为。按照这种辩护,基督徒皇帝岂不是上帝之城在世间的首领?

奥古斯丁上帝之城的神学与政治现实之间的矛盾,不是中世纪教权与王权相分离的原因,而是其结果。《新约》明确规定"恺撒的物当归给恺撒;神的物当归给神"(《马太福音》22:21),"在上有权柄的,人人当顺服他"(《罗马书》13:1)。按照教规,教会主持信徒生死和婚姻仪式,决定信徒的身份和神职,掌握"绝罚"的生死大权,一个信徒如被革除教籍,失去了社会地位,甚至没有生存的权利。而封建主的土地和财产的获得、继承、转让、分配、剥夺等等依据习俗、契约和实力。世俗统治者按照基督徒的义务,赠与、保护教会财产,不对教士施行刑罚,更不能决定教士的职位。但实际上,无论经文还是常规或神学,都不足以解决现实中教会与政权的复杂关系。王权与教权经常相互僭越:国王试图通过神职人员的任命控制教会,而教会也试图控制和干涉世俗权力。

中世纪早期,无论教会还是国王,都忽视了罗马人留下的丰富法律遗产。东罗马查士丁尼皇帝于534年编撰《民法大全》汇总罗马共和国和帝国的法律条文。这部法典在"一个国家,一种宗教,一部法律"的理念指导下编撰、修订和诠释,试图通过法律实现基督教王国的统一。但长期以来,教会仍把信经、教皇谕令和修道院规章作为教规,而世俗统治者则保留了蛮族的原始习俗。

伯尔曼说，11世纪之前，"法律极少是成文的。没有专门的司法制度，没有职业的法律家阶层，也没有专门的法律著作。法律没有自觉地加以系统化，它没有从整个社会的母体中'挖掘'出来，而仍然是其中的一部分"；但是，

> 11世纪后期和12世纪早期，上述状况发生了梅特兰所称的"不可思议的突发变化"，专职法院、立法机构、法律职业、法律著作和"法律科学"，在西欧各国纷纷产生。这种发展的主要动力在于主张教皇在整个西欧教会中的至上权威和主张教会独立于世俗统治。这是一场由教皇格列高利七世在1075年发起的革命。①

伯尔曼所称的"教皇革命"指1073—1085年教皇格列高利七世与国王亨利四世争夺教职任命管辖权的斗争，史称"格列高利改革"。

伯尔曼《法律与革命》将研究的重心放到格列高利改革借鉴罗马法建立教会法的历史意义。他在讨论教会法与罗马法的关系时说：

> 过去某些时候有人曾说新的教会法律体系乃是查士丁尼的罗马法的一个"后代"，也有人说起草《教法大全》(*Corpus Juris Canonici*)的伟大编事是以《民法大全》(*Corpus Juris Civilis*)的编纂为模式的。

伯尔曼认为这类论断要作这样的修正：

> 教会法必须追溯的根源并非6世纪拜占庭的罗马法，而是11和12世纪基督教世界里复兴后的并经过改造的罗马法学家

---

① 伯尔曼：《法律与革命》第一卷《西方法律传统的形成》，贺卫方等译，第46页。

(Romanist)的法律。

在西方,查士丁尼的罗马法被视为一种理想法,是理性的文字体现,即书面理性(ratio scipta),它的原则应当支配任何地方的所有法规,无论是教会的法律,还是世俗政治体的法律。①

就是说,教会法并非是对罗马法的直接继承,而是"罗马-教规"的法律体系,由此,中世纪的罗马法学家与教会法学家才能相互借鉴,12—13世纪教会法才能被应用和细化到世俗领域,产生了庄园法、封建法、王室法、商法和城市法等普通法,在罗马法基础上,教会法和普通法的相互竞争、相互借鉴,才导致了西方法律科学的繁荣,导致了相互妥协而达成法律至高无上的共识。

西方社会的12—13世纪,法学教师一般兼任罗马法与教会法的教学,罗马法与教会法也是最早的大学法学院开设的共同课目,教学方法、解释方法与文献形式也大致相同。教会法作为由教会法院适用之法律,对普通法的概念与条文进行了更为深刻与全面的论述,对于西方社会一夫一妻制的原则、财产继承权的男女平等的原则、财产权的衡平制(用益制),以及基督教国家之间战争与和平的国际关系准则,都产生了深远而细致的影响。

尤为重要的是,在法律信念上,法官们接受了这样的基本准则:上帝意志的体现和正义的化身是最高法,与上帝法相抵触的人定法是无效的。当代教会法学者蒂尔尼说:即使有权颁布和修改教会法的教皇,在触及信仰和教会整体利益的重大问题上,教

---

① 伯尔曼:《法律与革命》第一卷《西方法律传统的形成》,贺卫方等译,第199—200页。

皇也要服从公会议的决定。"代表"和"同意"成为整个教会政治理论的重要组成部分……成为中世纪后期公会议主义的渊源，而且为西方的国家学说和政治思想提供了范式。在其权威范围方面受到神法与自然法两方面的限制。当然，没有任何人具有推翻或否决一项违反神法或自然法的教皇法令的权威。唯一可以求助的便是政治行动或非暴力反抗。而教会法学家为这种抵抗奠定了法律基础。①

至于君主，更要受到法律约束。"教会法之父"格兰西明确指出："君王的法令不可凌驾于自然法之上"，"君王受自己所颁布的法令的约束。因为只有当他自己尊重自己的法令的时候，法律才是所有的人都应当尊重的，法律才是正义的"。布拉克顿提出了"国王在万人之上，但在上帝与法律之下"的法治主张。1200年英国《大宪章》"从头至尾给人一种暗示，这个文件是个法律，它居于国王之上，连国王也不得违反"。"这其实是要求君主和臣民在法律面前处于平等的地位，与近代西方的法治观念(rule of law)有相通之处。"②

伯尔曼说，"教皇革命"之后，"教会具备了近代国家绝大部分的特征"③。但是，这是一个悖论：

> 教会具有一种国家-教会(Kirchenstaat)或教会国家的矛盾特性：它是一种精神共同体，同时它也行使尘世的职能，其结构

---

① 转引自彭小瑜：《教会法研究》，商务印书馆，2003年，第43页。
② 同上书，第42页。
③ 伯尔曼：《法律与革命》第一卷《西方法律传统的形成》，贺卫方等译，第109页。

采取的是近代国家的形式;另一方面,世俗国家具有一种没有教会职能的国家的矛盾特性,或者一种世俗政治体的矛盾特性,它的所有臣民同时也构成一种精神共同体,生活在一个独立的精神权威之下。所以教皇革命留下了一份遗产,这就是在教会内部、国家内部和一个既不全是教会也不全是国家的社会的内部所存在的那种世俗价值和精神价值之间的紧张关系。然而,它也留下了一份政府制度和法律制度的遗产,这种制度既是教会的又是世俗的,目的在于消除这种紧张关系,保持整个体系的平衡。①

贯穿于全部中世纪的教权与政权的冲突矛盾,在"神圣-世俗二元结构"的法律制度中得到缓解。教会法和普通法既限制教权也限制政权,而且相互限制,如伯尔曼所说:一方面,"教会是一个'法治国家'(Rechtsstaat),一个以法律为基础的国家"②;另一方面,教会势力和世俗势力之间的斗争产生了世俗国家的现实,而"从本质上讲,世俗国家的观念和现实也就是法律统治的国家或'法治国家'的观念和现实"③。这两个"法制国家"限制自身又限制对方,"对于教会权威所进行的限制,尤其是来自世俗政治体的限制,以及教会内部尤其是教会政府的特殊结构对于教皇权威的限制,培育出了某种超过法治国意义上依法而治的东西,这些东西更接近后来英

---

① 伯尔曼:《法律与革命》第一卷《西方法律传统的形成》,贺卫方等译,第111页。
② 同上书,第210页。
③ 同上书,第287页。

国人所称的'法的统治'(the rule of law)"①。但是，从中世纪的法制国家到现代法治国家在"神圣-世俗的二元结构"中是难以实现的。这个结构创造了利益集团的多元化，同时又对多元世界起到了整合的作用，它既是互相合作的基础，又常常引发紧张和冲突。我们将看到，宗教改革就是神圣-世俗二元结构引发的下一次革命。

三、自然法学说

《新约》把先知的律法归结为"爱的诫命"：爱上帝和爱人如己（《马太福音》22:40）。7世纪的艾西多尔和格兰西都把斯多亚派的自然法与基督教爱的诫命结合在一起，两者都认为：

> 人类受两种规则的辖制，一是自然法，一是习惯。自然法见于律法和福音书。自然法要求每个人以自己期望被对待的方式对待他人，禁止每个人对他人做自己所不愿遭受的事情。所以基督在福音书里说，无论何事，你们愿意人怎样对待你，你也要怎样对待人，因为这就是律法和先知的道理。②

在中世纪的法律体系中，自然法被看作普遍的道德法则，教会法和普通法的条文都要符合自然法。中世纪法学家把上帝看作自然法的制定者，上帝的意志是法律秩序和价值的最高准则。格兰西说：

---

① 伯尔曼：《法律与革命》第一卷《西方法律传统的形成》，贺卫方等译，第210页。
② 转引自彭小瑜：《教会法研究》，第93页。

> 自然法所命令的无非是上帝所希望的,自然法所禁止的无非是上帝禁止的……教会法令和世俗当局的法令如果违背自然法,那就根本不应该为人们所接受。①

中世纪法学家的自然法观念直接来自罗马法的法理。虽然自然法在亚里士多德思想中已有萌芽,但只有在希腊城邦走向罗马大一统国家,罗马法成为普遍适用的历史处境中,自然法的思想才有可能成为现实的条件。

斯多亚学派创始人芝诺著有与柏拉图《国家篇》(Republica)同名的著作,却表达了与柏拉图完全不同的政治理想。这部著作提出的"世界城邦"和"世界公民"的思想具有划时代的意义。苏格拉底和犬儒派的第欧根尼是这一思想的前驱,他们在被问及"你属于哪一城邦"的问题时,都回答说:"世界。"芝诺根据理性统一性的宇宙图式,认为有理性的人类应当生活在统一的国家之中,这是一个包括所有现存的国家和城邦的世界城邦,它的存在使得每一个人不再是这一或那一城邦的公民,而只是"世界公民"。斯多亚学派提出大一统的国家学说决非偶然。早期斯多亚学派哲学家大多出生于希腊本土以外,他们生活在文化交流空前活跃的希腊化时期,反对希腊哲学家狭隘的民族优越感和城邦政治。"世界城邦"的思想预示了后来兴起的大一统的罗马人统治的国家。

"世界城邦"是完善的国家。按芝诺所描绘的蓝图,它的法律是由自然颁布的"正当法"或"公共法",而不是人为约定的、在各城

---

① 转引自彭小瑜:《教会法研究》,第94页。

邦实施的法律,后者只是前者发展的低级阶段。自然法是宇宙理性或"逻各斯"的无声命令,无条件地被人类理性接受。芝诺以自然法的名义,摒除希腊城邦不合理的法律和习俗。他说,世界城邦没有阶级、种族和任何等级差别,一切人都是平等的公民,是互爱互助的兄弟。男女平等,男人不能把女人作为自己的财产。他们应当穿着同样的服装,无须向对方遮掩自己的身体。男女以自由结合的方式组成家庭。这个城邦将没有殿堂庙宇和法庭辩论,没有剧场和体育场,没有货币,总之,凡是无助于德性的设施一律废止,让理性以自然方式起作用。

自然法的第一条命令是履行责任。芝诺是第一个使用"责任"的人,他把它定义为"与自然的安排相一致的行为"。他说,由驱动力产生的行为,有些被赋予责任,有些没有责任,有些无所谓责任和非责任。有责任行为的标准是"可以合理地加以辩护的行为"。责任并非专属于人类,动物也有责任。简而言之,动物对一切有待实现的自然本性都负有责任。自我保存、避害趋利、婚配繁殖是一切动物的责任。但是,人还有组成社会的自然本性,因此,人对他人和国家负有责任,孝敬父母、敬重兄弟、热爱朋友、忠于国家是人所特有的责任。

责任和德性都以自然法为根源,两者的差别在于:德性是终极目标,责任是朝向德性的从属目标;德性适用于神和人,责任适用于人和动物,只有极少数有智慧的人才能达到德性的要求,但一切人,包括儿童和成年人、有智慧和无智慧的人都能履行责任。因为规定德性的自然法扎根于人的理性深处,人们受理性引导,爱家人朋友，爱同胞，爱国家。如果不这样做，就违背了自然法。

自然法思想的另一个代表人物西塞罗兼政治家和哲学家于一身。作为道德家的西塞罗强调道德责任。他认为，自我保存是自然赋予每种动物的本能，人类凭借自然理性获得德性，使人承担道德责任。每种主德都负有相应的社会责任：智慧的责任是充分并明智地发现真理，正义的责任是维护有序的社会组织，勇敢的责任是树立刚强不屈的高尚精神，节制的责任是克己稳重的言行表率作用。这些可谓是西塞罗概括的"罗马精神"。

作为法学家的西塞罗全面、系统地阐发了自然法的理论。他的自然法理论有几个要点。第一，自然法是符合自然本性的正确理性，适用于一切时代、所有民族，甚至一切动物。第二，自然法具有最高权威，它是联系神和人的纽带，人类依据它组成社会，它是判断普遍正义的最高之法。第三，源于正确理性的德性和道德原则是法律和权利的基础，它决定什么是善恶，以及如何禁止邪恶，各种具体法律，如公民法、宗教法和各国各地法规，都应按照自然法的普遍原则来制定，这样才能保障国家和人民的安全；不符合自然法的法律是无效的非法之法。西塞罗发展的斯多亚派的自然法思想在实际中促进了罗马法的研究。可以说，希腊人的理性精神和罗马人法制的结合肇始于斯多亚派的自然法思想。

在教会法和罗马法的法律制度趋于成熟的处境中，托马斯综合了希腊理性、基督教神学和罗马自然法三种因素，形成了自然法学说的体系。托马斯把一切被正当称之为法律的东西，整合成如下种属关系：

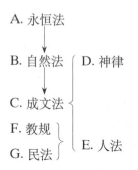

关于这个体系,解释如下。

A. 托马斯说:"人类理性是直接规则,永恒法是最高尺度。"① 永恒法即上帝的意志,决定了理性和法律的规则。或者说,上帝是自然法的制定者和颁布者。

B. 自然法是道德准则的来源,是人类理性制订一般的或具体的道德准则的依据。托马斯阐述了自然法的几个重要特征。

第一,"自然法是与人的本性相合相称的东西"②,它涵盖了发自本性的一切行为,从自我保存到繁育后代,从追求幸福到服从良心,都是依照自然法的行为。人并不需要先用理智来认识自然法,然后再按自然法行事,相反,按照自然本性行事就是遵从自然法。因此,自然法管辖的是意欲活动、实践行为,而不是理智的思辨活动。

第二,"自然法之于实践理性犹如科学第一原则之于思辨理性"③。自然法是自明的原则,它以自然的方式"铭刻"在人的意志

---

① 托马斯·阿奎那:《神学大全》,2集1部21题1条。
② 同上书,2集1部57题3条C款。
③ 同上书,2集2部94题2条。

之中。当意志行使自由选择的自然能力时，它总是自觉或不自觉地按照自然法的规定进行选择，因此意志具有向善的倾向，"自然法的第一要求是趋善避恶"①。

第三，"自然法的第一原则是不可改变的"②。托马斯认为道德的普遍准则在具体应用中依环境与条件而调整、改变，自然法也不例外。在新的环境中，自然法有更多的附加要求，即使在相同环境中，自然法也不是对所有人都有同等效力，但它的上述第一要求是放之四海而皆准的原则，所有人对它都有同样的确信与知识。他们在不同环境和条件下制订出的道德规则都依据这条原则，犹如科学知识的结论都从第一原理中推导出来一样。

C. 自然法可对人的自然生活提供充足的指导，但不足以保障人的社会生活。托马斯说：

> 人在本性上是社会动物，因此，一个人的思想需要通过语言才能为他人所知。人需要有意义的言谈才能生活在一起，说不同语言的人不可能幸福地居住在一起。③

用语言颁布人所理解的自然法更是人类社会生活的基础。成文法的来源有下列几条：

D. 上帝直接向人类宣布的神律，包括《旧约》中的摩西十诫和《新约》中耶稣的登山宝训。神律表达了自然法最一般的原则。

---

① 托马斯·阿奎那：《神学大全》，2集2部94题2条。
② 同上书，2集2部94题5条。
③ T. Gilby(ed.), *Saint Thomas Aquinas: Philosophical Texts*, Oxford University Press, 1960, p. 231.

E. 成文法的另一来源是人的信仰与理性。人向自己内心发掘良知，用语言表达他们对自然法的共同理解。

F. 如果这种共同理解通过信仰途径形成，语言所表达的就是教规。

G. 如果达到这些共同理解的途径是理性，语言所表达的就是民法。民法首先被表达在罗马法之中。

托马斯强调自然法是成文法的根据，在成文法中，神律高于人法，他说："每一条人法和自然法同样公正，因为它来自自然法，如果它在任何一点偏离了自然法，它将不再成其为法律，而是对法律的亵渎。"[①]有人从这段文字中读出教权高于王权的思想，其实，教会法和民法都属于人法，当托马斯说人法服从自然法，他的意思并不是说民法服从教会法，更不是说王权服从教权。

托马斯虽然认为教会的目的高于国家的目的，宗教生活高于世俗生活，但他并没有坚持教会高于国家的极端教权主义立场。他采纳了亚里士多德的政治学说，使之与神学相调和。他肯定社会与国家出于人是社会及政治动物这一自然本性，因此也符合上帝的愿望。国家是一群人按照自然法组成的团体，国家是完善的社会，它使用一切必要的手段，达到社会的根本目的，即公民的共有之善。在《论君主体制》一书中，托马斯说国家功能主要是维护国内和平，统一国民行动，提供充足的生活必需品。这种说法来自亚里士多德。在教会力主在前两方面活动中起主导作用的环境中，托马斯

---

① 托马斯·阿奎那：《神学大全》，2集2部155题2条。

重申亚里士多德观点,意在分清教会与国家的权限。托马斯同意亚里士多德对国家政体的看法,但增添了更多的民主思想。他同意说最好的政体是君主制,最坏的政体是暴君制,因为君主制符合自然的秩序,君主在国家的地位犹如理智之于灵魂,心灵之于身体,蜂王之于蜂群,甚至上帝之于创世的地位。但托马斯不赞成君主集权,因为理想的君主罕见,坏君主很容易把君主制蜕变为暴君制。君主制只是最好的理想政体,最好的现实政体应是君主制、贵族制与民主制的混合政体。在这种制度之下,民众有权选举官吏,君主的权力受民选官吏的制衡。

托马斯把国家政体或政府形式看作达到国家目的之手段,他主要从如何更好地达到目的这一角度考虑政体的性质。政府和君主的权力来源问题并不是他关注的焦点。在这一问题上,当时存在着神学家坚持的"君权神授"说与罗马法学者主张的"主权民有"两种对立观点。托马斯没有参与这场争论,他对人的自然本性的爱好却使他产生出一些难能可贵的民主思想。比如说:

> 所有人的自由生来平等,虽然其他禀赋都不平等。一个人不应像一个工具一样服从另一个人。因此,在完整的国家中没有废除属民自由的君主统治,只有不歧视自由的权威统治。①

这听起来似乎是出自近代启蒙学者手笔的文字,实际上赫然出现在托马斯的著作之中。我们当然不能根据托马斯著作中的某些片断就给他戴上"民主主义"的桂冠,但通观他的社会政治学说,我

---

① T. Gilby (ed.), *Saint Thomas Aquinas: Philosophical Texts*, p. 386.

们至少可以得出他既不是教权主义者，也不是专制主义者的结论。

邓·司各脱在本体论和认识论上用意志主义批判托马斯的理智主义，他用上帝的无限意志与人的有限意志的关系解释自然法。他说，无限的意志"必然热爱自身的善"。人的有限意志以上帝的善为终极的善。人的意志之善在于服从上帝、热爱上帝，"应该热爱上帝，这是实践的第一原则"①。

遵守这条第一原则需要有两个先决条件：必须自觉自愿，以及知道什么是上帝的意愿，意志自由和正确理性分别满足了这两个条件。意志自由选择的善与正确理性判断的善必然是同一的，因为意志向善的倾向"不仅根据事物的自然秩序，而且根据正确理性的指示"②。自然秩序是事物之间的和谐，它以理念的共处为原型，而理念的共处是上帝对"自身的善"的热爱所造成的，因此，当意志自由地按事物自然秩序作出选择时，必然热爱上帝之所爱。意志选择和谐的目标，理性正确地判断和谐的原因是上帝的善，两者相辅相成，指导道德行为。因此，自然法加诸灵魂之上的无形的命令是人的良知无法拒绝、意志不能不遵循的道德规范。理性可以正确地判断哪些成文法符合自然法。

以摩西十诫为例，前四条崇敬上帝的戒律"属于严格意义的自然法，因为如果上帝存在，必然会推断他必须作为上帝被人热爱，从'上帝'这个名称的意义便可判断出他必须是唯一的崇拜对象"③。

---

① E. Battoni, *Duns Scotus*, Westport, 1978, p. 163.
② 同上书，第167页。
③ 同上书，第174页。

后六条处理人际关系的戒律属于广泛意义的自然法,因为它们是自然律第一要求"必须热爱上帝"的必然推论,推理的自明性低于词义的自明性,但不失其必然性。司各脱的意志主义自然法学说没有降低伦理学的理性主义要求,他在自然法上与托马斯没有实质性分歧。

宗教改革时期西班牙经院哲学家弗兰西斯·苏阿雷斯(Franciscus Suarez, 1548—1617)在新的条件下发展了托马斯的自然法学说。他的论述自然法的主要著作是《论合法性》。当时,经院哲学的政治学说面临着绝对王权和新教改革的挑战。一些新教国家的君王运用"君权神授"的口号为自身合法性辩护,宗教战争环境中的国家之间的关系也需要国际法的说明。苏阿雷斯运用自然法解决这些问题的一个关键是关于法律(lex)和权利(ius)的区分。他对法律的定义是"正义和正确意志的行动,它使下级按上级意思去履行义务"①。这是一个带有意志主义色彩的定义,但他用"正义"和"正确"规定合法的意志,这与奥康认为上帝的自由意志就是神圣律的观点大相径庭。苏阿雷斯说,上帝的意志不是任意,他所意愿的是善,并且不包含逻辑矛盾。而奥康说,只要上帝愿意,像谋杀、盗窃这样的行为也是善。按苏阿雷斯的标准,"谋杀""盗窃"这些字眼的意义与"善"是不相容的,不可能被上帝所意愿。此外,上帝意志是正义的,他所意愿的善是公共利益,体现公共利益的法律应是共享这一利益的所有人共同认可的,这些人在法律下平等地分享

---

① 苏阿雷斯:《论合法性》,1 卷 5 章 24 节。

这一利益。上帝的意志表现为不成文的自然法，铭刻在人的心灵之中。人类制定的成文法依据自然法，符合上帝意志的正确性、正义性才具有真正的合法性。

什么是权利呢？苏阿雷斯的定义是："每人对他所有或应归于他的东西具有的某种道德力量。"①比如，个人对他所有的财产有占有权，雇工对应付的报酬有工资权。法律和权利的一个重要区别在于，法律规定的利益对于每个人是平等的，但是，每个人实际享有利益的权利却是不平等的。为什么会出现这样的差别呢？苏阿雷斯解释说，法律依照区分善恶的内在标准服从上帝意志，权利依照人类社会的外在状况服从上帝意志。比如，自然法要求人人平均占有财产，但没有规定或禁止财产的私有。人们在一定的社会条件下采用私人占有财产方式，并且在历史中出现了财产的不平等现象。在个人拥有财产权的社会环境中，盗窃他人财产是违反权利的行为，即不道德行为。

苏阿雷斯承认，在一般情况下，权利也被当作一种法律。但区分权利和法律对于解决现实中的合法性问题至关重要。例如，国际法不是法律，而是权利。只有在理想的国际政治联合体中，所有国家才享有平等的利益。在人类现实条件下，战争和奴隶占有制是一个国家维护既得利益的权利，不能按照自然法来判定战争和奴隶制的合法性。再如，一个国家的宪法是法律，而不是权利。宪法是社会成员之间的约定，他们为了改善自己的处境，同意平均地把某些

---

① 苏阿雷斯：《论合法性》，1卷2章5节。

利益转让给政府，共同地服从政府。宪法是利益均等的人们之间的平等协议，并保护他们的公共利益，因而是来自自然法的法律。

如果政府不再代表人民的利益，人民推翻它是否合法呢？《论合法性》没有从原则上回答这个问题。在《捍卫大公教会和使徒信仰》这篇反对新教英王詹姆士一世的论文中，苏阿雷斯针对"君权神授"的说法，指出君主的合法性是人民赋予的，詹姆士一世违反公教会信仰的行动不代表人民利益，应该被推翻。但是，他又认为统治者，不管是教皇还是君主所具有的统治权力属于权利范畴，不受法律约束。苏阿雷斯认为统治者不是为公众利益服务的管家，人民一旦把利益转让给统治者，他便更具有运用一切有效手段达到公共利益的权利，统治权的依据是风俗、习惯等具体社会条件，而不是法律。苏阿雷斯据此拒斥了用宗教会议限制教皇统治的改革主张。他对新教王权的限制和为天主教教权的辩护出于同一立场。令人感兴趣的是，他的说法已经提出了权力合法性的问题，为了回答这一问题，近代社会契约论应运而生。

中西大学传统和现代大学的理念

中国和西方的高等教育都经历了古代、中古和现代三个阶段。中国古代最高学府以汉朝开始的"太学"和后来的"国子监"为代表；宋朝以后形成的民间"书院"则代表了中古教育的传统；20世纪初建立的国立大学和教会大学则是中国最早的大学。

就西方而言，柏拉图开创的"学园"（academy）可以说是古代教育的最高形式；罗马时期的文法学校是普及型的中等教育，在罗马帝国灭亡之后一度消失，9世纪卡罗林王朝文化复兴时期，在各级教堂里重建了此类学校。中世纪早期的学校传授的"七艺"基本上沿袭了罗马文法学校的教学内容，但除此以外，还把神学作为高级课程。直到13世纪，才出现了以"大学"（universitas）为名称的教育场所。

对于欧洲中世纪的大学，我曾给予这样的评价："欧洲的大学建制是中世纪教育制度绽放的最绚丽的花朵，大学的诞生是中世纪对人类文化的一大贡献。"①我当时是就中世纪大学对于哲学发展的意义说这番话的。现在看来，中世纪大学对于现代大学的意义，怎么评价也不为过。但是，西方自启蒙运动以后所形成的关于"大学

---

① 赵敦华：《基督教哲学1500年》，人民出版社，1995年，第310页。

的理念"的话语①，却集中于大学的现代精神，而遗忘了大学的现代精神与中世纪大学传统之间的联系。在我们中国也有相似的情况。人们普遍以为大学是西方的产物，而忘记了我们也有自己的大学传统；这样，在建设中国现代大学的时候，中国古代大学传统的资源还没有被充分注意和利用。

只要我们能够面对现实，尊重历史，我们就必须承认，不管是外国的现代大学，还是中国的现代大学，继承的都是欧洲中世纪大学的建制；西方现代思想家们提倡的"大学的理念"也都受到了中世纪大学传统的影响。因此，把中国现代大学的起源追溯到清朝皇家的"国子监"，甚至说中国现代大学的前身是具有两千多年历史的汉朝的"太学"，这不是实事求是的说法。但是，在中国谈论大学的传统和现代大学的理念，也不能忽视中国的文化传统。如果全盘否定中国古代有大学的传统，那也不是实事求是的说法。我们拟从几个方面说明中西大学的传统与现代大学的理念之间的沿袭关系，目的就是要为西方和中国的"遗忘现代病"投下一剂良药。

一、大学在中世纪的起源

西文"大学"（universitas）的原意是"统一体"，原来是教师和学生的行业公会。12世纪后期，随着城市的繁荣，主教座堂学校人

---

① 关于此类话语的中文介绍，见陈俊荣：《大学的理念》，台湾时报出版公司，1983年。

数大量增加。与其他行业一样,当从业人数多的时候,分工原则就会自然起作用。学校教师按照授课的不同内容分成不同的学院,学生人数多的学院再按照不同的民族分成不同的会馆。比如,最早的巴黎大学的学生分在法兰西、皮卡地(现法国北部的省份)、诺曼和德意志四个分会①。中世纪成立行业公会的批准权属于世俗权力,大学作为教师和学生的行业公会,最初也要得到国王的批准。比如,1200年法王菲立浦承认巴黎主教座堂学生和教师成立公会,这一批准标志着巴黎大学的诞生。后来,批准大学成立的权力从国王手中转到教皇手中。1215年,教皇英诺森三世批准大学公会的条例,表明成立大学的批准权已经掌握在教皇手中,但教廷也可委托世俗君主设立大学,因此也有不少大学是由地方诸侯直接建立的。

虽然世俗政权和教会掌握成立大学的批准权,但大学作为行业公会的性质,从一开始就拥有相对于政权和教权的独立管理权。这是13世纪新成立的大学与原来的主教座堂学校的一个明显不同。过去,学校的教学管理、教师聘任、课程安排、生活管理和处罚程序等,都属于主教座堂的权限。但是,大学成立以后,教师和学生的公会取得了教学、人事、学位授予、司法和生活等方面的独立管理权。不用说地方诸侯无权干涉学校的管理,即使是主教,乃至教皇本人也难以控制。比如,巴黎大学神学院只规定教会人士和平信徒可获得神学学位,但这一规定却不适用于新成立的托钵僧修会;

---

① 本文引用的巴黎大学资料,均来自 H. Denifle & E. Chatelain (eds.), *Chartularium Universitatis Parisiensis*, Paris, 1889-1897。以下出处恕不一一注明。

1256年，当多明我修会的托马斯和芳济各修会的波那文都经过四年学习之后，却拿不到神学学位。由于他们所在的修会与教廷有密切关系，教皇直接干预此事，命令大学授予他们学位，引起教师和学生的激烈反对，以至于学位授予仪式要派武装卫兵保护。托马斯和波那文都是优秀学生，又有修会和教廷的支持，他们因为不符合学校规定差一点没有拿到学位，此事足以说明大学从一开始就拥有何等强烈的独立自主意识。

当然，中世纪的教会拥有无比强大的精神控制权，中世纪大学还没有现代意义上的思想自由和言论自由。大学不得不为学术自由而付出代价。13世纪亚里士多德著作从阿拉伯世界传入西方世界，被翻译为拉丁文后在大学不胫而走，但却被教会视为异端。教会虽然多次发布禁令，但却没有多大效力，巴黎大学的艺学院甚至使用亚里士多德著作作为教科书，连托马斯也为亚里士多德著作做注释。教会忍无可忍，终于在1277年，由巴黎主教唐比埃出面，颁布了臭名昭著的"七七禁令"，谴责巴黎大学艺学院的教师，殃及托马斯和牛津大学的教师，造成了中世纪史上最大的文网文祸。

与中国历史上的"文字狱"相比，中世纪大学为学术和思想自由付出的代价相对要低得多。巴黎教会于1324年就撤销了"七七禁令"；至于被"七七禁令"谴责的巴黎大学艺学院教师西格尔之死，也是一个偶然事故（被他的发神经病的秘书杀死），并不是"七七禁令"的直接后果。教会的精神控制和思想迫害之所以在大学没有造成太大的危害，主要还要归功于中世纪大学享有的独立的行政管理权。虽然中世纪大学在思想上必须服从教会，但思想控制必须通过行政命令才能在实际中起作用。中世纪大学的校长和教授们运用独立的行政权力，对教会的精神干涉，或阳奉阴违，或公开抵制，避免了思想迫害的严重后果。

中世纪大学开创了保护新思想的传统。近代的新思想大都是在大学或与大学相关的科学院里酝酿、成长的。新思想在成长时也受到压制和迫害，如伽利略遭迫害，布鲁诺和塞尔维特被火刑烧死，但大学里的教授却没有为新思想而付出生命代价的，这也是因为大学独立的机制所发挥的保护作用。

正是由于中世纪大学的传统，大学的独立性在西方不是一个主要问题。现代思想家在提出这一问题时，主要有两个维度：一是强调大学应在精神上保持独立性，培养学生的独立人格；二是要求大学管理应该民主化，扩大教师和学生的参与程度，保障民主程序的公正。这些讨论的前提是大学已经拥有相对于国家政权和社会管理体制的独立的自治权，而这一前提恰恰是随着大学体制的建立而建立的，在中世纪就已经具备了。西方的现代大学沿袭了这一传统，她所遇到的新问题是如何更好地运用这种独立的自主权，既不要放弃，也不要滥用这一历史传统所沿袭的权力。对待西方思想家关于大学独立性的讨论，中国人更应该注意的是这些讨论所蕴含的前提，而不是亦步亦趋地效法讨论的结论。为此，我们更应该注意西方大学自治管理的传统和争取思想自由的传统。

还需要注意的是，中国古代的教育有私学和官学之分。孔子是开创"私学"传统的第一人。虽然他的学说成为汉朝之后的官学的重要内容，但也有例外。宋朝以后民间的书院继承的是孔子开创的私学传统。中国古代私学表现出来的学术自由和学校独立的精神，与西方大学自治管理的传统和争取思想自由的传统是一致的。

二、中世纪大学的学制

孔子是中国第一个老师，他教学的内容是"六艺"（礼、乐、射、御、书、数），不仅仅是读书而已。即使在"书"的科目里，读书的范围也很广，以"六经"为教材。他认为，教育的目的是培养有各方面素养的、全面发展的"成人"。

中世纪最早建立的大学，如巴黎大学、牛津大学、剑桥大学和波隆那大学都建有四个学院：艺学院、神学院、法学院和医学院。"艺学"（arts）是大学基础教育，每个大学生首先进入艺学院，从艺学院毕业以后再分别进入另外三个学院进行专科学习。艺学院好像是本科，神学院、法学院和医学院则好像是按照专业划分的研究生院。

中世纪的学院制采取了学位制度。1215年制定的《巴黎大学条例》是中世纪大学学制和学位制的样本。按照此规定，一个学生首先要取得艺学士，学习时间不少于六年，并经过教学实习、年龄不小于21岁的人，才有资格获得艺学硕士。"硕士"（magister）的意思是"大师"，这一称号是对教师资格的认定。获得艺学硕士的人才有资格在艺学院任教。在神学院任教更难，获得艺学学士后进入神学院的学生，要在不少于八年的时间里，获得《圣经》学士、神学学士和完全学士三个学位，并经过讲课实习，才能获得神学硕士。

但并非所有获得神学硕士的人都有在神学院任教的资格。只有年龄不小于 34 岁的人才能在神学院任教。这意味着一个年轻的神学硕士，必须要经过更长时间的教学和学习，才能获得神学院的教席，有教席的正式教师即为教授。这实际上在硕士和正式教师之间又设置了一个更高的学习和教学阶段，完成这一阶段的人即为博士。

中西大学的传统理念是以人文科目为基础，以宽泛的学习内容，长久的专门学习时间和正规的秩序，保证了不同水平的专业人才培养的质量，这一符合人才教育和教学规律的制度被现代大学所采纳。但与古代和中世纪社会不同，现代社会的专业领域很多，分工很细，需要更多的专门人才，因此学制缩短。为了在较短时间里培养技术专家，现代高等教育体系中出现了各种门类的专业学院，如德国的 Fachschule 和美国的 college。这些学校基本或很少开设通识课；一些大学为了适应现代社会对高级专业人才的需要，也减少或取消了通识课程。需要指出的是，苏联大学体制片面地采取了德国技术学院的做法，不但大建专业技术学院，而且综合性大学的专业也是以邻为壑，互不相通。20 世纪 50 年代，中国的院系调整完全照搬苏联模式，把很多学院从大学中分割出去，组建了大批技术学院，工农医和财经法等学院纷纷成为独立的大学，而所谓综合性大学学科残缺不全。直到 20 世纪末才开始用院校合并的方法来弥补苏联高等教育模式的缺陷。

针对现代大学重专才教育而忽视通才教育的一般倾向，一些现代思想家强调通识教育在大学中的不可或缺的基础地位和引导人才精神的重要性。"通识"（liberal arts）来自中世纪的"七艺"，与中国古代的"六艺"也有相似之处。现代大学通识课的内容当然比"七艺"要丰富得多,但以人文知识和自然知识为所有学生在进入专业学习之前必须学习的科目,这是中西大学的传统。现代大学把通识课放在什么位置,对于西方思想家来说,是一个如何对待传统的问题。

在关于大学理念的讨论中,一些熟谙基督教传统的思想家对通识教育的意义做了深入的阐述。比如,英国著名神学家纽曼(John Newman)把通识教育的目的归结为"心灵的训练",旨在培养"自由、公平、沉着、稳健和智能"的生活习惯①。

德国哲学家舍勒(Max Scheler)更是明确地把大学教育提高到人神关系的高度。他说,大学的目的是传承文化,而不是职业训练,因为"文化不是为其他东西,为一个职业和专业领域,为达到某种成就所做的技术准备……相反,所有的职业训练都是为了某一目标,为了没有外在的有用的目标的文化,为了人自身的成长而存在"②。大学传授知识的内容和过程应该能够使人有文化修养。他反对希腊哲学为知识而知识的纯理智主义的知识观。他指出,人具备文化修养的目的是人自身的全面发展,但人的发展是分享他人的精神,但又不想改变他人的参与过程,这一过程的精神动力是爱,对邻人和对上帝之爱。结论:"所有知识归根到底来自上帝,为了上帝。"③舍勒对大学通识教育性质的神学解释不大可能被现代教育家所接受,但他对大学教育的中世纪传统的感受却是真切的。

---

① 转引自陈荣捷:《后现代的大学理念》,《佛光学刊》创刊号,第 25 页。
② Max Scheler, *Philosophical Perspectives*, Boston: Beacon Press, 1958, p.358.
③ 同上书,第 374 页。

三、中世纪大学教育的论辩法

中国第一个教育家孔子教学的基本方法是启发式方法。"举一隅而反三","不愤不启,不悱不发",是他对教学双方的要求。《论语》中有很多师生在教学过程中对话的记录。受孔子教育思想的影响,中国古代的教育思想里一向有"教学相长""青出于蓝而胜于蓝"等说法。韩愈明确地把教师的任务规定为"传道、授业、解惑"。宋明时期出现的书院中老师与弟子的对话,正是这一教学理念的实践。朱熹、王阳明等人的著作有很大一部分都是他们在书院中与弟子的对话记录。从这些对话可以看出,"解惑"是一个双向交流的过程,老师解开学生的困惑,而学生的问题也给老师造成困惑,迫使老师更进一步地思考。

西方教育的传统方法受柏拉图的对话法和亚里士多德的逻辑法所支配。中世纪大学的艺学院和神学院的教学包括"授课"和"论辩"两个环节。"授课"(lectio)的原意是"阅读",即阅读指定教材,教师对教材的解释被整理为"注释集"。"论辩"有两种。一种是在课堂上进行的"问题论辩",其程序是:首先由教师提出一个问题;然后由学生对此论点提出反驳,如果学生提不出来,教师可以先提出反对意见,用以引导学生;而后,助教对这一论点提出正面的论证,并一一答复学生和教师提出的反驳意见;学生和教师针对助教的论证和答复再提出新的反驳;经过反复的质疑和答复、论证和反驳;最后,由教师总结,肯定或否定他最初提出的那一论点。另一种叫做"自由论辩",在公开场所举行,通常在新学期开学后不久举行,也在节日举行,这种论辩原来是大学里的学术活动仪式,后来被普及化,演变为文化娱乐活动。自由论辩之所以自由,是因为与会者可以提出任何问题,这些问题经过会议主持者认定为"可以解决的问题"之后,即按照程序进行正反两方面的论辩。我们现在经常用来嘲笑中世纪经院哲学的问题——"一个针尖能站多少天使?""是拴猪的绳子,还是拉绳子的手拽着猪?"其实都是在娱乐场合的"自由论辩"中提出的"精细问题",而不是经院哲学家讨论的学术问题。经院哲学的问题以及围绕学术问题而展开的论辩,都记载在"论辩集"和论辩集的总汇——"大全"里。

中西大学的解惑论辩传统为我们提供了师生双向交流的方法,对于现代大学具有极大的启发意义。这一传统体现为师生平等对话、自由讨论、批评和反批评等做法,这些做法被现代大学在"自由""民主""平等"的名义下大力提倡,在讨论课(seminar)中被大力推广。但我们应该清楚,即使没有这样一些现代观念,中世纪大学的师生们已经在教学实践中推行了这些做法。

德国哲学家哈贝马斯说:"从根本上说,正是科学的和学术的论辩的交往形式把大学的教学过程统一起来。"他把大学的论辩评价为现代社会交往形式的榜样:"即使在大学以外,科学的和学术的学习过程也保持着原初的大学的形式。""在曲折的辩论中……门总是开放的,新思想可以涌现,新的观念意想不到地出现。"[1]哈贝马斯

---

[1] J. Habermas, *The New Conservatism*, MIT Press, 1994, pp. 124, 125.

是现代主义的辩护者，他应该意识到，论辩这种交往方式来源于中世纪大学的传统。从词源上说，他所说的"学术的"（scholarly/schulisch）和"经院的"（scholastic/scholastisch）在意义上是一致的，这不也能从一个方面证明现代大学，乃至现代社会与中世纪大学传统之间的割不断的联系吗？

在解惑论辩过程中师生之间的平等交流不只是现代大学应该继承的一个教学环节，一种教学方式，而且是现代大学理念的核心所在。按照洪堡的办学理念，大学不是职业培训所，也不只是培养专家的传授知识的场所，而是一个国家、一个民族创造性思想的发源地。大学集中了现在的和未来的国家精英，他们分别是大学教师和大学生。大学教师有丰富的学识和经验，但缺乏对新事物的敏感；年轻的学生（以及刚毕业的年轻教师）具有发现新问题的敏锐思想，但缺乏解决新问题所必备的知识、方法和能力。只有这两种不同的心灵之间的碰撞，才能产生耀眼的思想火花。大学所提供的正是师生思想交流的场所，在课堂上、会场上，在实验室里，学生的发问和提出的一些新鲜的但还很不成熟的观点，对教师已有的知识提出挑战，为教师的创造性的研究提供了灵感和刺激力。教师对学生的教育和指导，使得学生的精力和时间在知识的海洋中定位，集中到最能够达到胜利彼岸的领域，创造出新的理论。

四、 大阿尔伯特的贡献

西欧教育系统的复兴是从 9 世纪的加洛林王朝开始的，以后几个世纪,学校是修道院与教会开办的。13世纪初,修道院的隐修制度开始衰落,四处云游布道成为僧侣们时兴的修行方式,这些僧侣被称作托钵僧。最早成立的两个托钵僧团体是多米尼克会与法兰西斯会。多米尼克会自称"布道者",一开始就表现出对神学与教育的兴趣,并按传教地区划分四个行省,修会在每个省都建立学馆或神学教育中心,设在基层的称作"小学馆",设在城市的称作"大学馆"。多米尼克会在牛津、科隆、波洛尼亚等著名大学周围设有大学馆。法兰西斯会自称"卑微者""小兄弟",它的创始人对书本知识并无兴趣。后来为与多米尼克会竞争,也建立了自己的学习中心。1220年左右,两会的势力扩展到巴黎大学和牛津大学,在学生中发展成员,或遭派成员进大学学习。他们不服从世俗学生遵守的大学章程,一度被大学当局驱逐出去。托钵僧团依靠与教皇直接联络的特权,由教皇出面干预,大学不得不接纳托钵僧团的僧侣为教师。托马斯和波那文都两人是首先获得神学硕士称号的托钵僧。不久,多米尼克会与法兰西斯会成员又在巴黎大学获得神学教授的教席。托钵僧团很快在大学取得优势,成为经院神学与哲学的主要力量。13—14世纪的神学家几乎全都是法兰西斯会和多米尼克会僧侣。两会理论倾向有明显差异,它们之间的争论不免带有宗派斗争的性质。但不可否认,在13世纪中后期,以托马斯为代表的多米尼克会的神学家和以波那文都为代表的法兰西斯会的神学家之间的争论表现了革新与保守两种思潮的斗争。斗争的焦点是对亚里士多德哲学的评价问题。多米尼克会最初与法兰西斯会一样抵制亚里士多德主义的传播。1227年多米尼克会章程禁止其成员"学习异教徒和哲学家的著作,但不妨浏览它们"。"浏览"的口子一开,多米尼克会一些神学家大量接触了新翻译的亚里士多德著作,以及阿拉伯亚里士多德主义者阿维森纳与阿维洛伊的著作。到13世纪中叶之后,由于大阿尔伯特与托马斯等人的传播,多米尼克会接纳了亚里士多德的学说。

一般认为,13世纪,西方世界有三个学术中心:巴黎、牛津和科隆。大阿尔伯特是巴黎大学神学院和科隆的多米尼克会的大学馆的重要人物,以他为例,可以理解中世纪大学早期如何把思辨精神与科学精神结合起来的途径和方法。

1. 谁是大阿尔伯特?

大阿尔伯特(Albertus Magnus, 1200—1280)生于豪亨斯陶芬斯公国首府施瓦本的一个骑士家庭,年轻时在帕多瓦大学求学,1223年在那里加入多米尼克会之后即被派往科隆学习神学,后到多米尼克会德国行省的各修院讲授神学。1243年左右被派往巴黎学习神学,1245年毕业后在巴黎讲学四年,获得神学教授资格,返回科隆主持大学馆。此后兼任过三年德国省会长,担任过两年的雷根斯堡主教,一直在科隆从事教学和著述。

1270年,巴黎教区第一次对亚里士多德主义者进行迫害的前夕,巴黎宗教法庭曾派员询问大阿尔伯特的意见,他作了有利于亚里士多德主义者的答复:"巴黎的很多人不从事哲学,在那里搞诡辩。"1277年的迫害牵连到托马斯时,他以老迈之身亲自到巴黎为托马斯辩护。

大阿尔伯特的主要著作包括《箴言四书注》《被造物大全》(也被称作《巴黎大全》),以及晚年写作的未竟著作《神学大全》。他所评注的亚里士多德著作包括《论灵魂》《物理学》《论天》《论生灭》《自然小著作》《动物志》《伦理学》《政治学》《后分析篇》和《形而上学》，他还写了不少争辩问题集。所有这些著作都被编入《大阿尔伯特全集》，17世纪的里昂版全集共21卷，19世纪末的斐微斯版共38卷。

大阿尔伯特的称号是"全能博士"，他以博学著称。同时代的罗吉尔·培根曾这样记叙他的影响力："他在学校里像亚里士多德、阿维森纳与阿维洛伊一样被人引述，但不像那些人，他在世时就被奉为权威"，"他仍在世的时候，就在巴黎被授予博士称号，并在学校里当作权威被引用"①。经院哲学的惯例是不以活人著作为权威意见，罗吉尔·培根说人们把大阿尔伯特作为活着的权威，足见他在当时影响之大。

大阿尔伯特渊博知识的来源包括对自然的观察、古代的和教父的文献，以及亚里士多德的著作。他对亚里士多德著作所作的广泛评注是一种再创造。罗吉尔·培根说他像"作者"那样注释。他并不像阿维洛伊那样逐句逐段解释文本，他的解释是文本的重写。他说："用这样的方法，我们可以写作与亚里士多德的著作标题一样和数量同等的著作，甚至可以完成亚里士多德未竟著作和失缺部分，或增加他从未写过的著作，或补充他写过但现已失传的遗漏著作。"②这样写成的

---

① D. Knowles, *The Evolution of Medieval Thought*, Baltimore: Helicon Press, 1962, p. 252.

② E. Gilson, *History of Christian Philosophy in the Middle Ages*, New York, 1955, p. 669.

著作才能把形形色色的来源的思想系统化。

大阿尔伯特不主张用神学原则对哲学资料进行剪裁,以自己的好恶来评定哲学观点的是非。相反,他认为,哲学作为被严格证明的必然知识要求不偏不倚的公正理性。他说,他的任务是阐明,而不是改变亚里士多德学说,他的风格是解释多于评述。他认为公正的理解的对立面是无知与偏见,不赞成对新知识不求理解、专挑毛病的风气。他愤怒地说:"正是这一类人杀死苏格拉底,把柏拉图逐出雅典,用阴谋迫使亚里士多德出走雅典。正如胆汁的弥漫使身体全部变苦,刻毒的人把学术团体弄得苦涩不堪,使学者们享受不到共同探索真理的甜蜜。"①他说巴黎那些制造迫害的人"反对哲学的行为如同野兽亵渎它们一无所知的东西"②。

为了维护哲学的科学性,大阿尔伯特第一次明确地区分了哲学与神学,他在《神学大全》的开篇指出:"启示有两种方式,一种通过和我们本性同样自然的光,这是向哲学家启示的方式。正如奥古斯丁在《论教师》中所说,这种光只能来自上帝的初始光,《论原因》也完全证明了这一点;另一种光朝向高于世界的实在的知觉,它高于我们,神学在这种光中被揭示。第一种光照耀只在自身便可知的事物,第二种光照耀若信条里的事物。"③大阿尔伯特虽然使用了"光照论"的语言,但他提出了一个不见于奥古斯丁主义的区分:哲学和神学的认识途径不同,哲学依靠自然之光,按照事物自

---

① E. Gilson, *History of Christian Philosophy in the Middle Ages*, p. 270.
② P. Mondonners, *Siger of Brabant*, Louvain, 1911, p. 50.
③ M. Maron, *Medieval Thought*, p. 175.

身认识事物；神学依靠超自然之光，根据信仰认识事物。但两种光都来自上帝之光，哲学与神学殊途同归。大阿尔伯特一方面反对使哲学脱离神学的"双重真理论"，另一方面由认识途径入手区分哲学与神学，他的这一立场也是托马斯主义的出发点。

2. 自然哲学

大阿尔伯特对亚里士多德全部的自然哲学都作了评注，这固然出于自然哲学在大学中已取得了与逻辑同等重要的基础地位，另一方面也反映出他对自然研究的特殊兴趣。在他的注释中，他既阐明事物运动的一般原因和规则，又探讨了天、金属、矿物、植物、动物、环境、人的行为等方面的具体问题。大阿尔伯特对自然现象的研究以观察和描述为基础。为了获得矿物学方面的知识，他还亲自到德国东部的采矿场作过实地考察。他用观察的事实纠正了亚里士多德著作中的错误。比如，亚里士多德说50年之内只能发生两次彩虹，而大阿尔伯特在一年内就看过两次彩虹，因此他得出结论说，亚里士多德的说法来自道听途说，没有经验根据。

按照他的区分，自然哲学是以实际存在的事物为对象的"实在科学"，而逻辑推理的方法适用于"语言科学"。他说："我对研究事物中的逻辑推理不感兴趣，因为这些推理导致很多错误。"但同时他对应用数学研究自然的方法也不以为然，称之为"毕达哥拉斯方式"。总的来说，他使用经验和思辨相结合的方法。与亚里士多德一样，他把经验事实仔细分类，从中区分概念，提炼原则，构建自然体系。

大阿尔伯特的自然体系以创世说为背景。他把创世过程分为四个阶段,每一阶段称作"一纪"(Coaequevus)。《被造物大全》对创世四纪的论述构成了一个关于自然的总的图画①。

第一纪的被造物是质料。大阿尔伯特肯定质料是最原始的存在,它是一切生成变化的载体。质料是相对于形式的潜在,潜在的质料没有具体的规定性,因而处于普遍的、未分化的状态;但质料一旦与形式相结合构成实体,质料便处在个别的、具体的状态,质料因实体而异,不同的运动有不同的载体。大阿尔伯特说,从神学的观点看,质料是最初被创造的一切有朽可变的事物的统一基础,质料是同一的;但从哲学的观点看,质料是千变万化的运动的载体,它要在不同性质的运动中被区分为相应的类别,质料是多样的。原始质料最初获得的形式是元素形式,元素是初级的有形实体。因此,对自然的解释最终都被归结为元素的性质。

第二纪的被造物是时间。时间是专属于生成变化事物的运动的维度。上帝不生不灭不变化,因此不处在时间之中。针对"世界是否永恒""世界有无开端"等问题,大阿尔伯特区分了两类运动,第一类是无始无终的运动,这类运动的实体称作"移涌"(aeon),它们随时间一起被创造出来,它们虽在时间之中,但却是永恒的;另一类运动是在时间中有始有终的,因而是有朽事物的运动。两类运动观产生出神学与哲学两种不同的时间观。神学中讨论的时间适用于一切运动着的实体,不管它们是有朽的还是不朽的、有形的还是无

---

① 参见 N. Kretzmann (ed.), *The Cambridge History of Later Medieval Philosophy*, Cambridge, 1982, pp. 527ff。

形的实体,包括天使的运动在内,神学的时间概念仅给出一切运动的共同维度——持续性。而哲学的时间观适用于有朽事物的运动,其特征是连续性,度量连续运动的时间是均匀流逝的"现在",即亚里士多德所定义的"依前后而定的运动数目"。哲学里讨论的时间有因运动性质不同而不同的多样性,天界物体运动的度量不同于地界物体运动的度量,有形的地界物体运动的度量又不同于无形的理智和意志运动的度量。在《〈物理学〉注》中,大阿尔伯特还区分了关于运动的三种定义:第一种是"形式上的定义",即"潜存东西的现实化";第二种定义是"物质上的定义",即"能动东西的现实化";第三种是"完全的定义",即"推动者之为原因与被动者变化之发生的同时实现"。根据运动的完全定义,运动是"活动"与"受动"这两个范畴的统一,运动在活动的方面是"为自身"(a quo),运动在受动的方面是"在自身"(in quo)。这两个概念后来演化为黑格尔逻辑学中两个重要范畴"自为"(für sich)和"自在"(an sich)。黑格尔也是从运动的主动者和受动者统一的角度说明"自为"与"自在"关系的。黑格尔在《精神现象学》序言里说:"理性是使自己成了它自在地是的那个东西,但是,正像亚里士多德把自然规定为有目的的行动那样,目的是直接的静止即不动的东西,这不动的东西本身却是推动的,因此就是主体,它的推动力,抽象地说,就是自为的存在或纯粹的不定性。"①

创世第三纪的被造物是太空,"太空"不等于天空。大阿尔伯特

---

① 《西方哲学原著选读》,下卷,商务印书馆,1982年,第268—269页。

提出了两个后来在哲学史上产生重要影响的概念区分了两者:"有一个能生的自然(natura naturans)和一个被生的自然(natura naturata),能生的自然是上帝及其创造的天,被生的自然的作品是可生、可朽的存在物。"①大阿尔伯特虽然坚持上帝超越空间,但上帝在自然中为自己创造了位置,这就是太空。能生的自然指上帝的领域,又称作"三位一体的天空"。太空是观察不到的,我们所知的只是它有"位置"的属性。可观察的天空是充满着运动和变化天体的"被生的自然"。大阿尔伯特推测,在太空与天空之间还有一个水晶天空,它的质料是透明的水晶,它做齐一的运动,构成了不动的太空与千变万化的天空之间的过渡层。天空由火构造,燃烧的发光体被排列在九层领域,每一天域有各自的运动规则,因而有各自的质料。每层天域都有三个推动者:第一个是它们运动的共同推动者,即作为第一推动者的上帝;第二个推动者是各自的整体形式,即阿维森纳所说的天体理智;第三个推动者是天体的质料的形式,它由天体的规模大小所决定。第一推动者使所有天体运动,理智的推动使天体做循环运动,每一天体的特殊质料的形式使天体按不同规则与周期运动。"三个推动者"的区分既说明了天体运动的一般性、一致性,又说明了每一天体运动的特殊性。

3. 形而上学

第四纪的被造物是天使。在经院哲学的术语里,"天使"是"无形实体"或"精神实体"的代名词。大阿尔伯特认为质料与形式的

---

① E. Gilson, *History of Christian Philosophy in the Middle Ages*, p. 281.

区分只适用于有形实体或物质实体，天使无质料。他于是面临着这样一个问题：如何区分上帝与天使的实体性差别？按中世纪传统观念，上帝是单一的精神实体，天使是复合的精神实体。普遍质型论者把"复合"理解为质料与形式的结合，因而论证天使须有"精神质料"之必要性。大阿尔伯特反对"精神质料"的说法，他认为"质料"（hyle）与"物质"（matter）两个概念的意义是密切相关的。潜在的质料不等于物质，但这种意义上的质料是不可指示、不可描述的，可指的现实的质料总是物质，具有形体。在这种情况下，谈论"精神的"或"无形的"质料岂不是自相矛盾吗？

否认精神实体的质料构成，并不等于否认它的复合构造。大阿尔伯特把精神实体分析为"是这个"（quod est）与"其所是"（quo est）的组合。自波埃修以来的哲学家已对这一区分作过多方面的阐述，大阿尔伯特着重在与质料和形式的区分相对照的情况下说明"是这个"与"其所是"区分的意义。"是这个"指实体的个别存在，"其所是"指实体的本质。本质也是形式，但不是规定某一属性的形式，而是决定整个实体存在的"整体形式"（forma totius），或者说，"其所是"决定了一个实体"是这个"而不是其他什么。但是，"质料"与"形式"无如此意义：首先，质料并不决定实体的个别存在，有形实体的个别存在是由质料与形式共同决定的；其次，有形实体的形式并不是整个实体的形式，而是质料的形式，即最初与质料结合在一起的形式，由此形成的实体还会接受其他的形式。无形实体的"其所是"是单一的形式，有形实体的形式则是多样的。大阿尔伯特关于"是这个"与"其所是"区分的思想具有多方面的理论意义，托马斯关于存在与本质的区分的理论从中汲取了丰富的养料。

4. 灵魂观

13世纪中期，灵魂性质问题成为经院哲学争论的焦点。大阿尔伯特说："只有同时理解柏拉图和亚里士多德的人才是完善的哲学家，如果我们研究灵魂自身，我们追随柏拉图；如果我们把灵魂作为激活身体的原则，我们同意亚里士多德。"①他认为把灵魂当作独立精神实体的柏拉图观点和把灵魂看作身体形式的亚里士多德的观点是可以调和的。灵魂就其自身而言，与天使一样是精神实体，它不包含任何质料，只是"是这个"与"其所是"的结合。它与天使不同之处在于能与身体结合。相对于身体而言，灵魂是质料的形式。与身体分离之后，灵魂仍保持自身的实体存在，并且"是这个"的个别存在。他毫不动摇地坚持"个人灵魂不朽"的立场。

大阿尔伯特否认阿维森纳把动力理智等同于天体光照推动的观点。他解释说，亚里士多德关于动力理智和可能理智的区分指人的灵魂的两种功能，动力理智不是外在于人的灵魂起作用的实体。灵魂的本质（"其所是"）遵从活动与潜在的关系，动力理智是它的活动，可能理智是它的潜在。这并不是说，可能理智中并无任何实际观念；而是说，可能理智接受感觉印象，但自身缺乏把感觉印象抽象为普遍概念的能力，可能理智的感性内容包含着成为理智概念的可能性，因此被说成理智的潜在状态。只是从动力理智那里获得了

---

① E. Gilson, *History of Christian Philosophy in the Middle Ages*, p. 431.

必要的抽象能力之后，理智的潜在概念才在思维活动中转变为现实的概念。大阿尔伯特说："人的动力理智包含在人的灵魂之中，它是单纯的，没有理智的对象，但它通过想象作用在可能理智中产生出理智对象。"这里的"理智对象"指普遍概念，它是对感觉印象加以想象，把个别、杂多的素材处理为一般、统一的意念，由此产生抽象概念。从感觉到概念的想象，抽象活动在可能理智之中发生，但可能理智是消极的，它需要动力理智提供推动力。大阿尔伯特反对把动力理智的推动说成外来光照的隐喻，他说，动力理智是一种生命力，它是灵魂的"激活"的属性，"这就是为什么'灵魂'（anima）的名称来自动词'激活'（animando）的原因"①。从词源学考察，也可证明动力理智只是灵魂的能力、属性，而不是什么接近人的天体理智。

大阿尔伯特依据动力理智与可能理智之间的关系解释人的认识过程。在被动力理智激活之前，可能理智处于潜在状态，感官是知识的来源，人们只有不确定的感性知识。可能理智被动力理智激活之后，从已有的感性知识抽象出普遍概念，产生对事物本质的理解。最后，可能理智还有记忆贮存功能，将已有的理智概念融会贯通为科学知识。人的意志对理性知识有选择的自由，可以根据行动需要支配、使用或闲置它们。

大阿尔伯特虽然否认动力理智为外来的光照，但他仍然努力吸收光照论的基本原则。他说上帝之光在人的灵魂上压下的痕迹就是

---

① E. Gilson, *History of Christian Philosophy in the Middle Ages*, p. 287.

潜在的可能理智，人的动力理智把可能理智激活或"唤醒"，潜在观念随之成为明晰概念。没有神圣的光照，人就不会获得潜在观念；没有人的动力理智，这些潜在观念就不会成为现实知识，两者都是人类知识的来源。在大阿尔伯特的认识论中，"人的最初观念究竟来自感觉，抑或是天赋的"问题尚未明确提出，他有时根据亚里士多德的"蜡块说"肯定前者，有时根据光照说肯定后者。

5. 伦理学

大阿尔伯特是亚里士多德《尼各马可伦理学》最早的拉丁注释者，他于13世纪50年代和60年代两次作注，他的注释在大学中被广泛采用。他深信亚里士多德的伦理观和基督教道德之间的协调一致，他的哲学解释突出伦理的世俗性。比如，他虽然相信上帝是包括幸福在内的一切现象的终极原因，但强调人的行为是获得幸福的直接原因。他明确地说："我们的行动构成了大哲学家所说的幸福的原因。"在介绍亚里士多德的德性伦理学时，他指出："我们这里讨论的是自然德性，而不是神学德性。"①

自然的或世俗的德性与神学的或宗教的德性的这个区分本身就包含着人可以不因信仰而获得美德的思想。大阿尔伯特用理智、意志和两者的结合，说明人有自由选择的能力，选择有向善倾向，因为人的灵魂有"良心"（synderesis）这种特殊属性，良心是自然法在人的心灵上铭刻的规则。中世纪"自然法"观念最终归结为对上帝

---

① N. Kretzmann (ed.), *The Cambridge History of Later Medieval Philosophy*, p. 660.

的信仰，但大阿尔伯特着重分析参与道德活动中的各种自然因素，他无需直接诉诸基督教信仰。巴黎大学艺学院的教师在讲解大阿尔伯特的注释时进一步发挥了其中的世俗观点，比如，一个名叫杜埃的詹姆士的教师说："上帝不能直接赋予幸福"，这遭到巴黎教会的谴责。

6. 大阿尔伯特的历史影响

多米尼克会学者如芒东内等人把他评价为托马斯的合作者或托马斯主义的代表人物。更新的研究材料表明了大阿尔伯特思想的复杂特征，正如一个研究者指出的："按托马斯主义精神评价大阿尔伯特思想，既夸大、又缩小了他的贡献。之所以夸大了他对亚里士多德主义的贡献，因为他不是一个纯粹的、自始至终的亚里士多德主义者，之所以缩小了他对托马斯主义之外的其他派别的贡献，因为他的宽容大度的心灵包罗的众多观念对斯特拉斯堡的神学家和以弗莱堡的蒂特里希为首的新柏拉图主义者都产生重大影响。"①

首先，大阿尔伯特以积极肯定的态度引进亚里士多德主义。在此之前，一些经院哲学家以中立的态度介绍亚里士多德学说，没有多少神学家公开地采纳亚里士多德的观点。大阿尔伯特要求不抱偏见地理解被介绍的对象，要求把公正的理解作为赞成或反对的前提。他在自己的著作和评注中把亚里士多德主义加以"科学体系化"。"科学"（scientia）严格地说是用严格论证的推理获得必然知识，"学艺"（ars）是从前提到结论的推演体系，而"学说"

---

① D. Knowles, *The Evolution of Medieval Thought*, pp. 252–253.

(doctrina)是一门学艺的传授和表达,"学科"(disciplina)指在教师指导下所获得的学艺。根据这些概念,学术活动不但要建立必然的知识内容,而且要有系统的证明和表达这些内容、把它们安排成一个在教学活动中可传授的体系。大阿尔伯特是用这种研究方式介绍亚里士多德主义的开创者之一,对巴黎大学的科学精神传统作出了贡献。

我们看到,大阿尔伯特综合了亚里士多德与柏拉图的学说,但他在科隆大学馆的学生的理论倾向不再是综合,而是分离,他们努力把大阿尔伯特阐明的柏拉图主义分离出来,并结合伪迪奥尼修斯、爱留根纳等人的思想,发展了神秘主义的思想。13世纪后期,一直被错误地当作亚里士多德的《论原因》而实际上是普罗克鲁斯的《神学要义》一书,由莫尔伯克的威廉翻译出版,他还翻译了普罗克鲁斯的另外一些著作,如《论天命和命运》《论恶的本性》《柏拉图的〈蒂迈欧篇〉和〈巴门尼德篇〉注》等。这些著作第一次向经院哲学家展示了新柏拉图主义的真实思想。大阿尔伯特的学生雨果·瑞佩林(Hugh Ripelin)、乌里希·恩格尔伯提(Ulrich Engelberti)发展了新柏拉图主义。弗莱堡的蒂特里希(Dietrich de Vrieberg)依照普罗克鲁斯的著作,解读了以前被误作为亚里士多德思想的新柏拉图主义观点。蒂特里希的主要著作《论理智与理解》一书把"太一"解释成高于"存在"的最高原则,是上帝最初的显像,被等同于圣道。太一向外弥散才生成出"存在"。当新柏拉图主义的理论在科隆兴起时,科隆所在的莱茵地区也发生了神秘主义的群众运动,教会要求德国的多米尼克会负责指导这一运动。新柏拉图主义的理论于是与神秘主义的实践结合在一起,这个运动的领袖是艾克哈特。而艾克哈特对 15 世纪库萨的尼古拉产生影响。更为重要的是艾克哈特的思想对 16 世纪德国宗教改革运动的影响。马丁·路德从中汲取了民族主义的、神秘主义的、反罗马教会的精神。比较艾克哈特学说与路德教义,可以发现不少相似之处,有人把艾克哈特说成是德国宗教改革的一个先驱。在哲学史上,从大阿尔伯特开始到艾克哈特和库萨的尼古拉等中世纪的德意志民族的哲学家,被认为是德国哲学的先驱。

"是""存在""本质"的形而上学之辩

一、形而上学概念的古希腊文句法结构

西方形而上学的语言学根源在于"是"动词用法的普遍性，形而上学的研究对象是西语"是"动词的名词形式（希腊文的动词 *einai* 及其动名词 *on*，拉丁文的 esse，英文的动词不定式 to be 和动名词 being，德文的 Sein，法文的 être）。"是"动词的句法结构至少有三种：(1) 系词的连接意义，如 S is P；(2) 表真的意义，如 it is true that p, it is the case that p；(3) 指称存在的意义，如 there is a S。语言是思想的直接现实。哲学家的思想自觉地或不自觉地以西方语言最普遍的句法结构和用法为思考对象，"是"动词及其名词形式成为西方哲学最高的、最普遍的对象，即形而上学的研究对象。"是"的三种句法结构被表述为西方形而上学的三个范畴：(1) 表述"实体"（S）和"属性"（P），(2) 是用定义表述"本质"，(3) 是指称"存在"。

希腊文用"是"动词 *einai* 有不同变格，如名词形式 *to on* (being) 和无人称单数形式 *estin* (is)，以及阴性单数形式 *ousia*，这些词汇和代词结合组成不同的词组，如 *estin te* (it is)，*tode ti* (this is something/"这一个"），*to ti en einai* 及其简写式 *ti estin*（what it is/"其所是"）。这些名词和词组构成了从巴门尼德、柏拉图到亚里士多德的形而上学的主要范畴。

现在西语（以英语为例）中"存在"（existence）、"本质"（essence）、"实体"（substance）等哲学概念，不见于古希腊文，它们的词源是中世纪拉丁文；而中世纪拉丁文之所以用这些术语表述古希腊的形而上学主要范畴，乃是希腊形而上学与基督教神学结合的产物。只有了解两者结合的过程，才能知道西方形而上学的来龙去脉。

二、"三位一体"问题的语词纠葛

325年的尼西亚会议是基督教史的一个重要转折点。参加这次会议的主教在君士坦丁大帝的支持下批准了"三位一体"教义，宣布违反该教义的阿里乌斯派为异端。尼西亚会议不但开创主教会议判决异端作法的先河，而且开启了长达一个多世纪的神学争论。"三位一体"说本不见诸《圣经》，它的正统性不仅需要教会使用行政手段，而且也要通过神学家的论证才能得以维持。

尼西亚会议之后，教会又先后召开了君士坦丁堡会议（381年）、以弗所会议（431年）、查尔西登会议（451年），最后形成了"圣父、圣子和圣灵是同一实体（*hypostasis*）三个位格（*prosopon*）"、"基督的神性与圣父的本质相同（*homoousia*），基督的人性与人的本质相同"、"按人性而言，基督为童贞女玛利亚所生"等正式说法。

从哲学的角度看问题,"三位一体"教义引起的神学争论在很大程度上是哲学概念之争。《尼西亚信经》以希腊文写成,使用了两个重要的希腊概念:ousia 和 hypostasis。这两个词都有"真实的存在"之意,它们在拉丁文中被不加区别地译为 substantia,既表示"本体"又表示"本质",这是因为在《尼西亚信经》原文中,这两个词是不加区别地使用的。这份《信经》全文如下:

> 我们信独一上帝,全能的父,创造有形无形万物的主。我们信独一主耶稣基督,上帝的儿子,为父所生,是独生的,即由父的本质(ousia)所生的。从神出来的神,从光出来的光,从真神出来的真神,受生而非被造,与父同质(homoousia),天上、地上的万物都是藉着他而受造的。他为拯救我们世人而降临,成了肉身的人,受难,第三日复活升天。将来必再降临,审判活人死人。我们也信圣灵。

《信经》还附有一段谴责阿里乌斯派观点的文字:"凡说'曾有一段时间还没有他,在被上帝所生之前他尚未存在',或说上帝的儿子所具有的是与上帝不同的本体(hypostasis)或本质(ousia),或是被造的,或是会改换或变化的,这些人都被公教会所咒诅。"①

"ousia"和"hypostasis"作为两个哲学概念,在不同哲学家的著作中有不同的用法。ousia 在柏拉图《斐多篇》中意味着"本质"(见该书 65d),在《斐德罗篇》中的意思相同于"定义"(见该书

---

① 转引自 G. F. 穆尔:《基督教简史》,郭舜平等译,商务印书馆,1989 年,第 85 页。

245e）。亚里士多德用"ousia"表示实体。但"实体"也有不同的意义，当亚里士多德认为实体是形式、定义表达的对象、事物的"其所是"时，他和柏拉图一样在"本质"的意义上使用 ousia 这个词。但另一方面，亚里士多德又用这个词表示个别对象，事物的"这一个"，在此意义上，实体不是本质，而是本体（hypokeimenon）。"本体"的字典意义是"躺在……之下"，与"hypostasis"（站在……之下）的意义相似，两者都表示"基本的存在者""性质和活动的承受者"之意，故译作"本体"。普罗提诺在《九章集》中用"hypostasis"表示真实存在着的东西，即太一、心灵和灵魂（见卷 2，9 章 1 节、4 节；卷 5，2 章 1 节；卷 6，7 章 42 节等处）。普罗克鲁斯在《神学要义》中也用它表示存在者（见该书命题 20）。

从上述用法可以看到这样一个大致的区分：ousia 一般指普遍的、抽象的存在，hypostasis 一般指具体的、个别的存在。故可用"本质"和"本体"之分表示两者的区别，但这种区别只是相对的、大致的，并没有严格的界定。比如，亚里士多德说 ousia 在最原初、最基本、最严格的意义上等同于"本体"（hypokeimenon），而新柏拉图主义者所说的本体亦是无所不在的精神实体。

当《尼西亚信经》作者不加区别地使用这两个词时，他们显然没有觉察"本质"与"本体"的哲学意义。然而，早在尼西亚会议召开的一个世纪之前，希腊教父奥立金已经使用这两个词区别圣父与圣子。奥立金认为作为圣父的上帝是纯粹的精神本体，圣子是上帝的具体形象，是为圣父的精神本体所生、与圣父有别的精神存在。奥立金的区分是以新柏拉图主义的本体高于存在的思想作出的。《尼西亚信经》宣布圣父与圣子不但本质相同，而且本体也相同，这样就产生了如何区别圣父、圣子乃至圣灵的问题。

尼西亚会议之后围绕"三位一体"问题展开的神学争论的哲学意义在于，神学家按照对"本体"和"本质"关系的不同理解来解决问题。比如，若按柏拉图学说，把本体与本质理解为个别分有普遍的关系，那么，圣子和圣父的本质就不可能完全相同（homo），只能是相似的（homoi），因此就产生了"本质相似论"（homoiousia），与《尼西亚信经》的"圣子与圣父本质相同"虽然只有一个字母之增，但遭到正统派的强烈反对。再如，若按照亚里士多德学说，本质（ousia）在严格的意义上等同于本体，那么，圣父、圣子、圣灵在本质和本体两方面都是同一的，它们之间的关系便是个体与个体的平等关系，为了说明三者的统一，又要设定一个普遍的精神。于是，亚历山大城主教西里尔及其追随者涅斯多留派把三者统一归结为圣道（logos），这又违反了"圣子是道"的教义。再者，若说圣子与圣父、圣灵具有共同的本质，那么他就不能具有神性以外的性质，耶稣基督因此也不能具有人性，这样就产生了尤提立斯派的异端观点。

出于对"本体"与"本质"这两个希腊文哲学概念的不同理解，"三位一体"问题的争论在希腊神学家中进行得尤为激烈。拉丁教会用拉丁文"实体"（substantia）代替了希腊文的"本体"和"本质"，避免了关于本体与本质关系问题的争论。当拉丁教父说上帝是同一实体时，他们坚持了《尼西亚信经》所说上帝为同一本体和本质的基本立场，同时，他们使用"人格"（persona）这一概念区别了上帝的个别存在,即圣父、圣子和圣灵。

然而,"一个实体,三位人格"的说法只是避开了希腊文"本体"与"本质"的歧义所造成的混乱,却不能避开本体与本质关系问题的哲学内涵。首先,本体与本质关系问题涉及个体与普遍的关系,拉丁教父用"实体"表示上帝的普遍存在和本质,用"人格"表示上帝三个各别的存在和性质,个体与普遍的关系问题以上帝的实体与人格的关系问题的形式被保留下来。其次,"本体"与"本质"的歧义涉及对"是者"(即希腊文 to on)概念的不同理解。争论上帝的本体与本质是否等同,实际上反映了本体与本质何者为先、两者关系如何这样的形而上学问题,在解释上帝"所是"时是不可避免的。《圣经》记载,耶和华对摩西说:"我是我所是"(Ego sum qui sum)(《出埃及记》8 章 14 节)①。对上帝的"我是"或"我所是"应该作何解释呢? 可以解释为"自在的本体",也可以理解为"自有的本质"。拉丁教父于是又回到了希腊教父面临的本体与本质的关系问题。但这些哲学问题在当时的争论中还没有明确地提出,后来的拉丁教父忙于在神学上维护和阐明"三位一体"的教义,对形而上概念的辨析,并没有兴趣。

三、 波埃修的概念辨析

6 世纪的哲学家波埃修不是一个神学家,在与东方教会交往的

---

① 现在的《圣经》中译本将这句话译为"我是自有永有的"或"我是自有者",似没有考虑到"我是自在者"的译法。

政治生涯中,他与希腊神学家讨论"三位一体"问题,于512—522年间写作了五篇神学论文。他在这些拉丁文著作中引入并定义了希腊哲学的形而上学概念,把它们由希腊文译成拉丁文,规定了它们的标准定义,开辟了中世纪形而上学的新阶段,被誉为"最后一位罗马哲学家和第一位经院神学家"。

波埃修所作的一个重要的区分是"存在"与"是这个"。他说:"存在自身与是这个的东西是不同的。因为单纯的存在等着显现,但一个东西只要已经获得赋予它存在的形式,它便是这个,并且存在着。前者指偶性,后者指实体。"①这里的"存在"(esse aliquid)与亚里士多德所说的"是"(to einai)相当,"是这个"(in eo quod est)与"这一个"(tode ti)相当。亚里士多德用这两个概念区别了"存在"的普遍意义与具体意义,前者指实体的形式,后者指个别的实体,他对"实体的本质是什么"问题的回答,动摇于两者之间,反映了他的哲学与柏拉图主义既相联系、又相区别的特征。

波埃修对亚里士多德的术语作了符合柏拉图主义的解释,他把"存在自身"解释为纯形式,具体的存在,或分别实体的存在则是对纯形式的"分有"。他说:"存在(esse)与存在者(id quod est)不同;存在的还不是某事物,而存在者已经接受存在的形式(essendi forma),它接受某事物并持存。"②存在不是心灵的普遍观念,而正是所有的存在都依赖的形式。"比如,一座雕像并不因其青铜质料而

---

① *Boethius*, Loeb Library, 1973, p. 11. 参阅赵敦华、傅乐安主编:《中世纪哲学》上卷,商务印书馆,2003年,第627页。

② 赵敦华、傅乐安主编:《中世纪哲学》上卷,第626页。

被说成为活物的摹本,而是因为压制这一摹本的形式,青铜自身并不因其土的质料,而因其形式而被说作青铜。同样,土并不因为没有质的规定性的质料,而是因为干燥、重量等形式被说成土。"①

波埃修基本沿袭了亚里士多德的"高一级事物的质料因是低一级事物的形式因"思想,但他的论点不是说明形式因对个别事物的本质的决定作用,而是说明纯形式对一切事物共同本质的决定作用。在他看来,"存在"是所有被称作事物的共同本质,它是最普遍的形式,即纯形式的规定性。波埃修区分的"存在"与"是这个"之间的关系是普遍形式与具体事物之间的分有关系。他说:"是这个可以分有,但单纯存在不以任何方式分有任何东西。因为只有当某物已经存在时分有才能进行,但只有当某物已经获得存在时它才是这个。"②波埃修在这里看出"分有存在"说的一个矛盾:被分有者在分有存在之前已经是某一事物,既然每一事物的本质是存在,那么,被分有者在分有存在之前就已经具有某种存在,为了解决这一矛盾,波埃修又区分了绝对的存在与具体的存在。他说:"任何单纯事物具有存在与自身具体存在的统一。在任何复合事物中,存在是一回事,它的具体存在是另一回事。"③"单纯事物"指"纯形式",它没有"存在"与"是这个"的区分。而"复合事物"指具体的、个别的事物,它们包含着存在与自身的存在("是这个")的区分。综上所述,"存在"与"是这个"的区分既是普遍形式与具体事

---

① *Boethius*, p. 43.
② 同上书,第41页。
③ 同上书,第43页。

物的外在关系，又是具体事物之中两种存在之间的内在关系。

对波埃修来说，不管外在关系抑或内在关系都是分有关系。"存在"与"是这个"的外在关系在于具体事物的存在是对一个普遍存在的形式分有的产物，两者于具体事物内部的区分则是分有的两种不同方式。他说："仅是某物与因存在而是某物不同，前者指示一种偶性，后者指示一个实体。"①意思是，事物的存在有个性与共性、偶然与必然之分。前者因对"存在"的纯形式的分有方式的差异产生，后者是对"存在"的共同的、绝对的分有。

我们看到，拉丁神学家在讨论"三位一体"问题时，倾向于将 ousia 与 hypostasis 不加区别地译为 substantia；而希腊神学家如奥立金分别使用这两个希腊术语表示"本质"与"本体"的意义，未能在拉丁文找到相应的表达，阻碍了拉丁学者形而上学思想的深入。为此，波埃修对"实体"概念作了更为精细的分析。波埃修主张用 subsistantia 表示与 ousia 相关的词，用 substantia 专门表示与 hypostasis 及其关联词。关于两者的区分，他有这样一段论述："当一事物无需偶性而存在时，它具有 subsistantia，当它支撑另外一些东西，即偶性时，它为 substantia，即一个使它们存在的基体；因为它站在这些东西底下（sub-stat），置于偶性之下（sub-jectum）。因而，种和属只有 subsistantia，因为无偶性附加于种和属。但个体不仅有 subsistantia，而且有 substantia，因为它们的存在并不依赖于偶性，它们已经拥有专门的属差，作为偶性的基体而使偶性存在。"②根据

---

① *Boethius*, p. 41.
② 赵敦华、傅乐安主编：《中世纪哲学》上卷，第 640 页。

这段话的意思，我们可将 subsistantia 译为"实质"，表示种和属这类性质的实在性；而将 substantia 译为"实体"，表示个别事物的基体以及附着在其上的偶性的实在性。实体包含着实质，但实质却不一定为实体。不难看出，实质与实体的区分是"存在"与"是这个"的区分的运用与伸展。

波埃修认为"存在"的纯粹、绝对、自身的意义在于实质，因此，他主张把拉丁文"是"动词"esse"（即希腊文的 *einai*）的意义归结为"本质"（essentia），即希腊文的 *ousia*，这些词和上面所说的"实质"的基本含义都是"存有"，即，它们为一切事物所有，但又外在于事物，以"分有"的方式赋予每一事物。另一方面，"是这个""实体"以及"人格"（persona），相当于希腊文的 *hyposopon*，它们的基本含义是"理性存在者"，即"所谓人格就是理性本性的个别实体"①，"存有"与"存在者"（实体）、"存在者"与"理性存在者"的区别是普遍与个别、必然与偶然、形式与形体、单纯与复合的区别。

波埃修思想的基本倾向是强调前者对后者的决定作用，表现了柏拉图主义在中世纪早期哲学思想中的主导地位。另一方面，波埃修借助亚里士多德哲学中丰富而又严格的哲学概念与逻辑范畴表达他的思想观点，规定了中世纪形而上学概念的基本含义以及在"存有"与"存在者"关系中辨析与规定"存在"意义的基本框架。

---

① 赵敦华、傅乐安主编：《中世纪哲学》上卷，第 638 页。

波埃修使用形而上学概念的目的不是为了建立形而上学理论，而是为了解决"三位一体"的争论；他之所以按照柏拉图主义的精神解释这些概念，也是因为这种解释适应"三位一体"的教义。按照他的哲学解释，上帝的存在既属于"存有"，又属于"存在者"范畴。如果上帝是存有的本质，那么他有三位人格。他给"本性"与"人格"的定义是："本性属于因其存在而能以某种方式被理性所理解的东西。"①根据这一定义，涅斯多留派所坚持的"基督双重人格论"是荒谬的。如果上帝是存在的实体，那么他有三重关系，圣父、圣子、圣灵表示同一实体的三个方面与该实体的关系；根据关系内在于实体的道理，阿里乌斯派的"三神论"是荒谬的。波埃修的深厚哲学修养使他看出围绕"三位一体"问题的神学争论中的概念混乱。他由澄清词义、定义概念入手讨论问题，才把形而上学引入神学领域。

四、阿维森纳的"存在"论证

10—11世纪的阿拉伯亚里士多德主义集大成者阿维森纳（Avicenna）依据亚里士多德关于形而上学以存在自身为研究对象的定义，在《〈论灵魂〉注》中提出了一个表明形而上学对象先于其他一切科学对象的"空中人"论证：设想一个成年人突然被创造出来，他生活在空中，眼睛被蒙蔽，肢体被分离，试问在此条件下他

---

① 赵敦华、傅乐安主编：《中世纪哲学》上卷，第635页。

有什么样的知识？他既不会有关于外部世界的知识，也不会有关于自己身体的知识，但他不可能不知道他的存在，一个思想着的心灵无论在什么条件下也不会缺少关于存在的知识。"存在自身"是一个先于一切具体事物的概念，它不是从事物存在中抽象出来的，不是一个种概念。阿维森纳说："存在自身对一切东西都是相同的，它必须被设定为形而上学这一门科学的对象，在这里，无需问它是否实在，或它是什么的问题。其他科学必然会回答这些问题。"①他区分了"存在自身"与"存在物"。后者包括存在与本质两方面，其中存在方面又有必然与偶然的区分。必然存在的事物有两种情形：一种是由于自身而必然存在，另一种是由于他物的必然存在而造成的必然存在。阿维森纳证明，第一种必然存在物是唯一的，他就是真主，其他所有必然存在物都以真主为终极原因，真主是他自身的原因，他的存在包括本质。其他存在物都是必然或偶然地造成的存在，它们从"第一必然存在"那里获得现实的本质和潜在的存在，如果两者的结合是偶然的，那么事物便是可能存在物，如果两者的结合是必然的，那么事物便是必然存在物。阿维森纳关于存在自身与存在物、本质与存在、必然存在与可能存在的区分澄清了"存在"概念的意义，他把存在与本质的区分等同于潜在与现实的区分，强调普遍高于个别。13世纪，阿拉伯亚里士多德主义传到西欧，对经院哲学的形而上学产生深远影响。

---

① 转引自 F. Copleston, *A History of Philosophy*, Vol. II, Image Book, New York, 1962, p. 206。

五、托马斯关于存在与本质的区分

13世纪前期的经院哲学家大阿尔伯特等人的著作中,波埃修关于"是这个"与"存在"的区分和阿维森纳关于"存在"与"本质"的区分这两套术语已经统一:波埃修所说的"存在"(或"形式")相当于阿维森纳所说的"本质",意思指决定一个实体之为这一个实体的"其所是";波埃修所说的"是这个"相当于阿维森纳所说的"存在",指附属于本质的一个性质。按照这些区分,一个实体在存在之前首先要有本质,"其所是"决定"是这个"。这种解释强调形式决定实体,本质先于存在,带有柏拉图理念论的色彩。托马斯创造性地发挥了亚里士多德实体论的"存在优先"的基本原则,扭转了形而上学中的倾向。为了理解托马斯的存在理论,首先必须弄清楚他对与"存在"概念有关的一些术语的解释。

1. 存在(esse)

托马斯说:"'存在'的意义来自动词'是'(est);'是'本身的意义并不指一个事物的存在……它首先表示被感知的现实性的绝对状态,因为'是'的纯粹意义是'在行动',因而才表现出动词形态。'是'动词的主要意义表示的现实性是任何形式的共同现实性,不管它们是本质的,还是偶然的。"① 托马斯所说的现实性即纯粹活

---

① Thomas Aquinas, *On Spiritual Creatures*, trans. M. F. Fitzpatrick and J. J. Wellmuth, Milwaukee, 1949, pp. 52–53.

动,"存在"的本来意义指活动本身,它赋予一切事物现实性,并不指某一个或一类事物。就是说,存在自身不等于一个事物的存在。在此意义上,他把上帝等同为存在自身。因为,"上帝是全部的现实性,就其自身而言,他是不掺杂潜在性的纯活动;就其与现实的事物的关系而言,他是它们的缘由"①。把"存在"解释为"纯活动"或"现实性",是托马斯思想的一个关键所在。他有时把"存在的活动"作为"存在"的同义词,以表示"存在"不等于存在的事物。

2. 存在者(ens)

"ens"是动词"est"的名词形式,可直译为"是者"。它的意义是"是一个东西",故译为"存在者"。托马斯指出:"它的意义是复合的,因为它指示一事物具有存在。"②存在者与存在的区别有三条。

首先,存在是活动,而存在者是活动的承受者,在存在活动中获得现实性的东西。托马斯在解释波埃修关于"存在"与"是这个"的区分时说:"存在的行动和被存在行动作用的东西是不同的。"③他以此区分"存在"与"存在者"。

其次,虽然"存在者"与"实体"两个概念都指称存在的具体事物,但两者的内涵是不同的。托马斯说:"存在是一个实体被称作

---

① T. Gilby (ed.), *Saint Thomas Aquinas: Philosophical Texts*, Oxford, 1960, p. 132.

② Thomas Aquinas, *On Spiritual Creatures*, p. 52.

③ R. McKeon (ed.), *Selections from Medieval Philosophers*, Vol. II, New York: Charles Scribner's Sons, 1929, p. 169.

存在者的依据。"①实体是存在者，因为每一实体都具有现实性；但实体不等于存在者，因为实体中还包含有潜在性。"存在者"这一概念强调实体的最根本状态——存在状态，说明它的存在状态不是自有的，而是在存在活动中所获得的现实。

最后，"存在者"也不同于"事物"(res)。托马斯指出："存在者是存在活动产生的个体，但'事物'这一名称表达了它的属性。"②引文中"属性"(quiddity)是疑问代词"什么"(quid)的名词形式。"事物"的定义总是对"它是什么"问题的回答，并不涉及"它是否存在"的问题，只有后者才与"存在者"的概念有关。

总之，存在者、事物、实体三者的关系是这样的："存在者"表示实体的存在状态，"事物"表示实体的本质属性，"实体"的完整意义是"存在着的事物"。

3. "自有的存在者"(ens a se)与"共有的存在者"(ens comnune)

我们已知，存在者是存在活动的承受者，但存在活动自身也需要体现者，"存在"并非没有行动者的纯粹活动。"存在"自身的活动者是"自有的存在者"。"自有"(a se)指"自己是自身原因和来源"，即"自因"。"自有的存在者"是"存在"与"存在者"无区别的唯一例外。托马斯认为两者只有在上帝之中才能达到统一，只有上帝才是"自有的存在者"；他既是赋予一切事物存在的纯粹活动，又是这个活动的自因，即通过自身活动而自满自足的存在者。

---

① 《反异教大全》，1卷54章。
② R. McKeon (ed.), *Selections from Medieval Philosophers*, Vol. II, p. 161.

上帝说的"我是我所是"这句话的意思是"我乃自有的存在者"。

"共有的存在者"是表示一切存在者的普遍概念。托马斯认为任何普遍概念都是从具体的、可感的个别事物中抽象出来的，如果我们把事物各自具有的本质、属性一一排除，那么剩下的就是它们共有的最一般、最普遍的东西——存在状态，它是"存在固定于、留驻在存在事物的东西"①。"共有的存在者"的概念是理智抽象的终极产物，表示一切事物共同享有的存在。托马斯认为，亚里士多德所说的形而上学研究的"存在之为存在"指的是"共有的存在者"，因此形而上学是最抽象、最普遍，因而也是最高的科学。但形而上学最终归结为神学，因为神学所研究的上帝，或"自有的存在者"，是纯粹的存在、存在自身和自因。可以说，神学位于最高科学的顶峰。

"自有的存在者"和"共有的存在者"的区别可被归结为以下四个方面。

第一，"共有的存在者"表示所有事物的共有存在，适用于一切事物；"自有的存在者"指称上帝的单一存在，只适用于一个对象。

第二，"共有的存在者"是多中的一、个别中的普遍，它存在于事物之中，犹如共相存在于殊相之中；"自有的存在者"是事物存在的外部原因，超越一切事物，如托马斯所说："任何个别存在的充足原因不可能来自存在之为存在的共同性。"②

---

① 《反异教大全》，1卷20章。
② T. Gilby (ed.), *Saint Thomas Aquinas: Philosophical Texts*, pp. 5-6.

第三,"共有的存在"是事物存在的共性,"共有的存在"决定每一事物存在,也决定不同事物存在的个性。托马斯说:"上帝知道事物不仅因为它们享有一般的现实性,而且根据它们的特征";另一方面"多样的、不同的事物从它们所共有的东西,而不是从使它们特殊的东西中得到统一性"①。

第四,"共有的存在者"是理智抽象产物,抽象概念的内容与它所概括的对象不是整体与部分的关系。用托马斯的话来说,"共有的存在者这一概念既不盈也不缩",它不受存在事物数量多寡的影响;而"自有的存在者"是纯粹、简单的概念,它"包含着所有种类的完善性","不能再被充盈……因为纯粹存在不缺乏任何完善与崇高"②。就是说,"自有的存在者"是一切事物存在的整体,每一事物存在都是它的一部分,缺少了任何一部分都会缩小它的完善性。

4."是这个"(quod est)和"其所是"(quo est)

按以前哲学家的理解,"是这个"表示实体的个别存在,"其所是"表示决定实体本质的形式,这一解释基本符合亚里士多德区分"是这个"(*tode ti*)和"其所是"(ti estin)的原意。托马斯认识到这种解释不符合以存在为中心的形而上学,他不受亚里士多德原文和柏拉图主义传统的束缚,创造性地重新解释这一区分。按他的解释,"是这个"表示实体所具有的本质或形式,"其所是"则是本质

---

① T. Gilby (ed.), *Saint Thomas Aquinas: Philosophical Texts*, p. 101.
② 同上书,第154页。

借以实现的存在。这就完全颠倒了这两个术语的传统意义。

我们首先看看托马斯这样做的理由。既然他认为"存在"概念来自"是"动词的意义,当用"是"动词表述一个对象时,可以表示三种基本含义:第一,说明它"是不是";第二,说明它"是什么";第三,说明它"何以是"。传统上认为,"是这个"回答对象是否存在,"其所是"回答对象是什么,表达在描述本质的定义中,本质定义在回答了对象"是什么"的同时也回答了它为什么是这样。托马斯一反传统思路,他认为"是这个"回答了对象"是不是"和"是什么"的问题,"其所是"回答"何以是",即它为什么是这样的问题。在他看来,问题的区分不应以"是不是"为一方,以"是什么"与"何以是"为另一方;而应该以"是不是"与"是什么"为一方,以"何以是"为另一方。他说:"'这是什么'与'它是否存在'问题的对照,等于'它的原因何在'与'它是如何造成的'问题的对照。"① "对照"在这里指相关性。托马斯认为,"是不是"与"是什么"两个问题的相关性是不可分割的,他说:"我们不可能意识到一事物的存在却又没有以某种方式大致地了解它是什么。关于存在的知识蕴含着某些关于本质的知识"②;另一方面,知道一事物"是什么"不一定知道它为什么是这样,"知其然而不知其所以然"的状态就是"是什么"与"何以是"问题相分离的明证。按托马斯的区分,"是不是"和"是什么"两个相关问题为一组,"何以

---

① T. Gilby (ed.), *Saint Thomas Aquinas: Philosophical Texts*, p. 68.
② 同上。

是""怎样是"两个相关问题为另一组,它们的答案回答了"存在"("是")的意义。"是这个"与"其所是"分别是回答这两组问题的概念。托马斯的分析如下。

"是这个"的拉丁文短语是 id quod est。指示代词 id(这)表示一个事物,关系代词 quod 充当从句主语,"是"(est)动词被译为"存在",这个短语的完全意义是"存在着的一个事物"。如前所述,这指的是一个实体。托马斯在分析"是这个"的意义时说:"它既表示一个事物,如'这个'所云,又表示存在,如'是'所云","是"肯定它是一个存在者,"这个"肯定它是一个事物。如前所述,"事物"这一概念表示实体的属性,回答"是什么"的问题。因此,"是这个"的概念不只表示实体的个别存在,它还表示实体的本质;它表示存在与本质共同构成的个别实体,并不只表示实体的一个构成要素。

"其所是"的拉丁短语是"quo aliquid est"。短语主词 quo 是指示代词"这"及其关系代词(quod)的夺格,表示别的东西对"这"个东西的依靠,不定代词"某一东西"(aliquid)是从句主词。短语的完整意思是:"是某物所凭藉的东西。"我们把它译为"其所是"这一译法可作不同理解,关键在于"所"字的作用:若把"所"理解为助词,"其所是"的意思是"它是如此这般的东西";若把"所"理解为因果连词"所以","其所是"的意思是"它是某物所以如此的原因(缘故)"。前一种是把"其所是"等同为"如此这般"的形式、本质的传统理解,后一种是把"其所是"作为实体的本质与存在的原因的托马斯的理解。托马斯在解释波埃修"'是这个'不同于存在"这句话时说:"'是这个'是存在着的实体。如果它是有形实体，它就是由质料与形式组成的事物，如果它是无形实体，它就是简单的形式。'其所是'是被分有的存在，因为只有分有了存在自身的东西才是个体。"①他用"分有"存在的理由解释为什么某一事物"是这个"的原因。某物的本质是由它的形式决定的，但形式本身并不包含存在；只有当形式从纯存在，或存在的活动，或自有的存在者那里获得所是的存在，它才转变为实体：或直接变成无形的实体，或与质料相结合变成有形的实体。形式得以成为一个实体的现实性就是"其所是"，即它所分有的存在。

5. 存在与本质(essentia)

托马斯把亚里士多德关于活动与潜在关系的学说运用于存在与本质的关系。任何事物、形式或本质在未获得存在之前都只是一种潜在，一种可能性。存在的特征在于它的现实性，它是使潜在转变为现实的活动。他说："存在表示某种活动(actus)，因为当人们说某事物存在时，并不是由于它处于潜在状态，而是由于它处于现实状态。"②

按现实与潜在的关系理解存在与本质的关系，存在高于、优于和先于本质。本质依赖于存在，没有存在，就没有实在的本质。托马斯说："事物的任何卓越性都是存在的卓越性，假如没有人的实际智慧，就不会有智慧的美德，同理也不会有其他美德。"③存在是自

---

① 托马斯：《波埃修论三位一体注》，A. Hyman & J. Walsh (eds.), *Philosophy in the Middle Ages*, Indianapolis, 1974, p. 476。

② 《反异教大全》，1卷22章；参阅赵敦华、傅乐安主编：《中世纪哲学》下卷，商务印书馆，2013年，第1504页。

③ T. Gilby (ed.), *Saint Thomas Aquinas: Philosophical Texts*, p. 74.

在的活动，有自身的原因，不因与本质发生联系而增加自身的完善。他说："存在无所不在。当一个人产生时，首先出现的是存在，其次是生命，再次是人性，他在成为人之前首先是动物。依此后推，他首先失去理性，但生命和气息留存，然后他失去这些，但存在仍留。"①

托马斯批判把存在当作实体可有可无的偶性的观点，批判本质先于存在、本质决定存在的观点。他指出这些传统观念出自这样一种偏见，即认为"存在如同原初质料一样是最不完善的，因此，正如原初质料可被任何一种形式所规定，存在因为它的不完善性，可以被一切谓词表述的性质所规定"。托马斯针锋相对地说："我在这里把存在理解为最高的完善性，因为活动总比潜在更完善。形式若无具体存在，将不会被理解为任何现实的东西……显然，我们在这里所理解的存在是一切活动的现实性，因此是一切完善的完善性。"②

托马斯颠倒了传统哲学中存在与本质的位置，以一种存在主义代替本质主义。吉尔松认为这是革命性的变化："作为一种哲学，托马斯主义实质上是一种形而上学，他对第一原则即存在的解释是形而上学历史上的一场革命。"③20 世纪哲学家海德格尔批判传统形而上学把存在混淆为实体，把存在归结为本质，而没有把存在理解

---

① T. Gilby (ed.), *Saint Thomas Aquinas: Philosophical Texts*, p. 143.
② 同上书，第 135 页。
③ E. Gilson, *History of Christian Philosophy in the Middle Ages*, New York, 1955, p. 365.

为活动过程等观点。其实,海德格尔视作具有革命意义的"存在不是存在者"的"存在论区分",我们已经在托马斯著作中读到了。

6. 存在与实体

亚里士多德的形而上学是以"实体"意义为中心的存在论。托马斯的形而上学以存在和本质的关系的学说为枢纽对实体的等级、构造与类别作了全面论述。他把实体分为以下三类。

上帝是最高实体。作为存在的原因和自因,上帝是存在与存在者的统一、存在与本质的统一。托马斯说:"上帝的本质即是他的自身存在(esse)";"上帝就是他的本质(essential)、实质(quiddititas)或本性(natura)"[1]。他的论证是这样的:对一实体可用三种方式分析它:一是区分它的属与种差,二是区分它的形式与质料,三是区分它的主动与被动部分。但这三种区分都不适用于作为存在自身的最高实体。因为,第一,存在不属于任何"种"和"属",形式逻辑中种加属差的定义方法不适用于"存在"概念;第二,存在是纯行动、纯粹现实性,不能蕴含着惰性与潜在的质料;第三,被动也违反了存在的活动本性,存在是不包含任何被动部分的单一行动。托马斯对上帝实体所作的说明以存在活动的完整、纯粹、单一为基础。

第二类是精神实体。托马斯说:"在被造的理智实体中发现的本质,它们的存在并不是它们的本质,尽管它们的本质是没有质料的,由此,它们的存在不是绝对的而是获得的,从而是受到自身本性的接受能力的限制并是有限的。"[2]精神实体从上帝那里获得使

---

[1] 赵敦华、傅乐安主编:《中世纪哲学》下卷,第1298、1500页。
[2] 同上书,第1299—1300页。

之成为现实的存在活动，它的本质是固有的潜能，它限制实体接受什么样的现实以及多少现实。精神实体之中存在与本质，或活动与潜在的区分，意味着它们不可能完全、充分地接受或分享纯粹存在，这一点把它们与上帝区别开来。另一方面，精神实体只有存在与本质的区分而无形式与质料的区分，这一点又把它们与物质的或有形实体区别开来。托马斯说，一切被造实体都是现实与潜在的复合体，但现实与潜在的关系有两种：一种是存在与本质的关系，另一种是形式与质料的关系。精神实体只有第一种区分，它们是不包含质料的复合体。他反对普遍质型论，认为只有物质实体才有质料，没有什么"精神质料"。他说："按恰当的、一般可接受的意义理解质料，质料不可能是精神的。"①"普遍质型论"者的错误在于只知道形式与质料的结合，不知道存在与本质的结合，他们从承认一切被造物都是现实与潜在的结合这一正确前提出发，推导出它们全都是形式与质料的结合的错误结论。

第三类实体是物质实体。它们包含着存在与本质以及形式与质料的双重区分。托马斯说："在由质料和形式组成的实体中，活动与潜在有双重组合；一是实体的组合，即质料和形式的组合，二是已经成为复合物的实体与存在的组合。第二重组合也可称为'是这个'和'存在'，或'是这个'和'其所是'的组合。"②"组合"是限制被接受的存在活动的方式。托马斯谈到"来自上面的限制"和

---

① A. Hyman and J. Walsh（eds.），*Philosophy in the Middle Ages*，p. 473.
② 《反异教大全》，2卷54章。

"来自下面的限制",前者是本质对存在的限制,即实体的潜在本质对存在活动的限制;本质在接受存在活动之后,由潜在变为现实的形式,它还要受到来自下面的潜在质料的限制。物质实体按照潜在本质和潜在质料的双重限制接受它们的现实性,它们因而比精神实体享有更少的完善性。

托马斯从存在与本质、形式与质料的关系入手,把实体看作由高级到低级的等级系统。上帝实体没有存在与本质的区分,精神实体含有存在与本质的区分,物质实体含有存在与本质、形式与质料的双重区分。区分越多,对现实性的限制越大,完善性越小。在此意义上,他又是海德格尔所说的形而上学"本体-神学的"(onto-theological)传统的典型。

六、中文语境里的形而上学之辩

中文里没有一个与"是"动词的名词相对应的概念,日本学者最早用汉字"有"翻译西文的 Being;后来西方的翻译者把《老子》中的"有"和"无"分别译为 being 和 non-being。经过中西文的"双向格义",与西文 Being 相对应的中国哲学的概念被确定为"有"。20 世纪 50 年代之前,中国学者普遍用"有"来翻译和理解西方形而上学研究的 Being;港台的中国学者至今仍然这样做。近年来,中国哲学界围绕 Being 的意义问题发表了一系列文章。为了引起学术界对 Being 的意义问题的共同兴趣,宋继杰博士把近年来发表的相关论文和译文集辑成书,分上下两卷,以《BEING 与西方哲学传统》为题，于2002年10月，由河北大学出版社出版。

中国学者对于Being的意义，至少有下列五种观点。第一，Being的一般意义是"存在"；第二，Being的一般意义是"存有"；第三，Being的一般意义是"是"；第四，Being在希腊哲学中的一般意义是"是"；对Being在全部哲学史中是否有一般意义的问题，存而不论；第五，不论在西方哲学史上，还是在希腊哲学中，Being都没有一般意义；"有""存在""是"三种译法各有合理性，应该根据具体情况选择合理的译法。

我本人持最后一种观点。我承认"是""存在"和"有"这三者各有依据和合理性，但这并不意味着研究者可以各行其是，随意地选择一个表示Being的意义。相反，这向研究者提出更高的要求：应该根据不同时期、不同派别、不同人物，甚至同一人物的不同著作、同一著作的不同语境，理解Being的意义。Being没有固定的字典意义，需要我们以形而上学史为依据，说明在什么样的理论或上下文中，"有""存在"和"是"各自的适用范围。

我以为，我们不必为在中文里找不出一个与Being相对应的词汇而感到遗憾。诚如现代分析哲学家所说，形而上学的争论产生于语言的困惑；其中最大者莫过于Being的困惑。当哲学家用这一个词表示极其广泛的对象时，认为它有唯一的或统一的意义；他们坚持自认为合理的那一个意义，把其他的意义都归诸其下，由此产生出无休止的争论。在这种情况下，中文用不同的词表示Being，至少可以提醒人们：Being在不同理论背景中有不同的意义，不要为追求唯一的统一意义而走上独断主义。以Being为对象的形而上学很难摆脱独断主义的梦魇，如果我们能够用不同的术语来化解关于 Being 的种种独断解释，何尝不是幸事，何乐而不为呢？

七、中西形而上学术语意义的会通

我们强调西语 Being 在中文语境的不同译法，这就留下了一个问题：西方哲学的 Being 与汉语"有""存在"和"是"之间的对应关系是否内在于中西哲学思维之中？或者只是为了用现代汉语翻译西方哲学的意义而建立的一种联系？按照第一种看法，中西哲学即使在核心之处也是可以会通的；而按照第二种看法，中西形而上学关键术语之间的对应只是现代发生的外在的、偶然的联系。

汉语的用法似乎支持第二种看法。古汉语中虽然已经有"有""存""在"和"是"等词汇，但除了"有"之外，其他词汇都不表示哲学概念。只是在现代汉语中，才有了"存在"这一术语；而且只是为了翻译西文的 Being 或 existence 而新造出来的术语。至于用"是"来表示西文 Being 的意义，那更是新近的主张。古汉语中接近于 Being 的哲学概念是"有"。但仔细寻找中西思维方式差异的人强调，"有"不是系词，也不能表示 existence，因此不能表示 Being 的核心意义。最后的结论是，中国古代没有与 Being 相对应的哲学概念。由此引申出的结论有：中国古代没有系统的逻辑思维；没有形而上学，或虽有形而上学，但却无本体论（ontology）；甚至中国古代没有哲学，等等。

我准备为认为中西哲学即使在核心之处也是可以会通的看法辩

护。首先，我将说明，古汉语中的"是"具备了 Being 的意义；第二，我将试图简要地回答这样一个问题：为什么中国古代形而上学没有以"是"为研究对象，而在希腊却出现了研究 Being 的 ontology；最后，我将说明，中国古代哲学众多的范畴包含了 Being 所具有的"存在""本质""本体"等意义。

据王力《古代汉语》的概括，"是"有三个意义：(1)"对的、合理的。"如《孟子·尽心下》："自以为是"；(2)"代词。这，这个，这些。"如《庄子·逍遥游》："是鸟也，海运则将徙于南冥。"(3)"系词。是(后起意)。"如王勃《滕王阁序》："萍水相逢，尽是他乡之客。"①

第二，在古汉语中，"是"作为系词的用法出现较晚。王力认为始于六朝或两汉之间②，裘锡圭最近认为始于战国后期③。与此不同，在希腊文最早的典籍中，"是"已用作系词，而且系词很发达，如卡恩所言，在这三种用法中，系词的用法"在统计意义上是占优势的"，"在句法上是基本的"。但在古汉语中，系词不发达，如王力所说："无系词的语句几乎可说是文章的正宗……几千年来，名句(nominal sentence)里不用系词，乃是最常见的事实"④。并且，古

---

① 王力：《古代汉语》，下册，第一分册，中华书局，1979年，第1019页。
② 王力在1937年《中国文法中的系词》中认为系词"是"始于六朝。在1958年出版的《汉语史稿》修订版中认为始于西汉末年或东汉初年，见该书中册，中华书局，1980年，第353页。
③ 裘锡圭：《谈谈古文字资料对古汉语研究的重要性》，《中国语文》1979年第6期，第437—442页。
④ 王力：《中国文法中的系词》，《清华学报》12卷第1期，第7页。

汉语用作系词的词语多种多样，并不专用"是"动词，"为""即""乃""系""非""……者，……也"，等等，都可用作系词。即使有这些差别，我们也不能把希腊文（或印欧语系）中的"是"动词的意义等同于系词。印欧语系用"是"动词作系词，是一种偶然现象。"是"动词本身并没有连接主词和谓词的必然意义，它之所以被用作系词，有一个历史发展过程。一些语言学家提出了一个假说，解释语言史的这一事实。他们认为，"是"动词最初是表示事物存在的实词，使用频率很高；后来出于表示时态、位格和词性等语法变化的需要，把这一经常使用的实词当虚词使用，在"主词＋是动词＋谓词"的句法结构中表示时态、位格和词性的变化；"是"动词于是成为意义最基本、使用最广泛的系词。虽然并不是所有人都承认上述假说，比如卡恩就批评这一假说缺乏历史证据。但他也承认，"是"动词并不必然地具有系词的功能，它的意义是多样的。古汉语和希腊文中的系词用法的差别与这两种语言在历史发展中形成的句法结构和语法上的差异有关，但不能由此得到结论说，系词是否发达与逻辑思维方式是否发达有必然联系。

中西哲学的一个显著差别确实与系词有关；这就是，系词"是"与西方形而上学的基本范畴有逻辑上的联系，而系词与中国哲学的基本范畴却无逻辑上的联系。中国古代形而上学一开始就与形式逻辑无缘。这倒不是因为古汉语中系词不发达，而是因为它起始于老子的"有无之辨"。"有无之辨"与巴门尼德的"是非之辨"不同。后者指出了"是"与"非是"之间的矛盾（后来，柏拉图和亚里士多德通过其他途径调和了这一矛盾，但并没有取消这一矛盾）。

中国古代形而上学的"有无之辨"指出了"有无相待"的道理。老子说:"有生于无",但又说:"有无相生"(《道德经》2 章)。"无"与"有"并不矛盾。始源之道超越一切区分和变化,不可名状,只能称作"无"。另一方面,道又在万物之中,"有无相生"描述了万物从无到有,再从有到无的"周行不殆"之道。庄子指出"有"与"无"的相对性。他说:"有'有'也者,有'无'也者,有'未始有无'也者,有'未始有夫未始有无也者'。俄而'有无'矣,而无知'有无'之果孰'有'孰'无'也。"(《庄子·齐物论》)庄子说明两点:第一,不能说有之前有无;因为有无之"有"之前还将有无,有无之前有无的"有"(第二个"有")还有无,如此循环不止。第二,甚至不能说"有无",这种表达在肯定"无"的同时已肯定了"有",到底肯定哪一个呢? 庄子还说:"因其所有而有之,则万物莫不有,因其所无而无之,则万物莫不无。知东西相反而不可以相无,则功分定矣。"(《庄子·秋水》)"相反而不可以相无"指意义相对立,但不相互否定,即"有无相待"的意思。

"有无相待"的形而上学之辨导致了大化流行、生生不息的世界观。不独道家持有这一世界观,儒家也是如此。老子说:"道者反之动。"孔子曰:"逝者如斯夫,不舍昼夜。"(《论语·子罕》)《周易》说:"富有之谓大业,日新之谓盛德,生生之谓易";"天地之大德曰生"。《中庸》说:"唯天下至诚为能化。""化""生"的过程固然充满着矛盾,但矛盾不是"是"与"非是"的二元对立,而是"阴阳"的相反相成,"五行"的相生相克。"八卦"和"五行"的符号系统构成了与亚里士多德的形式逻辑完全不同的思想模式。

如上所述，中西形而上学的思想模式的差异来自把握意义对立的两个范畴的不同方式，即希腊人对"是"与"非是"相互矛盾的揭示，以及中国人对"有"与"无"相互依存的体悟。这两种不同的把握方式与范畴的意义并无必然联系。如果希腊人更多地理解"是"与"非是"的通融（如柏拉图在《智者篇》中所做的那样），西方形而上学也许会更加神秘（如柏拉图主义传统中的神秘主义所显示的那样）。同样，如果中国人更多地思考"有"与"无"之间的矛盾关系（如魏晋玄学家关于"崇有"和"贵无"的争论），那么中国形而上学也许会更有逻辑思辨性（如佛学和理学中的辨析和论证所显示的那样）。当然，历史不容假设，我之所以做如此假设，只是为了说明中西形而上学的思想模式的合理性是在具体的历史境况中形成的。如果只是以形式逻辑为标准来判断中国的思想模式，可能会低估，甚至否认它的合理性。

除了"有"和"无"以外，中国哲学的形上学范畴还有"道""太极""天""心""性""理""气"等。另一方面，西方哲学的形而上学的 Being 的范畴包含着"存在""本质""实体"等概念。虽然我们现在不得不用现代汉语的这些术语来表达 Being 的意义，但是，这些现代汉语术语的意义与中国形而上学的那些范畴的意义是相通的。现代汉语的这些词汇，起到沟通中西形而上学的桥梁作用。

"本质"和"实体"与中国哲学的固有概念"本体"有关。张载说："太虚无形，气之本体。"本体是有形现象后面的实在。根据不同哲学家的不同观点，"道""太极""天""心""性""理""气"等，既可以是有形事物之中的本质，也可以是独立的实在，还可以是事物的依据。在这些意义上，把它们说成是"实体"（或"本体"）或"本质"是合适的。有人也许会指责说，用这些用来表达西文 Being 的术语来解释中国古代哲学的术语是"以西解中"。但如果我们理解，中国古代的"有""无""本体"等概念的意义，以及这些概念与其他形而上学概念之间的联系，那么，也就不难理解它们与"实体"和"本质"等西方形而上学概念的相通之处。

更重要的是，现代汉语的"存在"与中国古代形而上学的范畴也是相通的。长期以来，我们把"存在"理解为"物质"或"自然界"的存在，与"精神"或"思维"相对立的存在。这种意义上的"存在"在中国哲学史上是少见的（其实在西方哲学史上也不多见）。"存在"虽然不是古汉语的术语，但它是由"存"和"在"这两个古已有之的词构成的双音词，这两个词的意义表达了西文 Being 和 existence 的基本含义。

先说"在"的意义。"在"有两重含义。第一，出现在一个特定的时间和地点，如"祭神如神在"。这一意义相当于海德格尔所说的"在场"（present）。第二，剥离了所有属性以后所剩下的"赤裸裸"的形态，亚里士多德称之为"根基"（*hypokeimenon*），认为这是最根本的实体。古汉语的"有"表示了同样的意思。当我们问："X 有什么？""有"是 X 的属性的总称。但如果我们问："除了属性之外，X 还是什么？""有"就是 X 自身。海德格尔用 es gibt（there is）表示"存在自身"。这也是"有"的意思。"这里有 X"表示 X 在这里。

再说"存"的意思。据王力的《古代汉语》，"存"也有两重意义。第一,"存在,不及物动词,跟'亡'相对"。如"置之亡地而后存"(《史记·淮阴侯列传》)。第二,思念,关心。如"虽则如云,匪我思存"(《诗经·郑风·出其东门》)①。从哲学的观点看,需要对"存"的意义作以下补充说明。

"存在"之"存"不是"在"的重复,而是对"在"的修饰。"存在"是"保存着"的"在",一直都"在",或既有的"在"。在此意义上,"存在"是过去时的"在"。亚里士多德用"是"动词过去式的阴性名词 ousia 表示"实体",用"是"动词的不定式 to ti en einai 表示"本质"。这些都是强调"存在"既有的、不变的、连续的形态。

"存在"不同于"在场";不"在场"不等于不"存在";反之,"存在"也不意味一定得"在场"。"存在"比"在场"更加根本,失去了"在场"还会有其他显示自身的时机,但失去了"存在"就意味着"死亡",没有任何显示的可能性了。在此意义上,"存在"相当于西文的 existence。自基尔凯郭尔以来,existence 专门表示人的存在,中文的"存"传神地表达了人的存在的意义:只有人才能思念、关心,关心的对象可以是自己、他人,也可以是外物。中文的"存在"相当于海德格尔所说的"烦"(Sorge)。

我们揭示出的"存在"的上述意义,或多或少表现在"道""太极""天""心""性""理""气"等范畴的意义之中。这些范畴表示的,或是"在场",或是不变的、连续的实在,或是与人心相通的本

---

① 王力:《古代汉语》,上册,第二分册,中华书局,1979 年,第 538 页。

体，或兼有这些意义的全部。

总之，中国哲学的形而上学范畴既然具有"实体""本质"和"存在"等概念的意义，而这些概念又能够比较全面地表示Being的意义，我们还有什么理由否认中西形而上学的范畴的相通之处呢？

"物质"范畴的中世纪起源

"物质"大概是中国人最熟悉的哲学术语,很多人从小就知道"物质第一性"的唯物主义哲学原理。然而,希腊哲学中并无现在所谓的"物质"概念,当然也就不会有以"物质"概念为中心的唯物主义。我之所以要指出这一事实,是因为过去按照苏联日丹诺夫关于哲学史的定义,把唯物主义与唯心主义的"两军对阵"作为哲学史的唯一线索和内容。希腊哲学中没有"物质"概念这一事实却说明,"两军对阵"在一开始并不存在。

希腊哲学包含着以后一切哲学概念的萌芽。预示后来的"物质"概念的希腊哲学概念是"质料"(*hyle*)。*hyle* 在希腊文中的原意是"木材",哲学家借用这个生活用语表示世界万物构成的原材料。亚里士多德说,最早的哲学家都主张质料是世界的本原,但这只是他从自己"质料因"的观点对过去的哲学史的一种概括而已。最早的哲学家并没有使用"质料"这一概念,这是亚里士多德创造的一个物理学和形而上学的概念。希腊文 *hyle* 在中世纪被翻译为拉丁文 matter,但其基本意义仍然是"质料"。因为"质料"与"物质"在现代西文中是同一个词,一些人便按照亚里士多德的解释,把最早一批主张世界本原是"质料"的哲学家说成是"唯物主义者",这是一种望文生义的解释。

现在很少有人知道"物质"作为一个哲学范畴是中世纪的产物。即使在哲学专家中间，有人认为既然"物质"词源学意义来自古希腊的"质料"，materialism 应译"质料论"，有人以为"物质"来自近代哲学，把 materialism 译作"物质论"，不同于马克思主义的"唯物论"。我们将用西方哲学史的事实表明，"物质"范畴起源于托马斯主义，这个范畴的出现，与唯物论没有什么关系，而是为了解决基督教神学与古希腊哲学中质料与形式关系学说结合所产生的理论难题。

一、古希腊哲学的"质料"概念

即使按照亚里士多德的说法，"质料因"也不是唯物主义。正如亚里士多德注意到，哲学家最初主张"质料因"需要"动力因"，才能说明"质料"是如何结合和分解的，于是，阿那克萨戈拉设定了"心灵"，恩培多克勒设定了"爱"和"恨"作为推动"质料"运动变化的原因。更早一批哲学家中的另外一些人，如主张"水是万物本原"的泰勒斯和主张"火是万物本原"的赫拉克利特，根本没有区分物质和精神，作为世界本原的"水"或"火"并不是我们现在理解的物质形态，而是有着活力的灵魂。因此，"泰勒斯说万物都有灵魂，并进而把水的能动力量奉为神圣的力量，也说万物都充满了神"①。赫拉克利特所说的"火"是"永恒的活火"，等于 logos（相

---

① 亚里士多德:《论灵魂》，411a7。

当于后来所说的"理性"),又说:"*logos* 为灵魂所固有"①。这些哪里是什么"唯物主义"呢? 后来的斯多亚派干脆把赫拉克利特所说的"火"等同于"精神"和"神"。在希腊哲学中,唯有原子论可被算作唯物主义。原子论只用物理属性解释原子和原子的运动,并把灵魂解释为"精细的原子"。但这一孤证不能支持"两军对阵"的说法,因为原子论力量太弱,根本无法与希腊哲学的其他学派"对阵";柏拉图和亚里士多德以及后来的斯多亚派等主流派别,也不把原子论当作主要论敌而与之"对阵"。

亚里士多德所说的"质料"虽然不是"物质",但却包含着近代哲学的"物质"概念的萌芽。这表现在以下几个方面:

首先,亚里士多德虽然认为质料既不是可以直接感知也不是可以用概念加以描述的现实,但他承认,可以用"类比"(analogia)方法来把握它②。这就是把"质料"类比为有形的材料。比如,他在举例说明"四因"的意义时,说"铜"是"铜像"的"质料因"。也是在把"质料"类比为"有形物"的意义上,他把早期自然哲学家所说的"水""火""气"等概括为"质料"。他甚至在《大伦理学》第5章中把"质料"说成是有形状大小的东西。"质料"的这一类比意义即后世所说的"广延"。

其次,在《物理学》中,亚里士多德把"质料"当作事物运动变化的载体。他认为,运动变化是在不变的载体的基础之上,既有

---

① 《赫拉克利特残篇》,30,115。
② 亚里士多德:《物理学》,191a8。

的形式朝向它所缺乏的形式的过渡、转化。变化的只是形式，如，水变成气时，构成水或气的质料不变，变化的只是水的"湿性"变成了气的"热性"。同样，在位移运动中，变化的只是事物的位置，构成事物的质料并不变化。亚里士多德的物理学把质料视为运动载体的观点，与近代力学把物质视为运动的刚体的观点是一致的。

更重要的是，亚里士多德在《形而上学》中，把"质料"与"是"（einai）、"本体"（ousia）、"本质"（ti estin）等关键概念联系在一起。亚里士多德说，形而上学的研究对象是"是自身"（being qua being），"是"的中心意义是"本体"。但是，"本体"的基本意义是什么呢？亚里士多德在《形而上学》第6卷中，首先说明"质料"非常接近于"本体"的意义，因为本体是一切属性所依附的"基体"或"支撑"（hypokeimenon）。他做了一个思想实验：如果把依附在本体上的所有属性都剥离之后，那么最后的剩余必定是本体。他说："把其他一切都剥离之后，剩下的只有质料。"如此看来，质料应该是本体。但亚里士多德笔锋一转说："这是不可能的，因为可分离性和'这一个'（tode ti）是本体的主要特征。"他的意思是说，没有任何属性的质料只是一团混沌，不能彼此区分开来，不是独立的个别存在；我们甚至不能说质料"是"一个什么样的东西，所以质料当然不能成为"实是"的中心意义，即不可能是"本体"。

在以后的论述中，亚里士多德说，形式或本质是主要的、基本的本体，但这只是从可用定义来认知的角度来论述的。他承认，在现实中，可感的本体都是质料和形式的复合物；没有质料的形式与没有形式的质料一样，不可能是具体存在的本体。总之，亚里士多德的质料观建立在"载体"或"基体"、"是""本体"等一些根本概念的基础之上。有形的事物不是"质料",而是质料和形式构成的复合实体。

二、基督教哲学的"质型论"

1. 奥古斯丁的"普遍质型论"

《圣经》中说:"上帝最初创造天地。"按奥古斯丁的解释:"一个近乎上帝的天,一个近乎空虚的地;一个上面只有你,另一个下面什么也没有。"地离上帝最遥远,故黑暗不透光;天最接近上帝,故透明光亮。天和地分别处于自然世界的顶端和底端。"地"代表着不定形的质料,构成万物的原始材料;"天"代表了完全脱离物质的精神。天地之间的万物依与"地"的远近(或依与"天"的近远)被排列成从高到低的等级。

奥古斯丁对"天""地"所作的解释在中世纪引起争论,主要原因在于"质料"概念之歧义。拉丁文 matter 取自希腊文 hyle,如果把"地"解释为原初的"质料",那么它就不具任何形相,如果把"地"解释为已经具有最初形式的"质料",那么它就是有形体。奥古斯丁考虑到这两种可能的解释,他似乎面临两难处境:一方面,地既然是上帝创造的,就必然有某种完善性,它不可能完全没有形相;另一方面,《创世记》用"空虚混沌、渊面黑暗"形容地,它似应为无有形相、不可认识的东西。为了解决这一问题,奥古斯丁说,最初的质料虽然"未赋形相,近乎空虚,但已经具有接受形相的条件",它虽然没有形相,但却"能够接受形相"①。他强调,质料不是虚无,而是"近乎虚无",形相已经潜在地存在于最初的质料之中。上帝并非先创造质料,然后创造形相,最后使两者结合;不是这样的! 上帝在创造质料的同时已经使质料和形相潜在地结合于其中,这些潜在的成分随着时间的推移逐渐显现出来,成为现实,于是从无形的质料生成出有形的事物。

按照奥古斯丁的解释,天和地的对立是精神和质料的对立,但不是形式和质料的对立。无论质料的东西("地")还是精神的东西("天"),都包含着形式和质料,只是质料的形式是从潜在到现实的有形体,而精神的形式和质料始终是无形的。

奥古斯丁本人并没有使用亚里士多德语言,而用他熟悉的柏拉图主义的语言阐述形式与质料、潜在与现实的关系。后来的奥古斯丁主义者用亚里士多德观点解释奥古斯丁的"天地学说",称之为"普遍质型论"(universal hylemorphism),意思是:世界的万事万物都由质料(hyle)与型相(morph)构成,既没有脱离形式的质料,也没有脱离质料的精神。据现代学者芒东内(P. Mondonnet)概括,奥古斯丁主义包括认为原初质料具有某种形式或现实性的普遍质型论和多型论②。而亚里士多德虽然承认个别实体为质料和形式的结合,但也承认精神实体为"纯形式",以及运动的载体为"纯质料",亚里士多德的"质型论"不是普遍的。而奥古斯丁与亚里士多

---

① 奥古斯丁:《忏悔录》,12卷8章8节。
② P. Mondonnet, *Siger of Brabant*, Louvain, 1911, pp. 56-57.

德主义的差异导致了中世纪围绕"质型论"是否普遍适用于一切实体(上帝除外)问题的争论。

2. 多型论

中世纪犹太哲学家伊本·伽比罗［Ibn Gabirol, 1021—1058, 拉丁名称为阿维斯布朗（Avicebron）］在《生命的源泉》一书中，强调造物主与被造物的根本区别：造物主是完全单纯的"一"，而所有被造物皆由"普遍形式"与"普遍质料"构成。质料与形式的统一在亚里士多德那里意味着有形实体，阿维斯布朗说："普遍质料是支撑一切事物的基体，它必然存在于所有事物之中，必定赋予一切事物以本质和名称。"①

阿维斯布朗系统地阐述了"普遍质型论"和"多型论"的联系。他认为，一切实体都有普遍形式和普遍质料，一切有形的实体都有形体形式和形体质料，一切无形实体则由精神形式与精神质料构成，每一有形的或无形的实体还有其他一些形式，它们按从普遍到特殊的秩序依次决定这一实体的种、属、个体特征，所有这些形式都是构成一个实体的本质的不可缺少的组成因素。

阿维斯布朗论证说，有形实体的质料与无形实体的质料相同，因为"如果低级事物从高级事物流溢出来，那么存在低级事物中的每一事物也一定存在于高级事物之中"②。一切实体都有质料，无形实体的"普遍质料"和有形实体的"普遍质料"是同一基质。但

---

① 参阅赵敦华、傅乐安主编：《中世纪哲学》下卷，商务印书馆，2013年，第1061页。

② 同上书，第1064页。

一个特殊实体分有多重形式，一个形式越接近于普遍质料，其适用范围越普遍，最后达到普遍形式。为了发现这个普遍的基质，用阿维斯布朗的话来说，就要"通过理性分析，把存在的东西的形式一个接着一个地除去，并不断地从明显的形式追到隐蔽的形式，一直追到一个形式后面没有其他形式为止。正是这一形式，它先于其他所有存在于潜在其下的质料中的形式"，这个最隐蔽的形式也是"最初的质料"①。

比如，"诸天的诸形式中首先出现的是颜色，其后依次出现形状、形体性、实体性，然后是其他的形式，即精神性的理智，直到你获得某种作为基体潜在于所有这些形式底下并凭自身而存在的东西的概念，于是你会发现用前面提到的原有属性来描述的原则，并将发现这就是那潜在的原则，除此之外再没有其他原则了"②。形象地说，组成一个实体的形式犹如包裹着洋葱头的层层外皮，发现实体的普遍形式和普遍质料的过程犹如剥洋葱皮。

13世纪西方的经院学者按他的阿维斯布朗观点理解奥古斯丁著作中类似的零散论述，用"普遍质型论"和"多型论"抵制亚里士多德主义的质料和形式的学说。

三、托马斯的"特指质料"概念

托马斯不接受"多型论"和"普遍质型论"。因为亚里士多德认

---

① 参阅赵敦华、傅乐安主编：《中世纪哲学》下卷，商务印书馆，2013年，第1061—1062页。

② 同上书，第1062页。

为形式是实体的本质，本质不同于偶性，一个实体的偶性是变化的、多样的，但只有一个固定不变的本质，即可定义的形式；另外，"形式"和"质料"在亚里士多德那里是两个不同的范畴，两者只在有形或可感实体中才是不可分的，无形或不动的实体是没有形式的"纯质料"。作为亚里士多德主义的代表，托马斯明确拒斥了"精神质料""形体形式"等概念。

但是，托马斯要回答奥古斯丁所面临的问题：上帝创造的质料是否具有一定的形相。几经尝试之后，他越来越清楚地认识到：古希腊哲学家毕达哥拉斯、柏拉图乃至亚里士多德所讨论的那样一种质料，根本就缺乏存在论的基础。因为"自然中根本没有完全不与现实性相联结的潜在性"，"总有一定的形式与原初质料相联结"①。既然如此，他们所讨论的从普遍统一的质料向具有特殊本质的个体事物的分殊就是一个子虚乌有的问题。正是在对古希腊质料学说的这样一种反思和自我反省的基础上和背景下，最终提出了他的著名的"特指质料"的概念。

按照托马斯的质料学说，质料被区分为"原初质料""泛指质料"和"特指质料"这样三种类型。特指质料一方面与原初质料相区分和对照，另一方面又与泛指质料相区分和对照。

特指质料是一种与原初质料相区分和对照的质料。在托马斯看来，古希腊哲学家之所以在质料问题上身陷迷宫而不能自拔，根本

---

① T. Gilby (ed.), *Saint Thomas Aquinas: Philosophical Texts*, Oxford, 1960, p. 151.

的原因即在于他们从根本上模糊了逻辑学与存在论和本体论的界限，把原本属于逻辑学范畴的东西误作存在论或本体论的东西。因此，托马斯的努力在于在逻辑学与存在论之间明确地划出界限。按照托马斯的理解，可以把毕达哥拉斯和柏拉图所说的那种无任何规定性的质料以及亚里士多德所说的作为潜在的质料理解为"原初质料"（materia prima）。毫无疑问，这样一种原初质料确实是具有古代哲学家们所说的那样一种普遍的质料，然而它也正因为如此而只是一种"逻辑概念"（intentiones logicas），而根本不属于存在论的、自然哲学的或形而上学的范畴。托马斯虽然沿袭了亚里士多德的"质型论"，强调个体事物的本质是由质料与形式结合而成的，但是在具体阐述复合实体的特殊本质时，托马斯还是非常鲜明地指出：[原初]质料"并不构成认识的原则；一件事物之归属于它的属或种，也不是由它的[原初]质料决定的，而毋宁说是由某种现实的东西决定的"[1]。

亚里士多德认为，单一实体可定义的形式是普遍，只有通过个体化原则才能具有特殊本质。托马斯在谈到作为个体化原则的质料时，又进一步强调指出："我们应当明白：并非以任何方式理解的质料都能够构成个体化原则，只有特指质料（materia signata）才行。"[2]托马斯所说的这句话也关涉到泛指质料与特指质料的区别。如果说特指质料是一种与个体事物无关的逻辑概念的话，那么泛指

---

[1] 赵敦华、傅乐安主编：《中世纪哲学》下卷，第 1276—1277 页。
[2] 同上书，第 1279 页。

质料(materia non signata)则是一种与个体事物有所关联的概念。托马斯在解说人的定义和苏格拉底的定义的差别时,曾对泛指质料与特指质料的区分作了经典的说明。他说:"我所谓特指质料是指那种被认为有限定的维度的质料。不过,这种质料并不是被安置在人之为人的定义中,而是被安置在苏格拉底的定义中,如果苏格拉底有定义的话,事情就是如此。然而,被安置在人的定义中的是一种泛指质料。因为在人的定义里所安置的,并不是这根骨头和这块肌肉(hoc os et haec caro),而只是绝对的骨和肉(os et haec caro absolute),而这种绝对的骨和肉正是人的泛指质料。"[1]这就是说,尽管与作为逻辑概念的原初质料相比,泛指质料对实存的个体事物也有所指,但它毕竟只是一种抽象概念,不能像特指质料那样构成实存的个体事物的特殊本质,不能用来述说个别实体或"个体的人"。

托马斯还用人性概念(hoc nomen humanitas)和人的概念(hoc nomen homo)的差别来类比泛指质料和特指质料的区分。他说:"人这个词和人性这个词虽然都是意指人的本质的,但是,它们意指的方式却并不相同。因为人这个词所意指的是作为整体(ut totum)的人的本质;换言之,这本质非但不排除质料的指定,反而内在而含混地蕴含有它,就像我们说属相包含着种差那样。所以人这个词是用来述说个体的。但是,人性这个词却是意指作为人的部分(ut partem)的人的本质的,因为在它的意涵中所内蕴的只是那属于人之

---

[1] 赵敦华、傅乐安主编:《中世纪哲学》下卷,第2章第4节。

所以为人的东西,而排除了一切指定性,从而也就不可能用来述说个体的人。"①

在《论存在者与本质》的另一处,托马斯在阐述原初质料与泛指质料的差别时,以同一个事例强调了原初质料的逻辑学意义。他指出:"我们虽然说人是理性的动物,但人却不是在人是由身体和灵魂组合而成的意义上由'动物'和'理性'组合而成的。因为人被说成是由身体和灵魂组合而成,所说的是由这两样东西构成了第三样东西;而这第三样东西是不同于这两样东西中的任何一个的:人实际上既不是灵魂,也不是身体。但是,人在一定意义上被说成是由动物和理性组合而成的,这并不是在说人是由这两样东西组合而成第三样东西,而是在说人是由这两个概念组合而成为第三个概念。"②

关于特指质料既区别于原初质料又区别于泛指质料的基本规定性,托马斯也讲得很清楚。这就是"有限定的维度(determinatis dimensionibus)的质料"③。而且,按照托马斯的说法,这样一种质料,既不可能存在于精神实体中,也不可能存在于我们的心灵中,而只能存在于个体实体中,存在于"苏格拉底的定义中"。为了解说特指质料的这样一种实存性质,托马斯曾把"有限定的量"(quantitate dimensiva)规定为质料(特指质料)的"最初配置"(prima dispositio materiale)④。

---

① 赵敦华、傅乐安主编:《中世纪哲学》下卷,第1285—1286页。
② 同上书,第1283页。
③ 同上书,第1279页。
④ 比较托马斯:《神学大全》1集1部,第77题2款。

在讨论特指质料的存在性质时，托马斯在对质料作出上述分类之外，还曾用"公共质料"（materia communis）与"个体质料"（materia individualis）、"可理解的质料"（materia intelligibili）与"可感觉的质料"（materia sensibili）等范畴来对质料作类型学的考察①。托马斯对质料的这样一些分类同刚刚讨论过的三分法大体上是相对应的。而且，其目的也同样旨在强调特指质料的存在性质，兹不赘述。

"特指质料"的学说首先为当时发生的关于"个人灵魂不朽"的神学争论提供了新的神学解释。基督教所说的"灵魂不朽"是个人的灵魂不朽，这与希腊哲学的"灵魂不朽"说有根本差别。柏拉图所说的"灵魂不朽"是生活在不同时间和空间的个人所共有的灵魂的不朽，按照这一观念，一个人死后，其灵魂可以转移到另外（动物或人）的身体中继续存在，这实际上是原始的"灵魂转世"的观念。亚里士多德认为个人灵魂不能离开身体而存在，但他相信所有人的理智灵魂来自一个共同的"积极理智"，这个全人类的灵魂是不朽的。托马斯既反对非基督教的"灵魂转世"学说，也反对拉丁阿维洛伊主义把"灵魂不朽"等同为人类共同理智的不朽。当托马斯说质料是个体化原则，他的意思是，一个物质实体的形式需要被一个"特指质料"加以个别地"刻画"。具体到"人"的"这一个"实体身上，"特指质料"是一个人所特有的身体状况（从生到死的变化着的形状、状态、动作，等等），一个人的灵魂是他所特有的"实质性

---

① 参阅赵敦华、傅乐安主编：《中世纪哲学》下卷，第 1425—1430 页。

形式",其之所以是特有的,是因为每一个灵魂都被一个适合它的身体所个别化;没有两个人的身体状况是一模一样的,因此,没有两个人的灵魂是完全一样的。托马斯可以同意柏拉图所说,人死后,灵魂与身体分开,依然存在(在这一点上他与亚里士多德不同),但根据他的个体化原则,一个人的灵魂不可能转移到另一个身体之中,因为每一个身体只能有一个适合它的灵魂。

托马斯的"特指质料"学说是他的哲学创造的典范。在中世纪哲学研究中,有一个流行观点,认为中世纪没有独特的基督教哲学,中世纪哲学只是柏拉图主义和亚里士多德主义的残留或延续。中世纪的神学家只是在重复柏拉图或亚里士多德的观点时才能被称为名副其实的哲学家①。按照这一流行观点,托马斯只是一个亚里士多德主义者而已,他并没有提出超越亚里士多德的哲学观点,在他不同于亚里士多德的地方,有的只是神学,而不是哲学。吉尔松是反对这一流行观点的几个少数哲学家之一。他提出了中世纪的基督教哲学是在"信仰中建构哲学"的著名论断②。托马斯的"特指质料"学说符合这一论断。这一学说是突破了亚里士多德的质料观的、具有历史意义的创造,但是是在神学争论的背景中,按照基督教的信仰和教义(如上面所说的"创世说"和"灵魂不朽说")所建构出来的。我们可以说,正是基督教信仰和神学的维度与视野,使

---

① E. Brehier, "Ya-t-il une philosophie chrétienne?", in *Revue de Metaphsique et de Morale*, 38 (1931), pp. 131-162.

② E. Gilson, *The Spirit of Medieval Philosophy*, London: Sheed & Ward, 1936, p. 35.

托马斯发现了希腊哲学家没有看到的哲学道理。如果有人要寻找"基督教哲学"的一个例证，让我们指着托马斯的"特指质料"学说，大声地说，看哪，基督教哲学就在这里!

四、向近代哲学"物质"概念的过渡

托马斯的"特指质料"概念首次明确地把"限定的量"作为"特指质料"。这是希腊-中世纪哲学的"质料"概念朝向近代哲学的"物质"概念转折的一个关键步骤。近代哲学的物质观的基本特征在于它把"广延"或"有边界的广袤"视作物质或自然物体的本质属性。笛卡尔强调指出，物质的"本性""只在于它是一个具有长、宽、高三量向的实体"①。霍布斯把物体界定为"与空间的某个部分相合或具有同样的广延"的东西②。现代西文的 matter 和拉丁文的 matter 写法相同，但两者的意义完全不同，前者指有形实体的本质，后者是希腊哲学"质料"的拉丁文术语。现代哲学的"物质"概念与托马斯的"特指质料"(signata materia)非常接近。托马斯在讨论特指质料时，又突出地强调了个体化原则。这些也为从笛卡尔到康德的近代哲学的酝酿和发展，提供了可资借鉴的精神资源③。

---

① 参阅笛卡尔:《哲学原理》，商务印书馆，1959年，第35页。
② 参阅霍布斯:《论物体》，第8章，第1节。
③ 参见 F. Barber and J. E. Gracia (eds.), *Individuation and Identity in Early Modern Philosophy: Descartes to Kant*, State of New York University Press, 1994。

更重要的是,"物质"这一范畴是马克思主义的唯物主义的基石。虽然"质料"和"物质"在西方哲学史上都不是中心范畴,如上一讲所示,西方哲学的中心范畴有"是"(Being)、"存在"(existence)、"本体"(substance)、"实在"(reality)等。但是,马克思的唯物主义哲学以"物质"范畴为中心,用"物质"消解了西方哲学的中心范畴,而它之所以能够用"物质"来消解西方哲学的那些中心范畴,是因为这些中心范畴在西方哲学史上与"质料"和"物质"概念有千丝万缕的联系。本讲试图说明,在这些联系中,托马斯的"特指质料"概念是一个关键环节。

中世纪晚期的人文主义思潮

15世纪的主要历史事件是地理大发现和文艺复兴运动。地理大发现刺激了已被疾病与灾荒折磨得疲竭不堪的欧洲经济。冒险家、征服者、商人、传教士、新教徒涌向新大陆与黑非洲。从海外带入的巨额财富已无法为封建社会的经济制度所容纳,社会开始了从自给自足的自然经济到海洋贸易经济,从城市行会到跨国公司,从高利贷的非法交易到金融信贷的合法体制的转变。最早把货币用作生产与商业的资本人格形成一个新阶级——资产者。只有掌握权力与金钱双重力量的新贵族才是最显赫的统治者,对这一时期文化发展有重要影响的佛罗伦萨的美第奇家族就是这样一个典型。但旧贵族并没有退出历史舞台,他们和旧贵族都是王权的支柱,成功的君主都对这两个阶级采取均衡政策。

依靠新老贵族和资产者的支持,王权统治在实现民族统一、战胜罗马教会的过程中发展为专制的绝对王权。法王路易十一在百年战争后完成了民族统一;英王亨利七世与天主教彻底决裂,集国王与国教首领于一身;西班牙、葡萄牙以及北欧各国也建立起王权专制;意大利和德意志尚未实现民族统一,实行领主家族的城邦制;神圣罗马帝国对德意志城邦仍有控制力。城邦、王国和帝国都是君主专制。而君主专制的意识形态仍然是基督教神学,虽然经院哲学逐渐衰落，但新兴的文化复兴也没有摆脱中世纪思想传统的窠臼。从经济、政治、法律和思想上看，这个时代属于中世纪晚期，而不属于近代早期。

中文的"文艺复兴"译自西文的 Renascence（复兴），其实并无"文艺"之意，"文艺复兴"的中译给人一种先入为主的印象，似乎这场复兴只局限于文学艺术领域，如莎士比亚、米开朗琪罗、达·芬奇、拉斐尔、塞万提斯、拉伯雷等人的作品。但实际上，复兴时期是社会、文化的全面变革。西方基督教世界的文化复兴自 13 世纪开始，亚里士多德哲学与神学相结合，把经院哲学推向了理性的高峰。人们由此看到了希腊哲学的魅力，但又缺乏全面了解希腊文化的途径。1453 年，奥斯曼帝国攻陷东罗马帝国首都君士坦丁堡，关闭了它的高等学府。一批学者携带古希腊罗马典籍流亡意大利，流亡的希腊学者带来的是西方人渴望已久的文化宝藏，促成了文艺、语言学、科学、哲学和神学的繁荣。文化上出现了新旧并行或交替的局面：人文科学与神学、古代哲学与经院哲学、亚里士多德主义与柏拉图主义和复兴的其他古希腊哲学派别、个人主义与权威主义、批判精神与教条主义、理性与信仰、经验科学和自然哲学、科学与伪科学相互撞击与混淆，表现出从中世纪到近代文化过渡的特征。

人文主义是文艺复兴运动中的主要思潮。"人文主义"这个词最初的意思指人文学科（studia humanitatis），人文学科大致相当古罗马学校讲授的课程，以古典拉丁文为主，包括语法、修辞、诗学、历史与道德哲学。与中世纪"七艺"相比，人文学科省略了"四艺"

与逻辑,增加了诗学、历史与道德哲学,它的培养目标是个人的表达能力和文化修养。文艺复兴时期的大学除少数几所意大利大学之外,仍从事以逻辑为基础的经院哲学与神学的教育。两类不同的教育是造成人文主义者与经院学者的思想和风格差别的一个重要原因。

现在人们常把复兴运动和人文主义当作罗马教会的对立面,其实两者既有对立的方面,也有调和的方面。人文主义者并不否认上帝的存在,而是用宗教的名义,把人的卓越上升到上帝般的崇高位置。文艺复兴时期的艺术品的题材大都取自《圣经》,如米开朗琪罗的《大卫》《摩西》《创世记》和《最后的审判》,达·芬奇的《最后的晚餐》,拉斐尔的《西斯廷圣母》,等等,都是教堂的装潢。教皇尼古拉五世、庇护二世、利奥十世等人都十分欣赏并赞助人文主义者创作古典艺术。天主教内一些著名的人文主义者提出过宗教改革主张,但丁在《神曲》中谴责僧侣的腐败,把在世的教皇尼古拉三世打下地狱。爱拉斯谟宣扬的返回福音书和保罗神学的改革主张风靡一时。虽然罗马教会内部要求改革的呼声此起彼伏,但教廷和教士阶层在思想上墨守成规,在生活上日益世俗化,沉溺于物质和艺术享受,大肆搜刮财富,发行欺骗信众的"赎罪券"。当不可能在罗马教会内部进行改革时,外部的改革便势在必行了。

一般认为人文主义用人性代替神性,用现世追求代替来世追求,把人文主义与18世纪之后的"人本主义"或"人道主义"混为一谈,这是一种夸张的评价。人文主义与近现代的人本主义的世界观和人道主义的社会观有别,它反映了中世纪晚期的社会风尚的价值观，带有从中世纪到近代过渡的特点。我们从其与近代政治哲学相关的角度，从以下四个方面概括人文主义价值观的政治理念：第一，尊严、自由和德性；第二，德性和荣誉的政治学；第三，天主教内的宗教改革；第四，古典学和《圣经》考证。

一、人的尊严、自由和德性

第一位自称人文主义者的彼特拉克说他是第一个论述人类尊严的人，他说，其他人放弃了这一主题是因为论述人类悲惨更容易。他针对的是教皇英诺森三世在《论人类悲惨的条件》中强调人是值得怜悯的悲惨动物。在此之后，人文主义以"人的尊严""人的崇高"为题，而传统主义者则以"人的悲惨"为题，针锋相对地陈述各自观点。传统主义者囿于人对上帝的服从，把人说成是匍匐在上帝脚下的微不足道的生物，过着不能自主的悲惨生活，等待上帝拯救。人文主义者一般都不否认人与上帝的联系，但利用这一联系论证人与上帝相似、高踞万物、自主自由的尊严。比如，托麦达（Anselm Turmeda，1352—1432?）在《驴的论辩》的寓言中设想人与驴争论谁更优越的问题。人最后找出的证据说服了驴：上帝肉身化的形象是人，而不是其他动物。德国的人文主义者阿格里帕（Agrippa，1486—1535)说，人体的构造是一个小宇宙，他不但包含着组成地上的四种元素，还包含组成宇宙的第五种精神性的元素，人类的构造是天界与地界的缩影，人体的站立姿势使人不像其他动物只能盯着地面，他可以仰望苍天，因此能以上帝的精神世界为自己的归宿。

斐微斯(Juan Luis Vives, 1492—1540)在《人的寓言》中把世界比喻为造物主为人准备的一座舞台,人是可以扮演从最低等的植物到最高级的神灵的演员。造物主从人的本性中除去了固定的本质,人的行为决定了他的存在。他的实体包含着其他本质,具有高于物质和动物世界的能力,也高于自身的道德约束力以及高于公共生活的政治权力。人的最高价值是自由,即选择和造就他自己地位的力量,这是天神赋予人的礼物,人运用自由最后变成最高天神,达到了神的儿子与神一体的最高境界。通过这一方式,斐微斯在"三位一体"的神学信仰中注入了人文主义的价值。

乔万尼·皮科(Giovanui Pico, 1463—1494)在《论人的尊严》中歌颂"上帝,至高的父和建筑师"。上帝造人时说:"亚当,我们没有给你固定的位置或专属的形式,也没有给你独有的禀赋……其他被造物的本性一旦被规定,就都为我们定的法则所约束。但你不受任何限制的约束,可以按照你的自由抉择决定你的本性,我们已把你交给了你的自由抉择。我们已把你放在世界中心,使你可以看到世界的一切。我使你既不属于天上,又不属于地下,既不可朽,又非不朽。你可以用自由选择和尊贵造就你的样式和你偏好的形状。你有堕落到低一级的野兽般的生命形式的力量,也有按照灵魂的判断上升到高一级的神圣形式的力量。"[①]瓦拉借上帝之口,为人性和自由谱写一曲我们在20世纪存在主义者那里才能听到的赞歌。

[①] 皮科:《论人的尊严》,顾超一、樊虹谷译,北京大学出版社,2010年,第25页。

文艺复兴时期的人文主义者大多是虔诚的基督徒,他们要从古代的人性论、德性论和幸福观中找到基督教的拯救。彼特拉克在《论自己与他人的无知》中说,"拯救却没有足够的认识",要认识上帝,"这是真正的和最高的哲学"①。彼特拉克说,他之所以推崇柏拉图、西塞罗、塞涅卡,因为他们比亚里士多德更接近基督教。他认为柏拉图是最伟大的哲学家,他的哲学最接近于上帝;他从塞涅卡那里了解到:"除了灵魂之外没有任何东西值得赞赏,对于伟大的灵魂来说,没有任何东西是伟大的。"即使如此,他认为古代哲学不能代替基督宗教,当他"在思考和谈及最高真理、真正的幸福和永恒的灵魂拯救时,不是西塞罗主义者或柏拉图主义者,而是基督徒。做一个真正的哲学家就是做一个真正的基督徒"②。

瓦拉在《论真正的善》的对话中呈现出斯多亚派、伊壁鸠鲁派和基督教三种伦理观的交锋。他总结说,斯多亚主义者为德性而德性,忘记了德性和上帝的联系,他们所谓的德性是虚假的,实际上是与最高的善相违背的恶。伊壁鸠鲁主义者为快乐而追求德性,正确地看到德性的实用目的,但他们否认灵魂不朽和来世报应,认为幸福只是现世可以获得的快乐。基督徒为了来世幸福而追求美德,天国的快乐才是真正的永恒的善;然而,现世快乐是心向来世所获得的正当体验。没有快乐,就没有希望和期待,则一事无成,恭顺而又毫无乐趣地侍奉上帝的人一无是处,因为上帝喜欢快乐的仆

---

① E. Cassirer (ed.), *The Renaissance Philosophy of Man*, Chicago: University of Chicago Press, 1948, p. 126.

② 同上书,第44页。

人。瓦拉在对话中不但批判了思辨主义的幸福观,而且把思辨哲学的基础归结为行动与哲学之间关系的颠倒。比如,他讨论了上帝的预知是否与人的意志自由相一致的问题。他分析说,对未来事件的"预知"不等于它的"原因",因为预知是理智活动,而原因出自意志力量。诚然,上帝的理智与意志是一致的,但它们之间肯定存在这两个词所指示的差别。至于上帝的意志在多大程度上实现神圣理智的预知,上帝预知留给人的自由意志多大余地,这是一个信仰问题,不是哲学和逻辑可以解决的。他是以宗教和信仰的名义反对经院哲学,反对神学与哲学结盟,指出哲学不应是神学的姐妹或庇护人,经院哲学对于宗教是无用甚至是有害的,它曾造成众多异端。

艺术家阿尔伯蒂认识到人与自然的和谐。人是自然的一部分,但又不同于其他部分。他说,上帝创造人是为了让他的杰作被人所欣赏。人在自然界中的崇高地位在于自然赋予人的卓越本性,这些德性包括"理智、可教性、记忆和理性,这些神圣性质使人能进行研究、辨识、认识要避免的和可敬的东西,以使他以最好的方式保存自己。除了无价的可企羡的伟大礼物之外,上帝还给人的精神和心灵另外一种能力,这就是沉思。为了限制贪婪与无度,上帝给人谦和与荣誉的欲望。另外,上帝在人心之中建立了把人类联结在社会之中的坚固纽带,这就是正义、平等、自由和爱心"。阿尔伯蒂在讨论人性善恶时认为人的道德判断是天赋的,"在这种天赋能力的引导下,每一个不是极端愚蠢的人都不喜欢和谴责他人的每一种邪恶可耻行为。没有一个人完全看不出恶人的错误"[1]。这段文字可以

---

[1] *Della Statua*, trans. R. N. Watkins, Columbia University Press, 1969, p. 75.

说是苏格拉底"无人有意作恶"观点的翻版,但他的论证诉诸神圣与世俗的和谐,认为人有两个部分:一部分属于天国与神圣,另一部分在世俗世界,但比其他可朽物更美丽和高贵。这两部分的先天和谐就是人的道德意识,善是人的各部分的和谐,反之便是恶。

人文主义者借用人与上帝的关系论证人的崇高地位,他们并未完全脱离中世纪思想的前提。但另一方面,他们借用古代伦理学思想,肯定在中世纪被压抑或遗忘的幸福和价值。除了新近引进斯多亚派和伊壁鸠鲁的道德哲学,更多宣扬亚里士多德幸福观的世俗方面,强调健康、幸运、富有和物质利益是外在的实际存在的善,认为没有这些外在的善,内在的善也不会实现。他们既不赞成以禁欲、思辨为幸福,也不否认财富等物质利益本身具有道德属性。意大利著名人文主义者科鲁乔·萨卢塔蒂(Coluccio Salutati,1331—1406)说:"那些具有巨额财富的人,不也同时得到了骄傲、贪婪和一切罪恶的根源吗?"①但他在《论高尚》中又说,贫困的思辨与其说是幸福,不如说是不时啄着普罗米修斯肝脏的鹰。人文主义者称颂的幸福是内在与外在的善、灵魂与肉体快乐的协调。

二、人的政治学和政治哲学

人文主义者把批判矛头指向经院哲学,但更激进者进一步提出了用更符合人性的温和、开明政治代替宗教专制的主张。托马斯·

---

① 转引自 C. B. Schmitt and Q. Skinner (eds.), *The Cambridge History of Renaissance Philosophy*, Cambridge: Cambridge University Press, 1988, p. 332。

莫尔(Thomas More, 1478—1535)是英国政治家,1529年起任大法官,因拒绝承认英王亨利八世有权领导教会而被处死。莫尔是人文主义者,他把一些希腊文的传记、诗歌、政治与宗教著作译为英文。他的代表作《乌托邦》被认为是空想社会主义的开端。德默特·芬隆在一篇研究报告中对之作出政治改革的评价:"《乌托邦》的诉求是促使修道院价值向适应世俗国家价值的转变,其出发点和加尔文的日内瓦的改革和罗马教会的反向改革(counter reformation)的起点是一致的。"①

《乌托邦》明显表达了人文主义者的德政理想:乌托邦是理想的共和国,它不但与邻邦保持和平,而且公民处于完全自由状态,不像世界上其他国家,"只是在共同体的名称和名义之下追求个人私利的富人的一个阴谋"②。乌托邦达到幸福的奥秘在于政府以德性为目标,"事情组织得如此之好,使德性都有回报";公民的德性主要表现为献身于公众事业,"每个人都把自己的才能与精力贡献给公众事务"③。

莫尔从德政的要求出发,得出废除私有制的主张,他的理由仍然是德性的标准。他认为,既然德性是奖赏与荣誉的唯一标准,那么其他标准理应废除。传统上把财产作为好公民的不可缺少的资格,"在这样的制度中,一切高尚、伟大、显赫、尊严等一些众所周

---

① Dermot Fenlon, "England and Europe: Utopia and Its Aftermath", in *Transactions of the Royal Historical Society*, Fifth Series, 1975 (25), p. 131.
② *Complete Works of St. Thomas More*, Vol. 4, Yale University Press, 1965, p. 102.
③ 同上书,第244页。

知的共同体优点和真正美好象征都被扫荡殆尽"。因此,"除了彻底废除私有财产的制度之外,不可能有正义和利益的平均分配以及道德事务中的任何幸福"①。

莫尔的政治蓝图以道德理性为基础,他以人文主义的高尚的德性标准否认财产的道德价值。虽然他得出了其他人文主义者没有说出的废除私有制的结论,但他的思想基础和理论前提仍然是人文主义者的政治道德化的主张,这一主张直接承袭了基督教政治的传统,因此有人称莫尔为"基督教人文主义者"。第一个近代政治哲学家霍布斯在《利维坦》中批评了基督教国家的德性政治的主张:

> 现在路加城的塔楼上现有以大字特书自由二字,但人们不能据此而作出推论说,那里的每个人比君士坦丁堡的人具有更多的自由,或能更多地免除国家的徭役。②

霍布斯批评的是德性政治仅仅把自由当作理想的不切实际,他主张的是现实主义的政治哲学。

从意大利城邦的现实出发,一些人文主义者把罗马人追求的荣誉和高尚提高到首要德性的位置,凸显不同于中世纪的道德观。托马斯说:"欲求人的光荣毁坏了高尚的性格,把光荣奖赏给君主的同时损害了人民。因此,善人的责任是鄙薄光荣以及一切世间利益。"③人文主义者则不同,他们一致把荣誉作为人的尊严的体现,但丁早在《神曲》中就说过,哪里有德性,哪里就有高尚。然而,

---

① *The Works of Thomas Moore*, London, 1968, p. 104.
② 霍布斯:《利维坦》,黎思复、黎廷弼译,商务印书馆,1995年,第167页。
③ 托马斯:《论君主的体制》,1题8条。

高尚表现在何处呢？中世纪武士尚武，新兴资产者拜金，两者都不符合人文主义者的标准，因此尚武与财富被他们排除在德性之外，他们崇尚的德性是对名誉的追求，以及名誉的一些外在标记，如优雅的语言、举止和服饰，高超的鉴赏力。"高尚"（nobilitate）和"尊严"的范围不同，后者指人类相对于万物和动物的尊严，与启蒙之后的人格尊严大相径庭。15世纪的欧洲仍然是封建的等级社会，"高尚"就其本义来说指贵族（nobiles）的身份。人文主义者所说的高尚是新贵族的崇尚，也是君主统治的荣耀。意大利人文主义者乔维诺·庞达诺（Gioviano Pontano, 1426—1503）要君主记住"声望和威严是完满一体"，"每一天都要提高荣誉"，只是为了荣誉，君主才有道德修养的必要性。荣誉的德性比"太阳更辉煌，即使看不到太阳的瞎子也会明白地看到这种德性"[①]。

政治学是伦理学的延伸，正如托马斯·莫尔的《乌托邦》表达人文主义德性政治的理想，尼科洛·马基雅维利（Niccolo Machaivelli, 1469—1517）试图按照罗马人政治学说的标准塑造新型统治者。他出生于佛罗伦萨的律师家庭，自幼接受人文学科教育，青年时担任佛罗伦萨共和国外交官。1512年美第奇家族攫取政权后离开公职，因被怀疑参与反美第奇活动而遭软禁。在此期间，撰写《君主论》献给美第奇。获释后于1513—1519年写成《论李维的前十书》等著作。1527年共和国重新建立之后失去公职。

---

① 转引自 C. B. Schmitt and Q. Skinner (eds.), *The Cambridge History of Renaissance Philosophy*, p. 425。

《君主论》鼓吹绝对君权，《论李维的前十书》论证共和制的必要性，两者看起来相互矛盾，其实表达了人文主义者的政治主张。在当时的政治学著作中，君主制和共和制不是截然对立的两种制度。《君主论》是献给君主的进谏，制定供统治者阅读的行动准则，特别注重统治者的品质和能力，而《论李维的前十书》是向大众发表的著作，主要论述各阶层应遵循的政治制度。

　　马基雅维利的《君主论》列举历史上和现实中成功君主的事迹，得到正反两面经验，当君主"知道他是他的军队的完全的主人的时候，他的名声总是越来越大，他受到人们的敬佩，是任何时候都比不上的"；反之，"世界上最弱和最不牢固的东西，莫过于不以自己的力量为基础的权力的声誉了"①。他称赞当今的西班牙国王阿拉冈的费尔迪南多是"基督教世界中首屈一指的国王"，因为他的武装力量"一直给他带来了荣誉"。马基雅维利为君主制订的准则是："一位君主必须依靠他的行动去赢得伟大人物与非凡才智的声誉。"君主只要能够"征服并且保持这个国家"，"他所采取的手段总是被人们认为是光荣的，并且将受到每一个人的赞扬。因为群氓总是被外表和事物的结果所吸引，而这个世界里尽是群氓"②。

　　关于人民是群氓，马基雅维利用性恶论作了说明："关于人类，一般地可以这样说：他们是忘恩负义、容易变心的，是伪装者、冒牌货，是逃避危难、追逐利益的。"③面对这样的臣民，君主有理由

---

① 马基雅维利：《君主论》，潘汉典译，商务印书馆，1987年，第66—68页。
② 同上书，第105、106—107页。
③ 同上书，第80页。

不受道德的约束，他不可能避免残忍的名声，他的安全更多地在于被人畏惧，而不在于被人热爱，最有成就的君主都是不重信用的，如此等等，这些品质都是恶，但非如此便不能统治，这可以说是以恶治恶。

君主德性只是获得成功和荣誉的手段，君主应依能否达到这一目的决定德性的取舍。他对德性的分析与道德学家有根本分歧。比如，人文主义者一般把尚武排除在德性之外，马基雅维利要求君主把军事实力作为首要力量。人文主义者要求君主具有良好修养和生活习惯，他却认为只有在导致自己亡国时对君主才是一种恶，一个明智的君主可以保留那些不会使自己亡国的恶性，如果他发现不能够避免其他恶性，则毫不踌躇地听之任之。

传统公认的正义、自由、宽厚、信仰、虔诚等美德，在马基雅维利眼里没有自身的价值，不是君主必须践履的原则，对君主行为没有道德约束力。他说："人们实际上怎样生活与人们应当怎样生活，其距离是如此之大，如果一个人要是为了应该怎么办而把实际上是怎么回事置诸脑后，那么他不但不能保存自己，反而会导致自身毁灭。"①

马基雅维利还教导君主："世界上有两种斗争方法：一种方法是运用法律，另一种方法是运用武力。第一种方法是属于人类特有的，而第二种方法是属于野兽的。"既然人类都是"冒牌货"的群氓，君主要以"半人半兽的怪物为师"。在运用野兽的方法时"应当

---

① 马基雅维利：《君主论》，潘汉典译，第71页。

同时效法狐狸和狮子",君主的艺术在于知道什么时候当狐狸,什么时候当狮子,特别是要"深知这样做狐狸",那就是,"君主必须深知这样掩饰这种兽性,并且必须做一个伟大的伪装者和假好人。人们是那样地单纯,并且那样地受着当前的需要所支配,因此要进行欺骗的人总可以找到某些上当受骗的人们"①。

《君主论》赤裸裸地鼓吹武力征服、欺骗、作恶,即使在黑暗时代也难以成功,更不要说在民智渐开、法制成熟的中世纪晚期了,把马基雅维利看作第一个近代政治哲学家是荒谬的。

如果说马基雅维利的政治学有现实主义因素的话,那可以在《论李维》中看到。马基雅维利用肯定的态度谈论人性。他说:

> 从天性上说,人即使有能力获得一切,也有这样的欲望,可是命运却让他们所得无几。这会使人的头脑中不断产生不满,对已有的东西产生厌恶。②

无论是对不安于现状的追求还是对一切限制的憎恨,都是人类的自由天性。以历史变化的眼光看待人性,马基雅维利赞扬古代人自由的德行。他说:

> 了解古代王国的人都知道,由于风俗的差异,它们的善恶有多有少,可是世界还是那个世界。唯一的不同是,上天先是把德行放在亚述,又放在米底,然后放在波斯,最后是意大利和罗马。虽然在罗马帝国之后,再没有出现一个把世界的

---

① 马基雅维利:《君主论》,潘汉典译,第83—84页。
② 马基雅维利:《论李维》,冯克利译,上海世纪出版集团,2005年,第207页。

德行集于一身的帝国,然而德行却被分散于众多的民族,让他们过着有德行的生活。①

马基雅维利唯独不把基督教道德列入德行。他说:

> 我们的信仰不同于古人。我们的信仰,指明了真理和真理之道,使我们不看重现世的荣耀,而异教徒却对它极为推崇,把它视为至善……除了现世荣耀等身者,例如军队的将帅和共和国的君主,古代的信仰从不美化其他人。我们的信仰所推崇的,却是卑恭好思之徒,而不是实干家,它把谦卑矜持、沉思冥想之人视为圣贤……这种教养,这些荒谬的解释,使我们今天再也看不到古代那样众多的共和国了,从而再也看不到人民中间有着像当时那样多的对自由的热爱了。②

"自由"(libertas)在古罗马共和国的维护者西塞罗、萨路斯特(Sallust)和李维(Levi)等人著作中的主要含义指免受外族奴役以及公民的利益互不冲突。马基雅维利憧憬古罗马共和国的光荣,看到罗马的伟大在于共和制度。他说:

> 精明的人创立共和国,必做的事情之一,就是为自由构筑一道屏障,自由生活方式存续之短长,端赖此屏障之优劣。③

罗马共和制建立了君主制、贵族制和民主制的混合制度,"由于三种统治形态各得其所,此后共和国的国体更加稳固","在这一混

---

① 马基雅维利:《论李维》,冯克利译,第206页。
② 同上书,第214—215页。
③ 同上书,第58页。

合体制下，它创建了一个完美的共和国"①。后来罗马共和国的衰落，根源是平民和元老院的内讧，演变为皇帝专制的帝国。马基雅维利一反《君主论》中关于君贵民轻的议论，证明人民"并不比君主更加忘恩负义。说到做事的精明和持之有恒，我以为人民比君主更精明、更稳健、判断力更出色。人民的声音能比作上帝的声音"，"在推选官员上，他们的选择远胜于君主"；公民应当平等，"地位再尊贵的公民，不可蔑视人微言轻的公民"②。各阶层公民应该相互均衡、监督，代表平民的集团和代表贵族的集团通过促进自己利益的争论达到公共利益。他说："有利于自由的法律都采自他们之间的不和"，"优良的楷模生于良好的教养，良好的教养生于良法，而良法生于受到世人无端诬责之纷争"③。就是说，公民间的自由争论可以产生自由的法律，而自由的法律保障人的自由天性和教养，两者相辅相成，造就国家的自由、强大和光荣。

文艺复兴时期大多数人都在传统意义上肯定人类的自由选择能力，而马基雅维利从罗马共和制度得到政治自由的思想，并把各派力量的均衡作为政治自由的保障。

必须承认，近代政治哲学对自由的理解更接近马基雅维利。但不能因此夸大马基雅维利政治哲学的现代性，他在否认和忽视基督教信仰的条件下谈罗马共和制度是不现实的，正如他承认的那样："我也搞不清楚，自己是否应算作自欺之人，因为我在自己这些文字

---

① 马基雅维利：《论李维》，冯克利译，第 50、52 页。
② 同上书，第 195、139 页。
③ 同上书，第 56 页。

中,也对古罗马时代大加赞美,谴责我们的时代。"①如果说莫尔的《乌托邦》是超前的空想,那么马基雅维利憧憬的古罗马就是复古的妄想。

三、天主教内的宗教改革

中世纪晚期失序的一个重要原因是罗马教会由于自身腐败和神学的分裂而失去大一统的权威。教会内部的改革派要求用宗教会议的集体领导代替教皇个人独裁。1409年比萨主教会议宣布:"教皇也是人,因此,他也会犯罪,犯错误";"教皇必须在所有事情上服从主教会议……否则主教会议有权废黜他"②。宗教会议运动在1417年召开的康斯坦茨会议上达到高潮。但是,教皇否认会议决议,发表禁止主教会议上提出反对教皇的公告。约翰·威克里夫(John Wyclif)在英国和约翰·胡斯(John Huss)在波希米亚发动的反对腐败和教皇独裁的群众运动遭到镇压,胡斯甚至被烧死在火刑柱上。

天主教内部要求制度改革的呼声被扑灭之后,人文主义者运用古代思想资源发出了攻击经院哲学的思想改革呼声。德西代·爱拉斯谟(Desiderius Erasmus, 1466—1536)是天主教内部这一改革思潮的代表。他出生于荷兰鹿特丹天主教徒家庭,少年时代在天主教会

---

① 马基雅维利:《论李维》,冯克利译,第207页。
② 转引自 C. Beard, *The Reformation of the Sixteenth Century in Its Relation to Modern Thought and Knowledge*, London, 1927, p. 17。

内有革新精神的共同生活兄弟会中受教育。1487年成为奥古斯丁会教士，1492年被任命为神父，后来在巴黎、牛津、卢汶等地学习，先后在剑桥、卢汶、巴塞尔和弗莱堡大学任教。

爱拉斯谟的《基督教士兵手册》是为一个担心"陷入宗教迷信"和"信仰犹太教那样的畏的宗教；而不是爱的宗教"的士兵而写的；爱拉斯谟说明了基督教的本质有两条：一是以《圣经》的知识为武器与生活中的罪恶作无休止的斗争，二是关注内心对上帝和邻居的爱，而不是外在的崇拜活动。为了获得《圣经》的知识，必须热忱地研究上帝的道，熟悉保罗的教导。他认为异教徒，如柏拉图主义者、斯多亚派"通常是优秀的道德教师"①。而古代思想的主要注释者是早期教父如奥立金、安布罗斯、哲罗姆、奥古斯丁。

爱拉斯谟明确反对经院学者和僧侣，说他们纠缠《圣经》文字而忘了精神，依赖邓·司各脱却不读《圣经》原著，在学术上沉溺于文字而不关注精神实质，与在行动上装作虔诚却不关心他人的人同样不正当。他斥责那些伪君子："你的兄弟需要帮助；这时你却喃喃地向上帝作祷告，装作看不见你的兄弟的需要。"②他还说：

> 你一夜输尽千金时，一些贫穷的女孩为了生活需要出卖肉体，失去了灵魂。你说，"这与我有何相关？我只想与我相关的事"。你能不能看到，像你这样想的基督徒还能算作人吗？③

---

① M. Spinis, *The Religious Reformation from Wyclif to Erasmus*, Hodder & Stoughton, 1953, p. 304.
② 同上书，第320页。
③ 同上书，第360页。

爱拉斯谟在《圣经》希腊文-拉丁文对照本的前言中自称他的思想是把学问与心灵融合一体的"基督的哲学"(Philosophia Christi),这是两个与经院哲学相对立的概念。他说:

> 在这种哲学中,心灵的意向比三段式推理更为真实,生活不仅仅是争论;激励比解说更加可取;转变是比理智思索更为重要的事情。只有极少数人是有学问的,但一切人都能成为基督徒,一切人都能是虔诚者,我斗胆说,一切人都能成为神学家。①

他说,这是一种异常的智慧,它"一下子赋予愚人全部的现世智慧"②。"愚人"和"智慧"的关系是爱拉斯谟《愚人颂》的主题。这部广泛传播的讽刺著作和匿名作者写的《无名者的信》被当时的宗教改革者们用作攻击教会制度、教皇和僧侣的武器。爱拉斯谟写出了一个愚人眼里看到的世人的虚伪和愚蠢,即便那些被人尊重的有智慧、有道德、有名誉和地位的人也不例外。他的辛辣笔锋直指僧侣、神学家、哲学家、主教乃至教皇,他的目的是教育世人放弃自作聪明、自以为高明的幻觉,成为圣保罗所称的"神在世上拣选的愚人"(《哥林多前书》1:27)。他说:"《愚人颂》的动机和其他著作并无不同,只是方法不同。"③

爱拉斯谟的理想是用"基督的哲学"改造神学,按保罗的主张改造教会,更重要的是除去人性中虚浮矫揉的一面,恢复简单、质

---

① J. Olin, *Desiderius Erasmus*, Charles Scribner's Sons, 1980, p. 100.
② 同上书,第96页。
③ 同上书,第59页。

朴的自然本性。福音书的素朴信仰胜过繁琐的说教和仪式。他在《谈话集》中说到这样一个故事，在一次海难事故之中，船上的人惊慌失措，乞求圣徒保佑，许诺报答的誓言。只有一个母亲保持平静和尊严，怀抱着孩子，默默地祈祷，最后只有她得救。他相信符合自然本性的基督教信仰与一切圣贤发现的真理是相通的，反对宗教狂热和专制主义，主张通过教育而不用强制手段改变人的不良生活。他赞赏苏格拉底娓娓动人的劝导，更推崇他视死如归的气概；他的名言"圣苏格拉底为我们祈祷"①是一个基督徒对异教徒道德的最高评价。

爱拉斯谟宣扬的返回福音书的改革主张和新教改革纲领有一致之处，却不是罗马教廷的主导思想。爱拉斯谟温和的人文主义与路德激进的信仰主义差距甚大。我们将看到，这一差别酿成了他们之间的激烈论战。人文主义者的这些改革主张既没有被罗马教廷所采纳，还遭到新教改革派的反对，但它们对宗教改革运动的进程以及后世的启蒙精神都有不可磨灭的影响。

四、古典学和《圣经》考察

早期人文主义者一般不关心自然研究，彼特拉克的一段话有代表性。他说，自然之物"即使是真实的，对幸福生活也是无关

---

① C. R. Thompson, *Colloquies of Erasmus*, Chicago: Chicago University Press, 1965, p. 68.

紧要的。因为我了解动物、鱼类和蛇类的本性，却忽视或蔑视人的本性、人生的目的以及人的起源和归宿，这对我又有什么用处呢"①。后期一些人文主义者热心于自然哲学，但过于思辨和奇巧，落后于同时代新兴的自然科学。但不能说，人文主义者没有一般意义上的科学精神，而可以说，他们对语言文字的研究或艺术创作具有严谨探索和大胆创新的科学态度和方法。比如，列奥那多·达·芬奇（Leonardo da Vinci, 1452—1519）把绘画当作"绝妙的科学"，他说：

> 绘画科学女神统治着人类和神圣的作品……她告诉雕塑家要给塑像完满性，她用图教导建筑家造出悦目的大厦，她指引陶匠造出各式器皿，又指引金匠、织匠和绣工，她创造了书写各种语言的字母，给予数学家符号，描写几何图形，她教导光学家、天文学家、力学家和工程师。②

在他的笔记中，可以看到不少关于光学、声学、动力学的天才想法和设计。

现在的古典学主要讨论古希腊文和拉丁文的语文学（philology），基本不触及宗教信仰问题。这门学科在诞生时却是一门专门针对中世纪"学问"（doctrine）的精细的艺术（art）。关于古典学的科学性，19世纪的尼采深有体会。他评价说，语文学训练是一种长期养成的科学习惯，文科中学的任务是"教你严格的思考，谨慎的判断以及

---

① E. Cassirer (ed.), *The Renaissance Philosophy of Man*, p. 58.
② J. P. Richter (ed.), *Leonardo de Vici*, Oxford University Press, 1939, sec. 27.

前后一致的推断","只有当正确阅读的艺术,即语文学,得到最新的发展的时候,所有科学才能赢得连续性和恒久性"①。

古典学创始人都有批判志趣和改革主张。瓦拉用文字考证与解释学的方法,首先证明8世纪以来一直作为教皇世俗权力的合法性依据的历史文件《君士坦丁馈赠》是伪件。

古典学公认的创建者爱拉斯谟最重要的作品当属希腊文-拉丁文对照的《新约全本》(*Novum Testamentum omne*)。原来他只想用当时流利的拉丁文重新翻译《圣经》,但后来发现替代中世纪流行的通俗(Vulgate,武甘大)拉丁文《圣经》的最佳途径是用希腊文《圣经》勘定后者的错误。爱拉斯谟的《新约全书》共有5个版本。第一版于1516年在巴塞尔出版,标题是"新教导"(Novum Instrumentum),1519年的第二版改为"新约",路德的德译本利用了这个版本。第三版出版于1522年,不包含"约翰短句",早期的英译本,如丁道尔本、英王本依据的也是这一版本。1527年出版的第四版是希腊文、拉丁通俗版和爱拉斯谟的拉丁译本的对照版,其中《启示录》最后六段取自西班牙主教西门尼兹(Ximenez)主编的多语种的《康普顿斯〈圣经〉》(*Biblia Complutensis*)。1535年版去掉拉丁通俗版的对照。爱拉斯谟的希腊文-拉丁文对照版被称作"领受版"(Textus Receptus)。其实,与同时期的《康普顿斯〈圣经〉》相比,爱拉斯谟的《圣经》内容只有《新约》,语种没有《旧约》希伯

---

① 尼采:《人性的,太人性的》,杨恒达译,中国人民大学出版社,2005年,第184、187页。

来文和希腊文，而且《新约》希腊文的来源也不全，只在君士坦丁堡一个家族收藏的版本中选用最流畅的版本，且不包括《启示录》，这篇的希腊文是从拉丁文倒译的。只是康普顿斯版为等待教皇批准而晚出几年（1522年发行），销量不大（600套，而爱拉斯谟版第一、第二版销售3 000册），更重要的是，爱拉斯谟版被德英译者当作原版，因而被定为"领受版"。不仅如此，爱拉斯谟还编辑、翻译了早期教父安布罗斯、约翰·阿里索斯顿、哲罗姆、奥古斯丁、大巴兹尔等人的著作，以及古典作家亚里士多德、西塞罗的著作。多伦多大学出版的《爱拉斯谟文集》（*Collected Works of Erasmus*）共78卷，大多数是古希腊文、《圣经》希腊文、古典拉丁文和教父拉丁文的翻译整理作品。他的工作奠定了他作为古典学创始人的地位。爱拉斯谟新编和新译的《新约》和《康普顿斯〈圣经〉》全本都得到教皇利奥十世的批准，爱拉斯谟并把他的新编本献给教皇。始料未及的是，宗教改革中流行的《圣经》新译本却成为新教与天主教之间激烈冲突的根源，故有"爱拉斯谟下蛋，路德孵鸡"之说。但这不是爱拉斯谟的本意。

《圣经》批评有一个从"低阶批评"（lower criticism）到"高阶批评"（higher criticism）的过程，但两者密不可分。文字考证必然导致对《圣经》意义的批判性考察。一个著名的例子是"约翰短句"（Comma Johanneum）。和合本及大多数现代版本《圣经》的《新约·约翰一书》5：6—8记作："这藉着水和血而来的，就是耶稣基督；不是单用水，乃是用水又用血，并且有圣灵作见证，因为圣灵就是真理。作见证的原来有三：就是圣灵、水与血，这三样也都归于一。"但中世纪流传的通俗本 5：7—8 却有这样的短句："天上记着的有三样：父，道和圣灵，这三样是一。在地上作见证的也是三样。"（英王钦定本记作："For there are three that bear record in heaven, the Father, the Word, and the Holy Ghost: and these three are one. And there are three that bear witness in earth, the Spirit, and the water, and the blood: and these three agree in one."）这段话被认作三位一体的明显证据。但爱拉斯谟发现当时所有希腊文《新约》中没有中间这一段，因而在新本的第一、第二版排除了这一段，但第三版以后的版本以一个新近的希腊文本为根据恢复了这个短句。现在发现，这个短句不见于早期的希腊文版本和最早的拉丁通俗本，很多人相信，有短句的那个希腊版本很可能是 1520 年的产物，短句是依据 5 世纪流行的拉丁通俗本页边的一个注释倒译过来的。罗马教会于 1927 年承认这是一个有待解决的释经问题。

在宗教改革之中，《圣经》低阶批评走向高阶批评。"低阶批评"是对《圣经》文字的勘定、版本的比较和文本的翻译。新教翻译和使用的《圣经》首先引起了与天主教的版本之争，新教使用的版本只承认《旧约》39 卷为正典，而把拉丁通俗本《旧约》46 卷中另外 7 卷和《以斯帖记》《但以理书》中的附录和一首赞歌当作外经。罗马教廷在宗教改革进程中首先阐明关于《圣经》正典和教廷传经的教义。1546 年 4 月，第四次特伦托主教会议颁布关于《圣经》正典的敕令，其中关键的一句是，凡不接受正典的全部之书包含在"老的武甘大本之中，以及主观故意蔑视此后传统者"，"让他被诅咒"（即革除教籍）。这个规定以武甘大本作为标准，确定正典的卷目,以及"此后传统"即天主教会传经传统的权威。而新教不但否认教皇拥有解释《圣经》的权威,而且不承认罗马教廷传经传统的权威。加尔文后来在《基督教要义》中更明确地说:"认为评判《圣经》的大权是在于教会,因此确定《圣经》的内容也以教会的旨意,这乃是非常错误的观念。"[①]17世纪近代政治哲学奠基者霍布斯、斯宾诺莎和洛克在他们的著作中用大量篇幅解释《圣经》,他们一方面借助低阶批评的语文学考证,另一方面受当时自然科学的方法论影响,从而把《圣经》解释转化为政治哲学的理论依据。

[①] 加尔文:《基督教要义》上册,徐庆誉译,香港基督教文艺出版社,1991年,第172页。

"神圣-世俗二元结构"的新格局

第四讲《西方文明传统的罗马法来源》论及教会法和普通法的基督教法制趋于完善，罗马教廷和世俗政权在法律的框架中建立神圣-世俗二元结构。第八讲《中世纪晚期的人文主义思潮》论及中世纪晚期教会世俗化带来腐化，人文主义的宗教改革呼声高涨。这一讲接着这两讲，讲述新教徒高举神圣的旗帜冲破天主教一统天下的宗教改革运动。

新教改革时代起于1517年路德在路腾堡教堂大门上贴出《九十五条论纲》的"大字报"，结束于1688年的英国"光荣革命"。在170多年的时间里，西方大公教会中分裂出路德宗、加尔文宗和安立甘宗三大新教，史称基督宗教第二次大分裂。宗教改革不仅是宗教运动，在既是宗教又是政治的广泛的社会运动中，西欧民众和各国政权都卷入或积极参与基督宗教大分裂，这场运动既改变了民众的信仰体系、思想观念，又改变了欧洲的政治版图。宗教改革在英国、荷兰和法国，建立了政教合一的现代民族国家，而在德国，路德宗改革既是冲破中世纪"神圣-世俗二元结构"的结果，又创造了新的"神圣-世俗二元结构"。路德宗依赖德国列邦贵族的支持，但群众基础是农民。当闵采尔彻底改革的神学唤起了农民的革命热情时，路德转而支持贵族镇压农民。路德提出"双重治理"论：属灵治理由教会承担,属世治理通过法律和刀剑实施。《奥格斯堡合约》规定了"教从邦定"(cuius region eius religio)的原则,把神圣罗马帝国分为天主教国家和新教国家两大阵营,造成三十年的宗教战争,1648年战争各方缔结《威斯特法利亚合约》之后,造成德国各邦长期分裂和封建贵族为主、教会为辅的统治。马克思说,路德"把俗人变成僧侣,又把僧侣变成俗人"①;恩格斯说,德国政教改革之后,"德国在200年中被排除于欧洲在政治上起积极作用的民族之列"②。这是对德国邦国"神圣-世俗二元结构"有见识的判断,可惜没有得到细致深入的论证。

一、奥康的政治神学

奥康神学的意志主义比司各脱的意志主义更为彻底,以唯名论的意志主义颠覆了普遍的自然法。奥康认为,上帝的属性,如全能、至善、创造、无限、永恒等,除了代表"上帝"名称的意思之外不表示任何上帝的实际知识,表示上帝存在和属性的神学命题虽然不是知识的对象,却是信仰的对象。神学命题所依据的信仰的真理来自《圣经》,《圣经》中描写的上帝按自己的意志创造世界、决定人的命运。上帝的意志是信仰的最高原则,人的理性不可能知道上帝的预知和先定的命运。他说:"我认为不可能说明上帝认识未来偶

---

① 《马克思恩格斯文集》第1卷,人民出版社,2009年,第12页。
② 《马克思恩格斯文集》第3卷,人民出版社,2009年,第510页。

然事件的方式,必须坚持他以偶然方式知道这些事件。"①人的道德活动不是被普遍的自然法,而是被上帝意志直接、偶然地决定的,人的意志既不服从理智的判断,也不受欲望的支配。意志是完全自由的。他对"自由"的定义是:"任意地、偶然地产生出我可以造成也可以不造成的后果,不管促成我的力量是什么。"②"促成我的力量"可能是理智,也可能是欲望,但这些力量并不是必需的,因为意志的自由在于"任意地、偶然地"使用或不使用这些力量。

奥康与其他经院哲学家一样认为意志的终极目标是上帝,但认为即使上帝可以最终地满足意志,人的意志也不必然地朝向上帝。正因为意志可以自由地选择目标,自由选择才有善恶之分:凡是以上帝为终极目标的意志是善的意志,否则是恶的意志。所谓善就是使自己的意志服从上帝的意志,愿意做上帝愿意他所做的事,不愿意做上帝不愿意他所做的事。反之,"恶就是做与这一责任相反的事情,而上帝不承担任何责任,因为他没有做任何事情的责任"③。既然上帝不承担任何道德责任,因此他的意志可以命令人去做任何事情,包括不道德的事情,甚至仇恨上帝的事情。奥康说:

> 上帝愿意一件事就是做这件事的权利——因此,如果上帝在某人意志中造成对上帝本人的仇恨,就是说,如果上帝是这一

---

① 转引自 F. Copleston, *A History of Philosophy*, Image Books, Doubleday, 1962, Vol. 3, part 1, p. 104.
② 同上书,第113页。
③ 同上书,第115页。

行为的全部原因，那么上帝和这个人都没有罪过，因为上帝不负任何责任，人也不负任何责任，因为这一行为不是出于他自己的力量。①

同样，如果杀人、偷盗、通奸是上帝愿意某人所做的事情，那么，这个人做这些事情不是犯罪。

奥康的这些话似乎违反道德常识，然而，他的意图并非取消道德是非观念，或者鼓励人们为所欲为。他区别了两个问题：第一，上帝的意志是否通过普遍的自然法表达？第二，我们如何知道上帝的意志？ 奥康对第一个问题的回答是否定的。上帝的意志是完全自由、偶然的，他没有必要也没有责任去命令所有人在一切环境中去做同样的事情，不存在普遍适用的道德法；如果把符合人类理性倾向的自然法作为道德基础，那就取消了上帝无所不能、无所不为的绝对自由。因此，如果上帝命令一个人去做违反自然律的事情，这不但是可能的，而且是合理的——合乎上帝全能的信仰真理。在第二个问题上，奥康认为，任何一个道德行为不仅出自上帝意志，而且出自人的"正当理性"（recta ratio），"上帝意志"并不是可为罪恶解脱道德责任的借口。奥康说："除非人服从正当理性，否则无道德行为可言。"②上帝意志与服从正当理性是一致的，如果一个人按照上帝的意愿杀人，那只是因为他意识到这样做是服从上帝命令的正当理性。奥康所说的正当理性与其说是理性，不如说是良知，它是

---

① 转引自 F. Copleston, *A History of Philosophy*, Vol. 3, part 1, p. 116。
② 同上书，第117页。

对于自己的意志是否服从上帝的意志的一种意识，使人在具体环境中识别善恶，判断是非。奥康把个人良知当作道德行为的标准，强调个人的道德主体地位。他以上帝意志的偶然性为由取消自然法，在当时的历史条件下是旨在反对清规戒律对个人行为的束缚，标志着中世纪后期个人道德意识的觉醒。

奥康在和教廷的斗争中提出了关于个人权利的政治哲学。奥康与教廷争议的第一个问题是教会人士是否应拥有财产权。奥康坚持早期基督徒放弃世俗占有、追求精神财富的理想。教皇约翰二十二世则以财产权是上帝赋予的自然权利为由，声称财产权是教会人士享有的正当权利，还以任何人都需要世俗财产维持生计为由，为教会人士的私有财产权辩护。奥康承认上帝赋予每个人拥有财产的自然权利，但他区分"合法性"（postestas licita）和"使用权"（usus inris）。自然权利是人去做某件事的合法性。在人们合法地拥有的事情之中，有些是维持人的生存所必需的，如生命权，但财产权不属此类，人们可以不使用财产权，甚至放弃财产权。只要有出自正当理性的意志，人们放弃财产权同样是合法的。奥康还区分了"使用权"和"事实上使用"（usus facti），不使用财产权不等于不使用财产，放弃对生活必需品的拥有权不等于放弃一切生活必需品。因此，以生存需要为借口维护教会人士财产权的理由是站不住脚的，只不过暴露了教廷在空洞的原则掩饰下聚敛财富的腐败行径。

奥康与教廷争议的第二个问题是教权与王权的关系问题。教皇以上帝的代理人自居，坚持"君权神授"，要求把握君主地位的予夺大权。奥康虽然没有否认"君权神授"的传统观念，但他用人民意愿而不用教皇批准来解释世俗政权的合法性。他认为教权是与王权平行的权力，教权的范围是人的精神生活，而不是国家管理事务；而且，教权的合法性在于信徒的意愿，应在教会内部用普选方式选举宗教会议代表，用宗教会议选举教皇，反对教皇的专制。他的政治观始终强调个人权利是整体权力的基础，与以个体为实在的唯名论相关联。我们将看到，托马斯的自然法学说和奥康的个人权利观，在16世纪宗教改革中同时发挥了重要影响。

二、国家主义的政治哲学

中世纪政治哲学的原则是对《圣经》教义的诠释与引申。《马太福音》引述耶稣的话："恺撒的物当归恺撒，神的物当归给神"（22：21）。这反映了早期基督徒不谋求政治权力、服从世俗政权的政治态度。圣保罗也有这样的布道辞，"在上有权柄的人，人人当顺服他，因为没有权柄不是出于上帝的，所以抗拒掌权的就是抗拒上帝的命令，抗拒的必自取刑罚……因为他是神的仆人，是于你们有益的……凡人所当得的就给他：当得粮的，给他粮；当得税的，给他上税；当惧怕的，惧怕他；当恭敬的，恭敬他。"（《罗马书》13：1，4：7）。然而，《圣经》中另有一些包含着不同意思的话，可以引申出基督教对政治权力的要求。耶稣对彼得说："我要把天国的钥匙给你，凡你在地上所捆绑的，在天上也要捆绑；凡你在地上所释放的，在天上也要释放。"（《马太福音》16：19）彼得被认为是罗马教会的创始者，这句话可被解释为基督授权教会在现世代行上帝的权力。保罗在致哥林多教会的书信中写道:"岂不知圣徒要审判世界吗? 若世界为你们所审,难道你们不配审判这最小的事吗? 岂不知我们要审判天使吗? 何况今生的事呢?"(《哥林多前书》6:3)这些话表达出早期教会要求参与世俗政权管理的愿望。我们在第四讲中的"教皇革命"讲到,教皇在同皇帝与国王的斗争中接连取胜,成功地扩展了教权的势力范围。教会法的律师提出"教权完整论"为教皇广泛的权力制造法律依据。教皇被抬到基督代言人的地位,他集世俗与精神事务的权力于一身,教权是完整、不可分割的。

13世纪后期亚里士多德《政治学》的传播对教权至上论是一个威胁。托马斯把教权主义与亚里士多德国家理论相协调,他既承认国家的独立性,又把国家看作自然等级中的一个实体。世俗政权颁布的法律服从自然律,物质领域统治者服从精神领域统治者。托马斯肯定教皇具有干预世俗政权的合法权力,但同时又用理性和自然法约束教权,不赞成对合理运转的王权横加干涉。14世纪王权与教权斗争空前激烈,双方代言人都提出政治哲学理论。教权主义者罗马的义迪德(Edidius Romanus)提出,世俗统治者只是教皇的工具。他说:"正如宇宙中有形实体被精神实体所管辖,基督徒的日常主人与世俗权力都应被精神的、宗教的权威,特别是教皇所管辖。"[①] 而王权主义者巴黎的约翰反驳说,虽然教士地位高于贵族,但地位与权力来源无关,国王的权力直接来源于上帝。他说:"在日常事务中,世俗权力比精神权力更大,在这一方面,世俗权力不服从精神

[①] A. Hyman and J. Walsh (ed.), *Philosophy in Middle Ages*, Indianapolis, 1974, p. 670.

权力，因为它不来自精神权力，这两种权力都直接来自一个更高的权力，即神圣的权力。"①14世纪欧洲民族国家兴起，专制王权形成。现实需要更强有力的国家主义政治哲学为新兴的专制王权的合理性与合法性做出解释。意大利人文主义者但丁提出王权至上的国家理论。他依据亚里士多德政治学说，认为国家的目的在于使人们达到自然的目的。只有在和平环境中才能实现这一目的，只有统一的国家才能保障和平。他的结论因此是：真正的国家应该是在一个君主统治下的政治实体。但丁利用古罗马帝国的历史和早期基督教会文件从正、反两方面证明，国家的最高统治者应是皇帝，而不是教皇。皇帝的权力直接来自上帝，他的权力不服从包括教皇在内的任何人与包括教会在内的任何组织。

帕多瓦的马西留（Marsilus de Padua, 1275—1342）是14世纪国家主义政治哲学最著名的代表。他出生于意大利帕多瓦大学的一个公证人家庭，在帕多瓦学习法律、医学和自然哲学。1312至1313年间任巴黎大学校长，倾向于拉丁阿维洛伊主义者。1316年在帕多瓦担任神职，并积极参与各国之间的政治斗争。在一次斗争失败之后回到巴黎，结识法兰西斯会长米切尔。1324年在巴黎匿名出版攻击教权的著作《和平的维护者》。作者身份暴露之后，他被召至阿维农教廷接受审查。其后发生了米切尔、奥康、马西留及其理论合作人扬登的约翰集体逃亡的事件。神圣罗马皇帝路德维希征服意大利后按马西留建议，由一个人民代表为他举行加冕典礼，马西留被任

---

① P. Orton, "Marsilo of Padua, Doctrine", *English Historical Review*, 38 (1923), pp. 1-21.

命为罗马教区主教。不久随路德维希撤至慕尼黑,著有《维护者小著作》。马西留是教皇的死敌。教皇约翰廿二世在文告中谴责马西留与扬登的约翰为"地狱之子与诽谤之源",教皇克莱门特六世谴责了他们著作中 210 个命题为异端。他死后还遭到教皇格里高利十一世的谴责。另一方面,马西留的著作坚持不渝地以教皇为攻击目标,正如一个评论者所说,在他的思想中,"一切都服从一个主要目的,这就是摧毁教皇与教会的权力"①。摧毁教权与维护王权是他的理论的两个方面。甚至对路德维希解除儿子婚约这样的家庭事务,他也写出了"论皇帝在婚姻事务上的司法裁判权"的论文。马西留和奥康虽然都反对教权,但相互批评;虽然他们都维护王权,但理论基础各不相同。奥康政治理论的基础是唯名论,马西留的理论基础是世俗化的亚里士多德主义,他的合作者扬登的约翰是著名的拉丁阿维洛伊主义者。

帕多瓦的马西留《和平的维护者》一书首先利用亚里士多德的国家理论证明,神权只是国家政权的一部分。国家是为了达到个别人不能达到的目的而组成的集体,国家的目的是公众利益,达到这一目的之手段是社会分工。社会分工极大程度地满足了个人的物质需要和精神需要。亚里士多德把国家分成不同"部分"或阶层:提供生活必需品的农人和工匠、保存财富的商人、保卫国家的武士、管理国家的执法者以及指导精神生活的祭司。后三个阶层组成统治阶级。马西留承认公共社会既有现世目的,也有来世目的。君主用哲学和世俗知识组织实施以现世为目的之公共生活,祭司靠天启的

---

① 转引自 F. Copleston, *A History of Philosophy*, Vol. 3, part 1, p. 186。

帮助来指导以来世为目的之公共生活。这并不意味着国家内部有两个权力中心，设立祭司阶层符合国家目的，祭司是为人设立，而不是为神设置的。祭司还有维护法律和秩序的作用，他们教导公民和平相处、砥砺道德、促进社会公益。为了达到这些目的，必须从统治者中挑选祭司。祭司的作用是国家职能之一，隶属于国家政权。

帕多瓦的马西留还说，教权虽然是国家政权的一部分，但应和其他部分严格区别开来，否则的话，思想上的分歧就会造成国无宁日的灾难。马西留把意大利北部城邦之间的内战、仇恨、瘟疫以及由此产生的死亡、犯罪、道德沦丧、城市萧条、农村荒芜等灾难，都归咎为教廷对世俗政权的干涉。他积极倡导政教分离的主张。

针对以自然法论证教权至上的理论，马西留对自然法做出新的解释。他说自然法有两种意义："第一种意义是所有人自觉或不自觉地执行的法律"，比如，尊重父母，这里的"自然"是"普遍起作用"的意思；第二种意义是"正当理性对人类行为的指导，这种意义上的自然法附属于神法"；这种意义上的自然法没有普遍性，因为"一些事情根据人类法律是合法的，但根据神法却是不合法的，反之亦然"①。这种不被人类普遍同意并执行的自然法不足以成为国家的普遍权力的依据。同样，被教会奉为正宗的福音书不是一般意义上所说的法律，只是思辨或实践学说和宗教教义。完善的法律只能是国家制订的法律。如果用神法和福音书作为国家法律的基础，犯了用特殊规则限定普遍法律的错误，这与把教权凌驾于国家政权之上的错误是一样的。

---

① 转引自 F. Copleston, *A History of Philosophy*, Vol. 3, part 1, p. 186。

马西留说有两种基本类型的政府:符合民意的政府和违反民意的政府。前一种优于后一种,前一种政府可以通过选举产生,也可以实行家族世袭。从理论上说,通过选举产生的政府最好。因为"立法者或法律的第一和特定动力因是人民、公民全体或主体"。他解释说:"主体是就法律共同体内人们的质与量而言的。"①主体并不一定是大多数,但必须是全体公民的代表。政府权力是人民或人民代表授予的。政府应该具有最高的强制性权力,包括执法权和司法权,这样的政府才能有效地实现国家的目的。马西图的政治哲学是当时意大利城邦政治的直接反映,其中包含一些民主思想,如政教分离、立法权与执法权分离、君权民选等。由于教会严令禁止,他的著作并没有直接发生作用。直到1517年《和平的维护者》才首次出版,对宗教改革运动产生了影响。

三、路德神学的哲学基础

从历史渊源上看,宗教改革运动的发起人马丁·路德(Martin Luther, 1483—1540)的神学受到奥古斯丁主义、14 世纪陶勒尔传播的神秘主义和奥康主义的影响。这并不是说他继承和发展了这些在哲学史上有价值的思想,而是说,他利用这些思想对圣保罗"因信称义"的教义做出新说明,从而为新教神学奠定了理论基础。路德虽然不是哲学家,却非常清楚自己在哲学争论中的倾向性。他曾在维腾堡讲授亚里士多德伦理学达 8 年之久;当他与罗马教廷决裂

---

① A. Hyman and J. Walsh (ed.), *Philosophy in Middle Ages*, p. 680.

之后，他把亚里士多德主义以及与之联合的经院哲学当做理论上的敌人，说"亚里士多德《伦理学》是恩典的最坏的敌人"①。另一方面，如果我们考虑到奥古斯丁、陶勒尔（通过其师艾克哈特）和奥康（就其意志主义而言）都有柏拉图主义或非亚里士多德主义倾向，我们便不难理解为什么路德会在1518年海德堡的论辩申说，柏拉图哲学优于亚里士多德哲学。他在那里说："柏拉图朝向神圣、不朽、分离、不可感但可知的方向努力，亚里士多德却相反，只讨论可感和单个的东西；完全是人类和自然的东西。"②这一哲学史的评价也适用于他的神学与天主教神学的分歧。

路德宗教改革的口号是"因信称义，唯有信仰"。他关心的主要问题是人如何获救以及人如何能确定自己获救的命运。他在讨论这些神学问题时提出了一些值得注意的认识论的思想。首先，他认为"因信称义"是一个精神转变的过程。信仰最初表现在对上帝全能和公正的畏惧以及人在上帝面前的渺小感、犯罪感和内疚心情。他说，卑谦是虔诚的基础，人必须摒弃自我（Ichheit），把自己看作非存在，让一切都由上帝完成。把自我交给上帝产生对上帝的信赖和热爱，并且进一步发展为期待上帝恩典的希望。保罗在"信-爱-望"三者中间强调"爱"，而路德强调畏和爱的统一所产生的望，变成完全的信仰。人因信仰而成为义人，或者说，获得了被免除罪恶的恩典。路德称恩典的获得为"称义"（justificatio），这是个内在的

---

① 转引自 C. B. Schmitt (ed.), *The Cambridge History of Renaissance Philosophy*, Cambridge: Cambridge University Press, 1988, p. 343.

② 同上书，第356页。

转变和再生的过程。"转变"主要指由犯罪感到确信获救的精神变化，人也由"罪人"变成"义人"，这就是"再生"。

路德着重强调确定的获救感是最基本的确信，它是理性的标准而不需要通过理性来证明自身的真实性。路德说：

> 我们的理解力确定并毫无疑虑地宣称三加七等于十；但不能提出任何理由说明为什么这是真的，为什么不能否认其为真；就是说，它规定自己；因为它被真理判断而不判断真理。……即使在哲学家中间也没有人规定那些判断其余一切的共同观念。同样，圣灵在我们心灵中间判断一切而不被任何人所判断。①

他认为，成熟的信仰者只能确信上帝已经宽恕了他，但不知道上帝为什么宽恕他，因为上帝的宽恕出自他的自由意志，人的理性不能探究他的决定的公正性，否则就要堕入不信、不敬的罪。确定的获救感是圣道的直接启示，人不需要任何中介领悟到的圣道使他获得童心。所谓童心指脱卸了亚当遗传下的沉重负担，对未来生活充满了信心的再生开端。

路德"因信称义"指拯救的恩典在于因信仰和启示而获得精神转变。但是，他并不否认精神的转变所带来的生活的改变。如果说信仰是生活的常青树，上面必然长着爱和智慧的果实。他在《两种义》(1520年)中区别了"外在之义"和"我们的正当之义"。"外在之义"是从外面灌输给我们的恩典，不需要人的事功，而"我们的正当之义"是人的善功的有益结果。他说："第二种义是第一种义的

---

① Martin Luther, *Martin Luther Werke*, Band 1, J. B. Metzler Verlag, S. 128-129.

果实和后果。"①他又区别了被动的义和主动的义,前者是"外在之义",即"只依靠基督和圣灵的义,这义我们不是遵行,而是容让;不是具有,而是接受;上帝藉着基督耶稣白白地把这义赐给我们"②;而主动之义则是认为只要自己积极主动做善功,就自动得到的正当之义,如果是这样,那么如同保罗所说,因信称义就不是上帝的恩典,而是自己应得的工钱。路德说,这样的义是自义,自义之人必然走向毁灭:先是不感恩,然后生命空虚,灵性盲目,最后反对上帝,崇拜偶像。路德认为外在之义带来的确定的获救感必然表现为获救的历史进程,必然表现为健康的生活方式和功绩,只要出自外在的或被动之义,任何手艺和职业都是天职,工作的有益结果都是正当的义。反之,追求自动的正当之义、墨守陈规的祈祷、守斋、隐修等活动都不是善功。据此,路德否认了除洗礼和圣餐之外,天主教会其他圣事的价值。

四、路德与爱拉斯谟之争

爱拉斯谟的《新约》标准版为路德的《圣经》德文本和宗教改革提供了精神动力,故有"爱拉斯谟下蛋,路德孵鸡"之说。在一个短暂时期,路德和爱拉斯谟相互欣赏,但路德最终迈出了爱拉斯谟不愿跨出的一步——与罗马教廷决裂。爱拉斯谟代表人

---

① Martin Luthe, *Basic Theological Writings*, ed. T. F. Lull, Fortress Press, 1999, p. 158.

② 路德:《〈加拉太书〉注释》,香港道声出版社,1966年,第261页。

文主义者首先发难，于 1524 年写出驳路德拯救观的文章《论自由意志》（"De libero arbitrio"），路德立即写出《论被捆绑的意志》（"De servo arbitrio"）作为回应，爱拉斯谟又写出《反马丁·路德被捆绑的意志》（"Hyperaspistes diatribae adversus servum arbitrium Martini Lutheri"）一文。这场争论涉及人性、道德基础等重大问题。

爱拉斯谟针对路德否认人有自由选择善恶的观点指出，人有双臂，一肢行善，一肢作恶，路德砍去了一肢臂膀，未获恩典的人全是罪人，获得拯救的人全是义人，一切由上帝的自由意志决定，人却没有选择善恶的自由。爱拉斯谟说，既然人有分辨善恶的知识，为什么没有选择善恶的意志呢？他对"自由"的定义是："人类意志的一种力量，使人决定做趋向或背离拯救的任何事情。"①他指出，对《圣经》中拯救说的解释有两种倾向：一是佩拉纠派以意志自由否认恩典的倾向，一是路德以恩典否认意志自由的倾向，罗马教会在两个极端中持中间立场，这是一个最可行的方案，虽然中间立场不一定是最完满的真理。他说："从这种中间立场可能会得到某种不完满的善，但人们不会完全信赖它。"②就是说，"意志自由说"只是一种相对优越的解释。相比之下，路德的学说有明显缺陷：如果人不能自由选择善恶，他为什么要为自己的行动承担道德责任？上帝惩恶扬善还有什么公正性？人的拯救还有什么伦理

---

① 转引自 C. B. Schmitt（ed.），*The Cambridge History of Renaissance Philosophy*，p. 662。

② 同上书，第 663 页。

价值？

路德所反对的，正是爱拉斯谟不确定的中间立场。他说，避免对抗的中间观点属于人的智慧，确定的真理来自对福音书中绝对命令的恭谦的服从。用"意志自由说"来论证上帝惩恶扬善的公正性，无异于用三段式和语法来规定上帝应负的道德义务。他说："俗人的言行如超不出法律规则的合法定义和亚里士多德《伦理学》第五卷，不会认识到上帝的善和正义的价值。"①路德否认人有任何违背和反对上帝意志的自由。他指出，伟大的圣徒从来没有体验到除了服从上帝命令之外的另外一种情感，他们的意志被上帝的意志所驱，这里只有因果决定关系，但通过意志起作用的因果关系表现为自愿的趋向，而不是强制的必然性；因此，"自由"的反面不是必然性，而是别无选择、义无反顾的追求。路德对爱拉斯谟著作的评论是："虽然风格文雅，但我从来没见过一本论自由意志的书是如此微弱。"②他们之间的分歧在更深的层次上表现为宗教改革家的信仰的确定性和人文主义者的理性怀疑精神的差别。

路德思想的主要来源是保罗"因信称义"的教义。保罗的"奴仆比喻"点明基督徒免于罪的奴役的自由。他说："作奴仆蒙召于主的，就是主所释放的人；作自由之人蒙召的，就是基督的奴仆。"（《哥林多前书》7：22）作基督的奴仆是"我们在基督耶稣里的自由"（《加拉太书》2：4）。保罗把免除罪的自由和为基督作奴仆的自

---

① 转引自 C. B. Schmitt（ed.），*The Cambridge History of Renaissance Philosophy*，p. 664。

② 同上。

由结合起来。他说:"我虽是自由的,无人辖管,然而我甘心作了众人的仆人,为要多得人。"(《哥林多前书》9:19)按照保罗的自由观,路德提出了这样一个命题:

> 一个基督徒是一切人的最自由的主人,不受任何人的管辖;
> 一个基督徒是一切人最忠顺的奴仆,受每一个人管辖。①

路德如同后期奥古斯丁,他否定了人在堕落状态的意志自由,又肯定了人获得恩典时的真正的自由。路德对堕落的人性持完全否定的态度:"人在肉体里和灵魂里全都有一个搅乱了的,败坏了的和受到毒害的本性,人类没有一点东西是好的。"②人处在堕落的状态,完全被罪所奴役。人靠自身无力拯救自己,也不能指望通过宗教仪式和道德行为可以使人摆脱罪的奴役而获得拯救,只有依靠恩典才能获得摆脱了罪的奴役的自由,自由既然是恩典的赐予,因此是被动的,"即只能是接受,而不能是创作。因为它(自由)并不存在于我们的能力之中"③。自由是上帝赋予我们的,上帝已经规定了我们能否自由以及自由的限度,我们的意志只能是上帝意志的体现,并没有选择善恶的自由。路德说:

> 这就是那种基督徒的自由,也就是我们的信仰,它的功效,并不在于让我们偷闲安逸,或者过一种邪恶的生活,而是在于让人们都无须乎律法和"事功"而获得释罪和拯救。④

---

① 周辅成编:《西方伦理学名著选辑》上卷,商务印书馆,1987年,第439页。
② 同上书,第485页。
③ 同上书,第482页。
④ 同上书,第447页。

路德虽然否认事功对于获得拯救有所帮助，但却肯定获救的人必有事功。在他看来，恩典是最主要的。没有恩典，就没有自由，也没有真正意义上的事功；有了恩典，就有了自由，也有了事功。从恩典到自由，再到事功，这是一个因果关系系列，它们的关系不能颠倒。

做所有人的奴仆就是极其高尚的事功。路德的意思是说，一个获得了恩典的人只服从上帝，不服从任何人。服从上帝的命令就是爱，不但爱上帝，而且爱众人，为他人服务。人并非为自己活着：

> 他也是为尘世上一切人而活着；不仅如此，他活着，只是为了别人，并非为了他自己。因为正是为了这个目的，他才要压服他的肉体，以使他能够更为诚笃地、更自由地为他人服务。①

对于一个基督徒来说，"在他眼前除了他邻人的需要和利益之外，就不应该有别的什么了"②。人们之间应当相互友爱，彼此关心，分担彼此的负担。从这个意义上说，他是一切人最忠顺的奴仆。他这样做并非被迫的，而是自愿的，所以这是一种自由的服役，他是为爱而工作，为爱而活着的。基督徒在人间的使命就是为他人效劳，对他人有用，他为他人效劳并非为了回报，他从不计较得与失，也不计较是得到责备还是赞赏。他行善的目的并不是施恩于人，也不分敌人还是朋友，都一视同仁。所以他是自由的。他这样做只有一个理由，就是上帝也是这样做的。

---

① 周辅成编：《西方伦理学名著选辑》上卷，商务印书馆，1987年，第465页。
② 同上书，第466页。

爱拉斯谟与路德在人有无自由选择的意志问题上的论战，其意义已不限于具体的神学观点，而涉及《圣经》解释的一些根本问题：《圣经》文字的意义是可疑的，还是确定无疑的？《圣经》的意义是否有待人的解释？ 是否遵从教会权威对《圣经》的解释？ 中世纪正统神学家对《圣经》的解释与古希腊罗马哲学家的思想是否一致？ 在这些问题上，爱拉斯谟持正题，路德持反题。

爱拉斯谟认为《圣经》的文字是可疑的，需要通过解释才能明白《圣经》的启示。在《论自由意志》中，他引用早期教父安布罗斯、阿里索斯顿、哲罗姆、奥古斯丁和托马斯等神学家的权威解释来确定《圣经》中肯定人有自由选择的意志。在批评路德的《反马丁·路德被捆绑的意志》，他又大量引用古典作家亚里士多德、西塞罗、塞涅卡等人的著作证明自由选择是人的善性，与上帝的恩典和拯救相符合。

路德在《论被捆绑的意志》中直接诉诸《圣经》，而不旁征博引。他批评爱拉斯谟不相信《圣经》文字的自明性不是基督徒的做法。路德与爱拉斯谟之争不是信仰与学术的冲突，而出自对信仰与学术关系的不同立场，即对《圣经》信仰是否服从古典学术问题的不同回答。路德宣称，他并不比对手缺少哲学和古典学知识：

> 他们是博士吗？我也是。他们是学者吗？我也是。他们是哲学家吗？我也是。他们是语文学者吗？我也是。他们是教师吗？我也是。他们写书吗？我也写。……我能运用他们的辩证法和哲学，且比他们所有人都运用得好。此外我还知道他们无一人懂的亚里士多德。……我这样说并不过分，因为我从小就受教育，一

直运用他们的知识。我知道它的深浅,他们能做的一切,我都能做。①

路德依靠《圣经》论证宗教改革的合法性和正当性,提出"唯有《圣经》"的口号。他的《圣经》解释以基督为中心,拒绝把圣道与载道的福音书分开,圣道的启示与阅读福音书是一个里表一致的过程。他认为《圣经》文字的意义清晰明白,因此《圣经》传播的圣道才有直指人心的启示力量。路德坚决反对经院学者的解经传统,只承认文字意义的真实性。他说:"喻义、借喻或属灵意义在《圣经》中是没有价值的,除非同一真理在其他地方按照字面意义清楚说明,否则《圣经》就会成为一个笑柄。"②强调《圣经》的文字意义,不只是为了强调语文学和语言学的重要性,更重要的是强调:《圣经》意义的清晰性使教育水准、语言能力不同的人有着同等地理解《圣经》和接受启示的机会。

路德改革的目标首先是要剥夺罗马教宗垄断《圣经》解释的特权。天主教会掌管《圣经》的精神特权一旦被取消,神职人员高于一般教徒的等级特权、教宗召集宗教会议的行政特权随之取消,被路德称作保护罗马的三道护墙就这样被推翻了。

路德并不否认牧师宣讲《圣经》、教会规范信条的作用,但是,牧师的宣讲应该解释的只是文字意义,教会的规范应以教徒信仰的

---

① 阿利斯特·麦格拉斯编:《基督教文学经典选读》上册,苏欲晓等译,北京大学出版社,2004年,第351页。
② 转引自阿利斯特·麦格拉斯:《宗教改革运动思潮》,蔡锦图、陈佐人译,中国社会科学出版社,2009年,第152页。

类似性为基础,教会不是挡拦在个人与上帝之间的障碍,而是支持个人与上帝直接交往的后盾。

五、路德的"双重治理"论

在政权和教权问题上,路德先后提出了两个"双重治理"的学说,1630年前,路德早期的"两个王国"思想继承了奥古斯丁的"双城论",而与奥古斯丁的上帝王国有所不同。路德认为,基督王国既是无形的教会也是世间的教会,它与尘世王国完全分离对立,不可能外在为尘世王国。他说:"基督徒知道尘世有两个王国,相互进行猛烈斗争。其中一个是撒旦控制的,另一个是基督统治的王国。"[①]人类被分成两部分,基督徒属于基督王国,而非基督徒、异端、假基督徒属于撒旦为君主的尘世王国;基督王国是恩典和仁慈的王国,没有愤怒和刑罚,只有美好、爱心、服侍、善行、和平与友好。而尘世王国是愤怒的上帝对付恶人的仆人,它是地狱和永死的先兆,使用刀剑、刑罚、压制,审判定罪,除暴安良。两个王国实行两种治理:基督王国是基督的恩典治理,宽恕罪人,凭借圣灵使人成为虔诚的基督徒,属灵治理是肉眼不可见的,只能用信仰来感受;而尘世王国的治理用不平等的权力控制非基督徒和恶人,把他们分成自由人和被囚的、领主和臣民,用刀剑和法律维持秩序与和平。这两种治理彼此平行,不能混淆,基督徒不需要尘世治理,

---

① Martin Luther, *Martin Luther Werke*, Band 18, J. B. Metzler Verlag, S. 782.

直至末日基督王国完全胜利，统治尘世。很明显，此时两个王国的双重治理论针对的是路德教会与罗马教会的对立，他把罗马教会和与之结盟的世俗政权划归尘世王国。

1530年前后，路德的观点发生变化，起因是宗教改革内部分化：路德的支持者从反对天主教势力走向激进变革主张，并诉诸社会政治行动。路德隐居在瓦特堡期间，卡尔斯塔特等人主导改革运动，发生了攻击圣像、废除圣礼仪式、没收教产等群众骚乱。更严重的是，托马斯·闵采尔(Thomas Müntzer, 1490—1525)领导德国农民，把宗教改革转变为推翻封建领主统治的政治斗争。闵采尔宣称自己以"理性"态度理解《圣经》。闵采尔所说的理性是"通过经验向上帝学习"的"体验的信仰"。他和路德一样，认为罗马教会是横在上帝与人之间的障碍，号召建立"选民的联盟"。但闵采尔倡导用暴力革命铲除邪恶。他在《布拉格宣言》中谴责说，"基督王国"(Christenheit)已经全然堕落。他在《对诸侯讲道》中宣称，暴力革命原则是耶稣的教诲：

> 基督说，我来并不带来和平，而是带来刀剑。但是你们要刀剑干什么呢？你们要做主的仆役，那么没有别的任务，就去驱除妨害福音的恶魔。基督十分严肃地命令："把我那些仇敌拉来，在我面前杀了罢。"不要浅陋地认为主的力量可以不通过你们的刀剑就可做到。果真如此，你们的刀剑就要在鞘中生锈了。[①]

[①] G. H. Williams and A. M. Mergal (eds.), *Spiritual and Anabaptist Writers*, London: SCM Press, 1957, p. 65.

闵采尔在为上帝而战的名义下,积极宣扬和组织用暴力革命铲除邪恶,推翻封建制度,实行人人平等。

与此同时,乌利希·茨温利(Ulrich Zwingli, 1484—1531)建立了自己的神学,赢得了一批信徒。茨温利曾在维也纳、伯尔尼的大学接受人文主义教育,他曾自称是柏拉图和斯多亚派的信徒,后来受到爱拉斯谟影响,决心成为"基督哲学"的信徒。他的思想比路德思想更富有理性和哲学论述,但他同样认为信仰是明晰简单的。他在1522年写道:"七八年以前,当我完全沉浸在《圣经》之中时,哲学和神学总在向我提出异议。最后我得到这样的想法:你必须离开所有这一切,只从上帝单纯的道中学习上帝的意义",这样,他"赢得了自己渺小的理解从未达到的无误的理解"[①]。人的精神归向上帝的道就是灵魂的拯救。他说,上帝是真正的存在(Sein),最高的善、理智的意志、灵魂的归宿。只有在上帝之中,灵魂才能找到真理、安宁和生命。灵魂的拯救与荣耀上帝是同一的。茨温利和路德同样认为《圣经》是圣道的唯一的、充足的源泉,《圣经》是对上帝意志的启示和记忆。每个人都要依靠内在的启示对《圣经》的意义作出自我解释。任何人为的东西,不管是教会、圣事,还是记载《圣经》的文字,都不能充当个人与圣道之间的中介;因为任何中介都会把个人与上帝分开,不但降低了灵魂的追求,而且减少了上帝的荣耀。一个人所获得的内在启示给予他获救的确信。但是,这种确信如何与虚假的幻觉、一厢情愿的主观愿望区别开来呢? 茨温

---

① *Zwingli Werke*,Band 1,Schuler,S. 79.

利说，这取决于内在的道是否停驻在信仰者的心胸之中。内在的道是"内部导师"(internus doctor)，具有再造内部存在的力量。它一旦开始工作，外在的文字、符号才显出意义，人于是在《圣经》中获得慰藉、信心和确认。获救是灵魂的体验，不在于理性思辨和语言表达。茨温利对启示的内外因素之分更加突出地强调信仰与拯救的个体性和内在性。他和路德就圣餐意义而展开的神学争论实际上牵涉对《圣经》文字意义的不同理解。路德强调文字与圣道的一致性，应按字面意思理解"这是我的身体"这句话；而茨温利则认为文字只是圣道的外在标记，应按象征意义理解那句话，圣餐的意义在于内在启示，而不在于基督身体的临在。

宗教改革运动中的激进主张和行动分裂了路德教会，也引起了支持路德的封建领主的不满。路德不得不承认基督徒也需要尘世治理。他说，两种治理都是上帝设立的，都是神圣的："上帝让尘世治理成为正当得救和他的天国的榜样"，它是"基督统治的一种表象、影像或象征"[1]。虽然两种治理的方式不同，但不是对立的，属灵治理方式被压缩到讲道，而尘世治理不再局限于刀剑统治，范围扩大到"金钱、财富、荣誉、土地、人群"[2]，以及维持秩序和和平、婚姻和养育子女等。两种治理相互依赖，但路德强调尘世治理的必要和重要，以及属灵治理更加依赖尘世治理。他说，由于世界是邪恶的，属灵治理不足以单独存在于世界，"一个人试图用福音管

---

[1] *Martin Luther Werke*, Band 30 II, J. B. Metzler Verlag, S. 554.
[2] *Martin Luther Werke*, Band 32, J. B. Metzler Verlag, S. 307.

理国家或世界，就好像一个牧人把狼、狮子、鹰和羊关在一个圈里，让他们自由行走"①。同时，尘世治理也需要属灵治理的帮助，因为"即便世俗治理本身能强迫民众有外在的良好行为，也不能使心灵正直。在只有世俗治理运行的地方，只有伪善和外在服从，而不会从内心里产生对上帝的正确态度"②。

虽然路德原则上肯定属灵治理高于属世治理，但他把"中世纪教会与国家的二元结构"，改变为国家政权的一元结构，从而为《奥格斯堡条约》"教从邦定"的原则奠定了神学基础。斯金纳说，路德"肯定使教会置于信神的君主控制之下"，这意味着在整个中世纪王国与教士领导者之间进行的可怕论战突然宣告结束，认为教宗和皇帝拥有平行的绝对权力的概念瞬间消失，教士的独立管辖权应该移交给世俗当局，如人所说，路德消灭了"两把剑的隐喻，从今以后只有一把由一位拥有正确的智囊并信神的君主来挥舞的剑"③。

路德去世之后，他的生前助手和继承者菲利浦·梅兰希顿(Phlip Melanchthon, 1497—1560)竭力弥合路德宗与古典哲学和人文主义的隔阂。他是维腾堡大学希腊语教授，对哲学与人文学科有深厚学术造诣。他虽然一度跟随路德反对亚里士多德和一般意义上的哲学，但自16世纪30年代起开始认识到，基督教应表现为真正

---

① *Martin Luther Werke*, Band 11, J. B. Metzler Verlag, S. 252.
② *Martin Luther Werke*, Band 30 II, S. 136.
③ 昆廷·斯金纳，《近代政治思想的基础》下卷，奚瑞森、亚方译，商务印书馆，2002年，第21页。

的哲学，古代的复兴学科（studia renascentia）是创立新哲学的重要途径，亚里士多德的著作应得到尊重。

梅兰希顿对《伦理学》的评注赋予路德关于信仰、内疚、自由权和先定的学说更多的伦理意义和理性色彩。他自1526年起开始着手建立新教的教育体系，编写和确定教科书。他倾向于把亚里士多德主义作为哲学的基础，开创了"新教亚里士多德主义"，与经院哲学的亚里士多德主义相抗衡。新教亚里士多德主义比经院哲学更紧密地与基督教义相结合，在经院哲学家已经放弃理性论证之处重新用哲学为神学服务。比如，梅兰希顿在《论灵魂著述》中把灵魂对上帝的认识、灵魂不朽、肉身复活当作心理学事实接受下来。另一方面，他利用人文主义者的批判，对经院哲学的评注抱着不屑一顾的态度。他的心理学吸收了斐微斯《论灵魂和生命》一书的思想，建立了一个包括对人的身体、感觉、自由和感情进行生理学、认识论、伦理学和修辞学全面研究的人论。又如，他采用了奥康关于直观和抽象两种认识的区分，认为自原罪之后，人只能在经验条件之下认识，因此对个别事物的经验直观是知识的基础。同时，他也接受了"天赋观念说"，认为普遍经验和逻辑证明所能达到的确信来自神圣意志，知识是一个集合天赋的理智印象的活动。在此前提之下，他重新解释了动力理智和可能理智的意义。他说，动力理智是发明的力量，可能理智是接受的能力。虽然人类接受天赋观念的能力是平等的，但只有少数天才能够发明它们之间的关系，从而创立知识的体系。梅兰希顿的人文主义和亚里士多德主义思想不但深化了路德的信仰主义，而且用知识阶层和政治家更易于接受的方式传播了路德神学。

路德神学和经院哲学的妥协,奠定了路德宗和德国各邦国政教关系的理论基础。正如马克思评价说:"路德战胜了虔信造成的奴役制,只是因为他用信念造成的奴役制代替了它。他破除了对权威的信仰,是因为他恢复了信仰的权威。"[①]就是说,路德宗国家的政治统治以"信仰的权威"为基础,依然是"信仰的奴役制",只是把天主教统治改换为路德宗领主的统治。

---

① 马克思:《〈黑格尔法哲学批判〉导言》,《马克思恩格斯选集》第一卷,人民出版社,2012年,第10页。

10

加尔文主义与中世纪向近代的过渡

在宗教改革运动中，加尔文宗的改革最彻底。加尔文把"双重治理"统一起来，把圣洁生活的精神领域与政治、经济、科学等公共领域结合起来。加尔文比其他宗教改革家更注重律法，试图把日内瓦建成按照符合神的意愿的法律治理的榜样，名为上帝之国，其实质是政教合一的神权统治。

加尔文宗比路德宗和安立甘宗的影响更大。加尔文宗从日内瓦传播到欧洲各国，成为国际性联盟，它的分支或变种把长老制民主议事的模式推广到国家治理，赋予人民群众推翻暴君的神圣权利，用"草根"式的宗教组织动员民众。恩格斯评价说，加尔文宗的群众基础是市民即资产者，加尔文"以真正法国式的尖锐性突出了宗教改革的资产阶级性质"，为第一次资产阶级革命"提供了意识形态的外衣"，适应了"当时资产阶级中最果敢大胆的分子的要求"，荷兰和英国革命"发现加尔文教就是形成的战斗理论"①。如果不把"外衣"简单地理解为掩饰或伪装，经过必要的理论分析，这个论断可以得到史实的支持。

---

① 《马克思恩格斯文集》第3卷，人民出版社，2009年，第511、311页。

一、对古典学的批判性继承

虽然路德声称他能更好地运用经院学者的辩证法和哲学，而且知道他们无一人懂的亚里士多德，但在路德的著作中，人们很少看到他使用自己声称所拥有的古典学知识。在宗教改革领袖中真能在文本中显示古典学功底的当属加尔文。加尔文早年师从著名古典学者科迪埃（Mathurin Cordier）和人文主义法学家阿尔茨迪（Andreas Alciati），精通古典拉丁文和希腊文，他的第一本书是对塞涅卡《论慈爱》（De Clementia）的评注。《基督教要义》一书依据《圣经》对新教的信仰作了最为明白、严谨和系统的说明，但并未因此忽视古典知识，他还大量引用古代和中世纪经典作家解释《圣经》[①]。

加尔文把人类知识分为三类："第一类包括民政、家事和其他一切文艺与科学；第二类包括对上帝和他旨意的认识，以及在我们生活中与这认识相配合的规律"[②]；第三类"即那规范我们生活的规则，我们称之为义行的知识"。古典知识中的这三类真假混杂，只有用《圣经》才能找到人类知识的真理[③]。

1. 关于第一类理性知识、文学、技艺等，加尔文说："当我们看到真理之光在异教作家的著作中表现出来，就要知道，人心虽已堕

[①] 加尔文：《基督教要义》一书中译本有两个版本，一是香港基督教文艺出版社出版的老版本，一是北京三联书店的新版本。本书引文参考两个版本，故以下注释仅注明册数、卷、章、节。

[②] 加尔文：《基督教要义》上册，2:2:13。

[③] 同上书，2:2:22。

落,不如最初之完全无缺,但仍然禀赋有上帝所赐优异的天才。如果我们相信,上帝的圣灵是真理的唯一源泉,那么,不论真理在何处表现,我们都不能拒绝或藐视它。……我们读古人的著作只有赞叹敬佩;我们要敬佩他们,因为我们不得不承认它们确实优美。我们岂不当认为那受赞叹并被看为优美的都是出自上帝吗?……《圣经》上称为'属血气的人'既在研究世间的事物上表现了这么多的天才,我们就应该知道,在人性最优之点被剥夺以后,主还是给它留下许多美好的品性。"加尔文以柏拉图为例说,虽然柏拉图把知识归于人的灵魂的回忆是错误的结论,但这可以证明:"人都禀赋有理性和知识。这虽然是普遍的幸福,然而每人都要把它看为上帝的特殊恩惠。"①但他最后说,由于"最聪明的人"对上帝之爱的认识"比鼹鼠还更盲目",因此"他们的著作虽然偶然含有稀少真理,但其所包含的虚伪更不知有多少"②。

2. 为什么异教徒崇拜"他们的神"而不知道上帝的爱和恩惠呢? 加尔文用人类对神的认识即第二类知识开始讲起。《基督教要义》开宗明义地说,认识神是人类的自然的本能,"我们认为这一点是无可争辩的"。他赞成西塞罗在《论神性》中所说,"没有一个国家或民族,野蛮到不相信有一位神。即使在某方面与禽兽相去不远的人,总也多少保留着宗教意识"③。他并引用柏拉图的"灵魂至善"说和普鲁塔克的宗教观说明上帝在人心中撒下宗教的种子。但

---

① 加尔文:《基督教要义》上册,2:2:14—15。
② 同上书,2:2:18。
③ 同上书,1:3:1。

是，加尔文并不因此而赞扬人性的善良，他是要阐述保罗的那句话："自从造天地以来，神的永能和神性是明明可知的，虽是眼不能见，但藉着所造之物就可以晓得，叫人无可推诿。"(《罗马书》1：20)加尔文强调，人类堕落之后，充满着否认神的存在、亵渎神和崇拜假神偶像的罪恶。他说："恶人一旦故意闭着自己的眼睛以后，上帝就叫他们心地昏暗，有眼而不能见，作为公义的报应。"①这就应了保罗的一句话："他们既然故意不认识神，神就任凭他们存邪僻的心，行那些不合理的事。"(《罗马书》1：28)加尔文列举柏拉图的"天球说"，斯多亚派编造的神的各种名称，"埃及人的神秘学"，伊壁鸠鲁派，罗马诗人卢克莱修、维吉尔蔑视神，以及古希腊吟唱诗人西蒙尼德斯的"未知的神"等事例。他说："人类卑劣的忘恩负义之心，就在这里表现出来了"，"他们亵渎神的真理可谓无所不用其极"②。

3. 第三类"义行的知识"相当于哲学家所说的"实践理性"或通常说的道德良心。保罗说："没有律法的外邦人若顺着本性行律法上的事，他们虽然没有律法，自己就是自己的律法。这是显出律法的功用刻在他们心里，他们的良心(syndersis，和合本译作'是非之心')同作见证，并且他们的思念互相较量，或以为是，或以为非。"(《罗马书》2：15—16)加尔文通过对古希腊哲学家的良心观的剖析说明保罗给予的启示。

加尔文首先讨论柏拉图《普罗泰哥拉斯》中苏格拉底说的"无

---

① 加尔文：《基督教要义》上册，1：4：2。
② 同上书，1：5：4—12。

人有意作恶"的观点,他说,既然人有良心,但仍然犯罪,那么"一切罪行都由于无知的这句话,是不对的"①。其次,加尔文讨论了4世纪的亚里士多德注释者特米斯丢在《论灵魂注》中的一个观点:"在抽象的事或在事物的本质上,人的知识不容易受骗;但在进一步考虑具体的事上,它就容易犯错误。"比如,人都承认"不准杀人"是对的,但却认为谋杀仇人是对的;人都承认"不准奸淫"是对的,但自己犯了奸淫之事,却暗中得意。加尔文说,这种说法比较合理,但不适用所有情况,因为有些人犯罪"甚至不用道德的假面具,明知故犯,蓄意作恶"。他引用罗马诗人奥维德《变形记》中美狄亚的话"我明知并赞同那更好的道路,却走上那坏的道路"②,以此证明"犯罪的意念"(sensus peccali)并非出自对普遍原则的无知。

最后,加尔文采用了亚里士多德关于"不自制"(akrasia)与"放纵"(akolasia)的区分。亚里士多德的问题是:"一个人何以判断正确,却又不自制呢?"③设"吃甜食不好"是正确判断,"吃甜食快乐"是感性意见,"甜食就在眼前"是当下感觉,"要吃甜食"是欲望(pathos)。"不自制"是感性意见在当下感觉面前服从欲望,而不服从理性,但事后仍承认理性规则;而"放纵"则是感性意见代替正确判断成为行为规则,追求感觉的呈现和欲望的满足。亚里士多德说,正如不发怒就打人比盛怒之下打人更坏,"放纵比不自制更

---

① 加尔文:《基督教要义》上册,2:2:22。
② 同上书,2:2:23。
③ 亚里士多德:《尼科马可伦理学》,1145b25

坏","放纵者从不后悔,坚持自己的选择,而不自制者则总是后悔的"①。加尔文虽说亚里士多德的区分"是很对的",但他实际上把亚里士多德的问题转化为"人何以有良心,却又犯罪呢?"他用寥寥数语概括了亚里士多德在《尼科马可伦理学》第 7 卷中用 10 章篇幅的区别和讨论。按照加尔文的解释,"不节制"是"思想失去具体的认识"而犯罪,事后尚知忏悔,良心犹存;而"放纵"则是良心丧失,"反倒坚持选择恶行"②。

《基督教要义》中引用古代作家的地方还有很多,我们仅从上面几个例子就可以看出,加尔文的方法是把他们的观点与《圣经》相对照,把相符合之处归结为上帝启示的恩典,把不符合之处归结为人的罪恶,而把既有符合又不尽符合之处归结为人对上帝启示的半信半疑或朦胧见解。加尔文和路德一样,主要援引《圣经》。他说:"《圣经》乃是圣灵的传习所,凡是于我们有益的,必须知道的,《圣经》都不遗漏;反之,于我们无益的,《圣经》必不教导。"③加尔文的论证,尤其得益于《福音书》和保罗书信,只有结合保罗神学,才能理解加尔文的新教纲领。

二、成圣和新生

与路德一样,加尔文坚持认为人不能自救自义,但他比路德更

---

① 亚里士多德:《尼科马可伦理学》,1150a30、1150b30。
② 加尔文:《基督教要义》上册,2:2:23。
③ 加尔文:《基督教要义》中册,3:21:3。

强调"原罪"。"原罪"说是使徒保罗根据《圣经》所阐发的一个教义。虽然《旧约》说亚当、夏娃的罪造成了人类生活必然遭受痛苦（死亡、劳累、生育之苦）的后果，但并没有肯定人性为恶。虽然耶和华不断谴责人的罪恶，但也没有肯定人的罪恶出自本性，或来自人类祖先的遗传。甚至《新约》的《福音书》也没有这样的意思。保罗首先把亚当、夏娃的罪解释为"原罪"，即通过遗传代代相传的罪；就是说，罪是人堕落以后的本性。保罗说："罪是从一人入了世界，死又是从罪来的；于是死就临到众人，因为众人都犯了罪。"（《罗马书》5:12）保罗把人类的自然死亡与罪联系在一起。他的逻辑是，既然亚当的罪的后果（有朽）遗传给人类，罪也同时遗传下来。如果人类没有像亚当那样犯罪，他们何以会像亚当那样死呢？因此他说："亚当乃是那以后要来之人的预像。"（《罗马书》5:14）保罗所说的通过遗传获得的原罪，主要指人类堕落之后，两种出自本性的罪恶。第一种是人类不认得上帝的堕落本性。人类的历史和个人成长的经历都表明，人类没有信仰崇拜一个至高无上的上帝的本性，相反，人只崇拜那些能够满足他的欲望的人和事，把他（它）们作为偶像来崇拜。保罗把这种罪叫做"与神为仇"（《罗马书》8:7）。这是遍及全人类的罪。他说："就如经上所记：'没有义人，连一个也没有；没有明白的，没有寻求神的；都是偏离正路，一同变为无用；没有行善的，连一个也没有。'"（《罗马书》3:10—12）这里虽然使用了道德谴责，如"没有义人""没有行善的"，但所指的还不是一般意义上的非道德的缺陷，而是指"没有寻求神的""偏离正路"这样的非宗教的缺陷。第二种原罪指道德意义上的邪恶，包括:"不义、邪恶、贪婪、恶毒;满心是嫉妒、凶杀、争竞、诡诈、毒恨;又是谗毁的、背后说人的、被神所憎恨的、侮慢人的、狂傲的、自夸的、捏造恶事的、违背父母的、无知的、背约的、无亲情的、不怜悯人的。"(《罗马书》1:29—31)保罗认为,这些罪恶出自人的肉体,随着肉体的遗传而遗传。保罗说:"我是属于肉体的,是已经卖给罪了。"他把这种罪叫做"顺从肉体而活着,必要死"(《罗马书》7:14,8:13)。全面地理解保罗的意思,他并非谴责肉体的邪恶,而是谴责人不顺从神,却顺从肉体。确切地说,不顺从神和顺从肉体是同一种罪。"原来体贴肉体的,就是与神为仇";"他们既然故意不认识神,神就任凭他们存邪僻的心,行那些不合理的事"(《罗马书》8:7,1:28)。他的意思是,只是由于背离了神,肉体才堕落为罪恶之源。如果顺从神,肉体也被拯救了,身体成为"圣灵的殿","所以要在你们的身子上荣耀神"(《哥林多前书》6:19、20)。

加尔文敏锐地看到,"原罪"标志着基督教对其他人类宗教的和古希腊罗马人性观的根本差异,他把基督教人性观这一核心称为基督教义的出发点。加尔文认为"原罪"之后人性彻底败坏,完全堕落。"彻底败坏"指"原罪是祖先传下来的我们本性的堕落与邪恶,它浸透入灵魂的一切部分","人是生而败坏的"①。"原罪是我们本性上一种遗传的邪恶与腐败,散布于心灵的各部分,使我们为神的愤怒所憎恶,而且在我们里面产生了《圣经》所说的'情欲的事'。"②情

---

① 加尔文:《基督教要义》上册,2:1:10。
② 同上书,2:1:8。

欲只是罪恶的一种表现而已,而不是罪的根源。由此,人不能指望通过克服情欲而摆脱罪恶。

"完全堕落"指人的本性已经整个地堕落了,而不只是局部的堕落。加尔文认为:"我们的本性不但缺乏一切的善,而且罪恶众多,滋生不息。……人的一切,如知识和意志,灵魂和肉体,都为情欲所玷污;或者简直可以说,人除情欲以外,别无所有。"在他看来,"腐化不是局部的,乃是没有一处是纯洁而不受它致死的病毒所沾染","而且腐到不可医治的程度,以致非有一个新天性不可"①。正因为人彻底败坏、完全堕落,人需要彻底革新自我,基督徒的目标就不只是改正灵魂中的低劣部分和人的感性部分了,而是一种整体的改善,使自己变成一个完全的新人。这是改革宗的目标所在。

如何摆脱"原罪"呢? 保罗的回答是,只有依靠上帝的恩典,人才能获救。这就是"因信称义"说。"因信称义"是公认的基督教的一个核心教义,最近信义宗世界联盟和罗马天主教会共同发表的《关于因信称义的联合声明》开宗明义地指出,"因信称义"具有核心的重要意义,是"第一和主要的信条",具有"统摄和判断基督教其他学说"的作用。

在改革宗看来,"因信称义"的实质是因恩典而称义。保罗说:"世人都犯了罪,亏缺了神的荣耀;如今却蒙神的恩典,因基督耶稣的救赎,就白白的称义。"(《罗马书》3:23—24)"白白的称义"是上帝凭着恩典,而不凭人的行为判断人为义人。这个教义强调信徒

---

① 加尔文:《基督教要义》上册,2:1:9。

对上帝的绝对依赖，有三方面的意义。

1. 强调基督徒的信仰因恩典而生，而不是顺从宗教的清规戒律。顺从律法是犹太教的一个特点。祭司们把摩西十诫繁衍为系统的、深入一切生活细节的繁缛礼节。耶稣反对用条分缕析的戒律约束信仰，但同时宣称不废除任何戒律。保罗把信基督和依戒律的冲突尖锐地提了出来：靠戒律得救，还是因信称义，是一个依靠自己，还是依靠恩典获救的问题。保罗指出人不能依靠律法得救。他的理由是，沉溺于罪之中的人无力遵守律法。他通过自身的体验，指出了一个人所共知的心理规律，这就是不能摆脱肉欲控制的意志力薄弱规律。他说："我是喜欢神的律，但我觉得肢体中另有个律和我心中的律交战，把我掳去，叫我附从那肢体中犯罪的律。我真是苦啊！"正是因为这个"肢体中犯罪的律"，一切道德律都显得苍白无力。"我里头，就是我肉体之中，没有良善；因为立志为善由得我，只是行出来由不得我。故此，我所愿意的善，我反不作；我所不愿意的恶，我倒去作。"人只能依靠恩典获救，这就是靠着凭着恩典的信仰，摆脱那凭自身不可避免的肉欲的控制。"谁能救我脱离这取死的身体呢？ 感谢神，靠我们的主耶稣基督就能脱离了。"（《罗马书》7：23—25）

2. "因信称义"所说的"信"是来自基督的恩典，信上帝的中心是信基督。加尔文说，被上帝称义的人接受的恩典就是相信耶稣是基督，耶稣基督之死是为人类赎罪，这就是保罗所说的"一切都是出自神，他藉着基督使我们与他和好"（《哥林多后书》5：18）的意思。就是说，只有信基督，才能认识神，已经断裂的人神关系才能恢复,才能从原罪中解脱,耶稣基督的复活建立了新的人神关系。加尔文说:"那些认识基督的名,为基督所光照,进入教会怀抱中的人,就是在基督的导引保护之下。"①

3. 保罗告诫信徒不要为因信称义而骄傲。因为,"你们得救是本乎恩,也因着信;这并不是出于自己,乃是神所赐的;也不是出于行为,免得有人自夸"(《以弗所书》2:8)。因为信仰不是人的自我发现,也不是主动寻求的结果;"称义"不是自义,不是对主观努力的报酬。

加尔文在阐明"因信称义"教义的基础上,进一步提出了"重生"和"成圣"的学说。可以在与路德神学的比较中看待加尔文学说的新意。

1. 路德把个人获救的确信比作对知识第一原则的确信,加尔文倾向于茨温利的说法,认为信仰的确信比知识的确信更为基本,心胸(cerebri)和情感在信仰中发挥着比理智和知识更加重要的作用。信仰是知、情、意三者统一;理智领悟信仰对象,意志把理解了的信仰转变为情感的内在源泉和财富,人的理性所能达到的只是知识的确信,上帝却能赋予人信仰的确信,只有全副身心地投入信仰对象,换而言之,只有在基督的支配之下,人才获得完全的恩典。

2. 路德区分了来自上帝的"外在""消极"的义与人自己正当的义,加尔文没有区别这两方面,更强调"因信称义"的积极结果和义人对恩典的主动回应。他把"因信称义"的信仰和"由义至圣"

---

① 加尔文:《基督教要义》中册,3:24:6。

的生活看作同一过程，认为只有在圣洁的生活中才能有"因信称义"的现实，"由义至圣"是基督徒开始新的生活，从灵魂到肉体"整个的改造"①。新生是模仿基督的生活，因为基督的生活是上帝给我们提供的一个启示，是全身心完全圣洁的模范。

3. 路德所说的天职主要是信徒个人的职业和身份，加尔文所说的圣洁生活不仅是宗教道德的个人生活，而且也是政治、经济、科学等各种公共生活。并且个人和公共生活不是两个领域，而是以神圣价值改造世界和人自身的两条途径。弗兰西斯·培根说："人同时从无罪状态和创世状态堕落，但这种双重损失可以在现世中得到部分的恢复，前者通过宗教和信仰，后者通过技术和科学。"②培根虽然不是加尔文的信徒，但他表达的却是在加尔文的新教精神的鼓舞下出现的一种新的人生态度，这就是，一方面通过宗教信仰来净化道德，另一方面通过科学技术来创造新的世界，使人和科学都获得新生。

三、预定论

保罗说，相信基督的人是"神所拣选的人"（《罗马书》8:33），因信称义是神的恩典，是白白的赐予，但上帝不能无区别地宽恕全部人类的罪恶，恩典不是赐予每一个人的，有些人始终不信，并不

---

① 加尔文：《基督教要义》中册，2:3:1。
② 培根：《新工具》，II，52。

是因为他们生性愚顽，而因为他们没有获得恩典。上帝的拣选有两方面的：被拣选的人因信称义，而被上帝拣选所遗弃的人犹如陶工打碎没有做成的陶器。弃民无权抱怨上帝为什么没有拣选他们，正如动物无权抱怨上帝为什么给予人类更多，陶器没有权利抱怨工匠为什么没把它造得更好。

加尔文从保罗神学出发，得出彻底的、明确的选民与弃民双重预定论，成为加尔文主义区别于其他新教神学的特殊教义。加尔文接着保罗作出推论说，既然拯救所要求的完全成义超出了人的能力所能达到的限度，人只有依赖上帝才能获救；既然自原罪之后，人类都被罪恶所污染，上帝的拯救是恕罪、赎罪的恩典；既然恩典的施行必须体现公正，公正不但要求慈爱，而且也要求严酷，因此拣选既是保留也是遗弃，拣选是双重的：只能拣选一部分获救的人，被弃置的其余的人仍在罪恶之中。加尔文说："上帝藉着他的预定，拣选了一些人，叫他们有生命的盼望。对另一些人，则判定归入永远的死亡，关于这件事，凡属虔诚的人，都不敢完全否认。"①

人类被分为选民和弃民两部分，完全是上帝主动的意志，上帝的拣选不是人的心思和行动的结果，而是人命定的原因。人一出生甚至在出生之前就被预定了或者永生或者永死的命运，这是不可抗拒的。上帝的拣选完全出于自己的目的，人不可知。加尔文说，从上帝的眼光看，没有一人值得被拣选，连耶稣的完全人性也不例外。上帝拣选人，对人来说是仁慈，对上帝而言是为了达到自己的

---

① 加尔文：《基督教要义》中册，3:21:5。

目的(3:22:3, 22:8),至于上帝拣选的目的是什么,人不可能知道,上帝也没有义务告诉人。上帝对选民的仁慈和对弃民的严酷的预定是不可改变的。既然上帝的意志是最高的公正,人类不能在上帝的意志之外寻求公正,上帝本身就是法律,上帝选择一部分人而舍弃另一部人的意志绝对自由,谈不上是违反公正与法律的独裁与专横。

加尔文的预定说比奥古斯丁走得更远,比路德更激进,似乎不近情理,因此在加尔文身前和死后受到新教内外神学家的许多批评。但加尔文始终认为,预定说在神的智慧隐秘深处,不得隐瞒。基督徒要聆听上帝的话,否则就要否定圣灵,褫夺上帝对信徒的眷顾;反之,对神没有说的话,则应闭嘴,不得追究探索。但是,即使有保罗的话为依据,反"预定论"者也认为这些话不足为信,或非保罗所写,或是"非道德"的①。在《基督教要义》的体系中,预定说与原罪说和称义说是自洽的,是加尔文对基督教神学的特殊贡献。

1. 预定说回答了奥古斯丁神正论遗留的恶的来源的疑难。如前所述,奥古斯丁反对摩尼教的善恶二元论,把善和公义的根源都归于上帝,人间的恶或归于人的自由选择(早期),或归于奴役人类之罪(后期)。大部分神学家选择了路德指责为"半佩拉纠主义"的解释,笼统地把善归于上帝,把恶归于人。加尔文和其他神学家一样

---

① 这些反对意见的文献目录参见 D. J. Moo, *The Epistle to the Romans*, Eerdmans, 1996, p. 590。

认为"无论人有何善，莫不出自上帝，然而你的一切恶都出于自己"，但他补充说："除罪以外，我们自己一无所有。"①根据他的原罪和恩典的教义，上帝之义和人的正义是两个判断善恶的标准：按照天国标准，一切出自人的都是罪与恶，一切出自神的都是善；而按照人间标准，有些神看来的恶是善，而有些神看来的善是恶。加尔文的预定说坚持天国的标准是最高和终极的标准，被归于人的善也不是善，"在不信神的人之中，一切表面上似乎可称赞的行为，其实都是不值得赞许的恶"②。

2. 按照《圣经》的说法，原罪是撒旦诱惑所致，而撒旦又是受上帝指使的工具，如此说来，上帝是不是从原罪而来的人类之恶的总根源呢？ 是不是应负创始不完全的罪责呢？ 加尔文说："《圣经》所教训我们关于魔鬼的事，其目的几乎都是要我们小心防备魔鬼的诡计，叫我们准备强固的武器，足以驱逐这些顽强的敌人。"③被人归于神的恶也不是恶：

> 既然上帝交付了基督，基督交付了身体，而犹大又交付了主，在这交付中，为什么上帝是公义的，而人是有罪的呢？因为他们的行为虽同，动机却不同。……上帝在审查中所追究的，不是人可能做了什么，也不是他们已经做了什么，乃是他们企图要做什么。为的是要察看人心中的计划和意志。④

---

① 加尔文：《基督教要义》上册，2：2：11。
② 同上书，2：3：4。
③ 同上书，1：14：13。
④ 同上书，1：18：4。

就是说，面对人间的恶，要区分出自上帝的试探还是出自魔鬼的试探，出自上帝对选民的慈爱还是上帝将在天国惩罚弃民的预兆。加尔文以《约伯记》为例，解释上帝的试探、撒旦的试探和迦勒底人掠杀约伯家的恶之间的联系和区别：上帝让他的仆人约伯受撒旦的罪，撒旦指派他的仆人迦勒底人，但三者的目的和实施方式不同：上帝的目的是用灾难磨炼约伯的信心的坚韧而让他尽量受苦受难，撒旦为使约伯摒弃上帝而怂恿迦勒底人犯罪，迦勒底人为一己私利为非作歹[①]。以上帝预定的善恶为标准，同一件事归于上帝是善，而归于撒旦和人则是恶。这样，加尔文在逻辑上说明了上帝的全能、全善和全知与恶的来源之间没有矛盾。不过，虽然他可以用《圣经》记载的事例解释上帝预定之善，但无法解释正在和将要发生的人间罪恶中的上帝预定之善，因此只能说上帝的意志是人不可知的，只能诉诸信仰和希望接受它。一个人不知道自己是选民还是弃民，对于人悔过自新、称义成圣是必要的，因为一个基督徒可能放弃信仰或陷入异端，他的"自义"不过是弃民的心理；相反，一个不信基督的人在某一时刻也可能成为真心悔改的选民。一个人可以确信的是，在今生尽选民的义务，过圣洁的生活以荣耀上帝。

3. 预定说可以替代自由意志学说关于人的道德责任的解释。自由意志学说的优越性在于能够把人自由选择的行为归于道德责任，彰显神意和法律惩恶扬善的公正性。如果人的善恶不是自己选择的，而是上帝预定的，人何以要负道德责任，惩恶扬善显得既无必

[①] 加尔文：《基督教要义》上册，2:4:2。

要也不可能。加尔文的回答是:

> 我虽然始终承认上帝是预定他们为罪人的主因,且相信这是完全正确的,然而他们不能因此而逃避自己的罪责,而这罪烙印在他们良心上,是他们所时刻感觉到的。①

这里的前提是,人的良心未泯,如同保罗说,外邦人"律法的功用刻在他们心里,他们是非之心同作见证,并且他们的思念互相较量,或以为是,或以为非"(《罗马书》2:15)。加尔文同意良心审判和道德审判的公正性,而法律审判与预定论是两个课题。选民和弃民是天国中的审判,是永生和永死的人的命运,上帝并没有预定弃民在人间必定作恶,也没有预定选民在人间不会触犯法律。按照"恺撒的物当归恺撒,神的物当归神"的《圣经》原则,人间祸福要与天国善恶区别开来。人间固然有善福相配的现象,但不是常规,被上帝惩罚的人可以名利双收,而得到上帝奖赏的人也可能飞灾横祸,这些现象可以用加尔文关于天国法庭和人间法庭的区别加以解释。与恶的来源问题一样,这些解释固然可以消除预定论与道德法律归责之间的逻辑矛盾,但人的道德常识是难以接受的,同样需要诉诸信仰加强信徒的道德勇气。

(4)预定说与称义说相自洽。预定说比任何学说更强调人对上帝的依赖,更能显出上帝的恩典。如果说,上帝把恩典赐予那些依赖、服从他的人,那么,获得恩典的人还有理由为他们对上帝的依赖而感到骄傲。但上帝的预定却是没有理由、没有原因的"白白的赐予",这种无条件的恩典才是最为可贵、最值得感恩的恩典。但

---

① 加尔文:《基督教要义》上册,3:23:3;23:4—6。

是，现实生活中的例证和《圣经》都证明人在信基督之后也会犯罪。保罗再三告诫信徒不要回到以前的犯罪状态，"不要再被奴仆的轭挟制"（《加拉太书》5:1）。彼得说："倘若他们因认识主救主耶稣基督，得以脱离世上的污秽，后来又在其中被缠住，制伏，他们末后的景况就比先前更不好了。"（《彼得后书》2:20)如果无视这些警告，以为信基督之后就不会犯罪，或以为基督徒的道德水准必定高于非基督徒，那就不是"因信称义"，而是自以为义的骄傲了。

加尔文把因信称义的心灵效应归结为信仰的确定和持久。他说："信仰的恒性就是一种确实不变的知识。信仰不容有踌躇和变动的意见，也不容有含糊混杂的观念，它需要完全与确定，是经得起试验与证实的。"① 但他也不否认信徒内心不确定的主观状态：

> 信徒虽然认识上帝对他们的恩典,然而内心不但时常感觉不安,而且有时还非常战栗恐惧。那搅扰他们内心的试探既非常强大,以致和我们所谈的信心保障似乎难得相容。所以,如果我们要支持我们所提出的教理,就必须解决这一个困难。

面对这一难题，加尔文诉诸信仰的坚定：

> 我们告诫说,信心应当坚定实在,我们所想要的并不是毫无疑虑的确实,或毫无困扰的安全；我们却要承认,信徒的内心不住地与自己的疑虑冲突,他们的良心绝非平稳宁静,不受风暴所侵袭。然而在另一方面,他们虽有苦难,我却不承认他们会失去对神的仁慈的信任。②

---

① 加尔文:《基督教要义》上册，3:2:15。
② 同上书，3:2:17。

从逻辑上说，加尔文的解释是一个循环论证，而且，"他们不会失去对神的仁慈的信任"的前提和结论，并不能解决信徒在实际生活中信仰动摇或迷失的困难。

加尔文并没有从理论和实际上解决为什么"因信称义"的恩典足以保证信徒不再犯罪的问题，在认为信基督是"因信称义"的恩典的改革宗内部，引起了"因信称义"是不是完全恩典的神学争论。亚米纽主义认为，"因信称义"是两次拣选的恩典，信基督只是第一次拣选，而信徒通过自身努力的积极回应，成为称义的选民，这是第二次拣选。加尔文主义则认为"两次拣选说"走向调和恩典和善功的"半佩拉纠主义"，他们坚持"因信称义"是一次性的完全恩典，但也承认因信称义的人不等于完全的义人，也有再犯罪的可能，因此需要因信成圣的新生。不过，"新生"和"第二次拣选"只是表述词语的不同，并没有实质的区别，加尔文主义因预定论而分裂为众多变种，更多是社会历史环境造成的①。

预定说在《圣经》解释中面临与上述称义是否完全的恩典同样的困难。《旧约》中上帝拣选以色列人，虽然以色列人一再悖逆，也没有被上帝完全遗弃；而保罗说："从以色列生的，不都是以色列人……肉身所生的儿女不是神的儿女；惟独那应许的儿女才算是后裔。"（9:6—8）"神所召的，不但是从犹太人中，也是从外邦人中。"（《罗马书》9:24）如果因为上帝的拣选对象不同就用《新约》的保

---

① 程新宇：《加尔文人学思想研究》，中国社会科学出版社，2012年，第195—196页。

罗书信贬低《旧约》，那就是基督徒经常犯的马谢安异端的错误。

加尔文区别了对以色列民族的拣选与对个人的拣选，两者都是上帝白白的恩典，与人的行为无关；但对一个民族的集体拣选，不是普遍和永久有效的，上帝与他们立约，只是外在的召唤，并没有给所有人保守恩典的重生的灵，因此许多以色列人与立约无关。加尔文说："许多后裔被当作败坏分子给剪除了"，"只有一小部分的人存留着"，"对亚伯拉罕后裔的普遍拣选乃是更大福分的一种表现，而这个福分，神只赐予众人中的少数人"[①]。亚伯拉罕后裔既有以色列人中的"剩余之民"，也有新近被拣选的外邦人，他们中的每一个因基督而生信心，而得重生，这些被拣选的个人组成基督的肢体，享有永生的福分。加尔文神学是盟约神学，"新约"和"旧约"是上帝连续地拣选以及与选民立约的历史，上帝与以色列人祖先、摩西和大卫立约，最终实现在基督身上，并向基督再次降临的未来伸展。

加尔文区别了命运和神意。他说："所谓神意，不是指上帝高踞天上，清闲自在地注视着下面人间所发生的故事，乃是说上帝掌握了宇宙的枢纽，统治一切。所以他以手统治，不下于以眼观看。"亚伯拉罕对他的儿子说："上帝必须自己预备。"（《创世记》22：8）亚伯拉罕不只是说上帝预知未来的事，而且把他自己所不知道的事都付托于那位常常排除困惑和纷乱的上帝。这即是说，神意与行动不能分离；因为"空谈预知是没有什么价值的，而且近于胡闹"[②]。预定和神意都是上帝的决定，预定决定的是人的"可怕的命运"

[①] 加尔文：《基督教要义》上册，3：21：7。
[②] 同上书，1：16：4。

(horribile fateor),是人不能知道的奥秘,直到末世才能揭开;而上帝的神意在拣选和盟约中控制社会的行动,在《圣经》历史和长时期、大幅度的人类经验领域中显露出来。神意决定了选民和弃民在历史中看似偶然、实际被上帝控制的不同作用:选民积极、主动地实现上帝的应许和祝福,用圣洁生活开创人类历史;而弃民只是消极的社会机体,不自觉地承受神意,充当命运的牺牲品。

四、自然法和普通法

和路德一样,加尔文也使用了"基督徒的自由"这一概念,但比路德强调"自由"与"律法"的联系。两者的关系有三层含义:第一,基督徒的良心已经完全超越了律法,他不是被迫不行不义之事,而是自觉不行不义之事;第二,自愿地顺从上帝的意愿,他之服从上帝,并不是由于律法的恐吓,而是由于自觉;第三,上帝的意愿表现为自然法,基督徒怀着对上帝的服从,自觉地遵守自然法在各国的具体应用,受政治的管制,在社会关系中遵守人的本分①。

加尔文谈到自然法的双重用途:一是按照保罗神学,认为人性虽然全然败坏,但良心未泯,自然法让人在上帝面前"无可推诿";二是积极的作用,加尔文在《基督教要义》和讲道中,把人类承认的道德真理追溯到自然法和良心的发现,这些道德真理是人类社会

---

① 加尔文:《基督教要义》中册,3:19。

共同遵守的共识和规范。霍普沃说,在加尔文著作中,"自然""自然感""理性"的教诲包括:"父亲对妻子和子女的权威,一夫一妻制的圣洁,照顾家庭的义务,哺乳,长子继承权,领事和使节不可侵犯,信守承诺的义务,不同程度的婚姻状况,谋杀案件需要证人,社会层级的区分,自然法禁止乱伦、谋杀、通奸,奴隶制甚至奴役一个人。"①

自然法的双重作用需要在加尔文的"两个王国"和"双重治理"的框架中加以理解。与路德一样,加尔文的"两个王国"也强调两者分别统辖天上和地上、未来和现世事务,也认为世俗君主的强力和惩罚是上帝治理罪人的必要工具,刀剑只属于世俗君主,他也和路德一样,声讨"重洗派和一班无赖"滥用教士权力反叛君主②。

但是,不像路德那样强调"两个王国"的分离或平行,而"有充分理由将两者联系起来,而且我非这样做不可;尤其因为在一方面,愚妄野蛮的人们狂妄地企图颠覆神所设立的这种制度;在另一方面,逢迎君主的人推崇君权过度,甚至不惜以之与神的权柄对立。这两方面的错误都必须予以拒绝,否则就不免要将纯正的信仰废掉了。"③如果说路德避免了前一种错误,那么加尔文所要避免的第二种错误,恰恰是扩大地上王国的权力、赋予国家政府干涉和控

---

① Harro Hopfl, *The Christian Polity of John Calvin*, Cambridge: Cambridge University Press, 1982, pp. 179–180.
② 加尔文:《基督教要义》上册,"前言"。
③ 加尔文:《基督教要义》下册,4:20:1。

制教会的权利的路德宗的"教从邦定"原则。

　　加尔文为"两个王国"的联系提供了教理基础。他认为"两个王国"是基督为王的两个方面，两者治理的合法性来自基督的权威，它们都要服从上帝的意志。基督徒之所以服从地上王国，不是为了逃避人间法律和刀剑的惩罚，更不是为了世间快乐①。基督徒作为一个现实的人，为了摈弃现世而忍受人间可怕的痛苦，心甘情愿地做地上的朝圣者而满怀对天上王国的信心。作为国家公民，基督徒要遵守双重法律：一是服从属灵的法律，由灵来管制，以造就人的良心；一是服从属世界的法律，上帝以不同的政体治理不同国家，"我们的本分只是服从上帝在我们所居之地内所设立的治理者"②。

　　既然上帝是"两个王国"的最高权威，不仅平民有服从法律的义务，君主也有服从上帝的义务，无论是不是基督徒，他们都有义务把宗教事务放在首要地位，"专忱注意于宗教，使宗教纯洁安全"，因为"宗教在一切哲人的言论中占第一个位置，而且这是为万国所普遍承认的"；基督徒君主更要"尽力表彰并维护神的尊荣，因为他们乃是神的代理人，而且靠着神的恩掌权"③。加尔文在1536年版《基督教要义》致法国国王法兰西斯的献词中说：

　　　　你身为国王，对于卫护正道的任务，责无旁贷，不能置若罔

---

① 加尔文：《基督教要义》，上册，2:16:14；中册，3:2:4；3:7:5；3:10:1；下册，4:20:2。
② 加尔文：《基督教要义》下册，4:20:8。
③ 同上书，4:20:9。

闻。卫道的工作极为重要,是要叫上帝在世上的光荣不受贬损,要保全真理的荣誉,并使基督的国在我们当中继续存在,不受摧残。此一义举,值得你注意,值得你认识,也值得你以王位力争。这种关注乃王权分内的事;你应当把国政看作是为上帝服役。若政府不是以上帝的光荣为目的,就不算是合法的政府或主权,只能称为篡夺。①

这段话在当时表达了新教徒以上帝权威反抗天主教国王的权利。但是,加尔文不限于改革宗推翻天主教神权和政权统治的合法性,他也讨论了人民因世间权利被践踏的情况,主张受压迫人民有反抗暴君的神圣权利。他说:

差不多历代都有一些君王,完全不理政事,不顾一切,纵情恣欲;另有一些君王,自私自利,出卖法律,特权,和判决;又有些君王,掠夺平民的产业,以供自己穷奢极欲;还有些君王,暴戾纵恣,抢劫民房,淫人妻女,屠杀婴儿。许多人不承认这种人是配得服从的君王。因为在这种不但与长上的职位完全不符,而且与任何人也不相称的反常的行动中,他们既然看不见那理当由官吏所彰显的上帝的形象,也看不见那作神的差役的证据,所以他们并不认为这种官长有《圣经》所称赞的尊严和权威。人心自然是深恶痛恨暴君,敬爱贤君。②

加尔文虽然认为上帝是最高权威,但避免把《圣经》中的律法与自然法和普通法对立起来,他不同意把治理国家的法律与摩西律

---

① 加尔文:《基督教要义》上册,"前言"。
② 加尔文:《基督教要义》下册,4:20:24。

法对立起来，批评那种以为"只按普通法治理国家就是疏远了摩西律法"的意见是"危险和煽乱性"。为了把《圣经》中的律法与世俗国家的法律结合起来，加尔文先从《圣经》中总结出神圣律法的标准，再按此标准规定世俗统治的合法性和自然法的合理性，又反过来把《圣经》中的律法当作自然法的具体应用。

1. 加尔文认为，《圣经》记载的上帝命令和君主依照神的旨意行事的那些事迹，大多属于"地上王国"的治理。他分析了中世纪传统关于摩西律法的道德律、礼仪律和裁判律的三分法。他指出道德律有两个要求："一是命令我们用纯洁的信心和虔诚崇拜神，一是吩咐我们用至诚的爱对待别人"，而礼仪律是为训导犹太人而设立的，可以废止而无损于道德律。加尔文的解释依据的是耶稣的话："你要尽心、尽性、尽意，爱主你的神。这是诫命中的第一，且是最大的。其次也相仿，就是要爱人如己。这两条诫命是律法和先知一切道理的总纲。"（《马太福音》22:37—40）关于裁判律，加尔文说，那是给人"作为政治上的宪法，为的是要教导他们一些公道和正义的规则，好使他们和平无害，彼此相处"①。

2. 加尔文阐明摩西律法示范的道德律和政治上的宪法不只是给予犹太人或基督教王国，而是对世间所有王国普遍有效。他认为，各国都有自由制定适合本身的法律，只要它们是按照爱的永恒律所制定的。虽然各国法律形式不同，但都是"为求保存神的永恒律所命令的爱"而制定的。事实上，古往今来的法律中都不乏仁慈、宽大、赦免等条文，至于与之相反的条文在加尔文看来完全不合法：

---

① 加尔文：《基督教要义》下册，4:20:15。

"那些奖励行窃和纳妾，以及其他更恶劣、更可咒诅、更悖谬的野蛮法律，我以为它们远非法律；因为它们不只是违反正义，更是违背人道。"①

3. 裁判法示范的宪法是判断形式不同的各种法律是否合法的根据或公道。加尔文说：

> 公道既本于自然，乃对全人类是一样的，因此关于任何事件的法律，都当以同样的公道为目的。个别的法案和规律既然与情况有关，又多少以情况为转移，就可以随情况而不同，只要它们都是以公道为目的。既然上帝的律法中那称为道德律的，无非是自然律和神在人心中所铭刻的良心，那么，我们所说的整个公道律，就都包含在其中了。所以，惟有这公道才应当作为一切法律的范围、规律和目的。凡是按照这个规律，循着这个目标，限于这个目的所立的法律，我们就没有理由来非难，不管它们是和犹太人的律法怎样不同，或彼此不同。②

这段话中，加尔文把道德律等同为"自然律和神在人心中所铭刻的良心"，自然律既是爱的永恒律，也是"本于自然、对全人类是一样的"的"公道律"。加尔文说公道律"包含"在道德律之中，应理解为殊相包含在共相之中。这是因为，世俗统治者尤其是非基督徒，只是按照良心制定不同形式的仁慈法律，有意或无意遵从上帝命令的爱的永恒律，在此意义上，道德律只是自然法的特例；而公道则是判断法律是否合法的宪法，任何法律规定和条文只有符合宪

---

①② 加尔文：《基督教要义》下册，4:20:15。

法才有合法性，现代的宪法是成文法，在加尔文时代，他把不成文的宪法称作公道律。

正如托马斯把不成文的自然法作为成文法的根据，加尔文也把公道律作为世间一切法律的根据；如同托马斯认为自然法来自上帝的爱和意愿，加尔文也认为公道即是"对凡为神的永恒律法所定为罪的恶行，诸如杀人，盗窃，奸淫，妄证等，都赞同予以处罚"。所谓合法，归根到底是符合自然法，无论制定者是否认识基督之名，世间的法律只要合乎自然法的公道，基督徒就要服从。

加尔文承认，符合公道的惩罚方式因地而异，因时而异，因国而异，不能也无必要强求一律。摩西律法中的惩罚方式和严厉程度，与当时和现在各国不同，不可能效仿。摩西律法只是上帝的爱和公道在特殊时期和特殊条件的显示，只是自然法的特殊应用，而不等同于自然法。按照加尔文的"双重治理"思想，基督徒服从合法的世俗统治和法律，既符合上帝的意愿，也不违背《圣经》的启示。同时，他按照《圣经》确立的自然法的道德和公道的合法性标准，也蕴含着反抗和推翻非法统治和法律的精神力量。

五、新教精神和现代性

新教教义没有超出基督教信仰，然而，新教精神对哲学的影响却超出了基督教哲学的范围，它在哲学、科学、经济和政治等方面为近代提供了新的理论基础和文化氛围。

在哲学上，新教把"自我确信"作为真理的内在标准和直接证据，作为信仰和知识的基础，一反经院哲学在权威著作中寻找论据，在不同意见的论辩中确定真理的认识论模式。新教的真理观鼓励个人独立探索真理的自信心。近代著名思想家不再是注释者、辩证学者，而是一些凭借个人才能开拓新领域、建立新学说的独立研究者。近代哲学认识论以"自我意识"为中心，探索知识的基础和真理标准问题，追求确定性。所有这些都是新教精神带来的变化。

培根说："宗教改革者想让上帝命令罗马教会为堕落的习惯和仪式负责，同时又让神圣的天意参与发明和其他知识的新开端。"① 另外，加尔文的"预定论"是对人和历史的命运的决定论解释，它被推广到自然哲学领域，引起新教徒对自然规律的机械决定论的推测。据斯蒂芬·梅森在《自然科学史》中统计，1666年巴黎科学院建立以来的两个世纪中，在92个外籍会员中有70个是新教徒，6个天主教徒；这与法国之外1.03亿天主教徒和6 300万新教徒的数目相比是一个差距相当大的比例，反映了新教徒和天主教徒对自然科学研究的不同态度；新教宿命论的神学虽然导致哲学上的机械决定论，但却包含着一个内在矛盾：自然界的因果决定论归根到底诉诸对上帝的自由意志的非决定论解释。这个矛盾导致了哲学中决定论和意志自由说的争论。莱布尼茨在《神正论》中把这二矛盾视为理性的"二迷宫"之一，康德在《纯粹理性批判》中把它列为四个"二律背反"中最重要的一个，足见新教精神对近代哲学影响

---

① Francis Bacon, *The Advancement of Learning*, ed. A. Johnson, Oxford: Oxford University Press, 1974, p. 42.

之深。

在经济上，新教精神造就了与中世纪价值观完全不同的资本主义价值观。马克思虽然批判路德在政治上没有改变封建专制，但路德对资本主义发展"即使没有正确解决问题，毕竟正确地提出了问题"①。《资本论》中具体说明，路德正确但没有解决的问题包括资本主义发展面临的经济问题。比如，"路德把作为购买手段的货币和作为支付手段的货币区别开来"，他看到"世上到处都是重大的、卓越的、日常的服务和行善"；再如，路德"出色地说明了统治欲是致富欲的一个要素"；又如，"路德比蒲鲁东高明一些。他已经知道，牟利与贷放或购买的形式无关"；还如，"路德在他反对高利贷的天真的狂吼中"，不自觉地表达了"资本生产剩余价值的事实"②。韦伯也认可新教对资本主义发展的贡献，他在《新教伦理与资本主义精神》中指出，新教徒把成功的经济活动作为获救的证据，商人用禁欲主义对抗自发的财产享受，束缚奢侈品消费，他们把获取最大利润的冲动视为上帝的直接意愿。工人为了信仰而劳动，视劳动为天职、善功，把它当作确信恩典的唯一手段，这几乎成为近代工人的特征。由此我们不难理解，在近代资本的原始积累阶段，哲学家在伦理学中并不推崇金钱和物质享受，却在提倡个人主义的实践理性和艰苦劳动，积极进取的世俗禁欲主义。新教精神

---

① 《马克思恩格斯文集》第1卷，人民出版社，2009年，第12页。
② 《马克思恩格斯文集》第5卷，人民出版社，2009年，第159页注96、第224页注15、第684页注34；第7卷，人民出版社，2009年，第388页注56、第443页。

为我们理解近代个人主义价值观指出了一个关键点：这种个人主义不是对个人物质享受的追求，而是追求个人理想与信仰的确信和确证。

更重要的是，加尔文主义发动市民阶层，为荷兰和英国的资产阶级革命提供了思想武器。前面已经引述了恩格斯的观点，兹不赘述。

跋

2019年春季学期在复旦大学讲学，北京大学哲学系系友陈军博士诚邀写作《中世纪哲学十讲》。久仰复旦大学出版社"十讲"系列学术品格高雅，欣然执笔。我与中世纪哲学的际遇，始于导师陈修斋先生的托付，勉力为之，序言"回忆我的导师陈修斋先生"已作交代。近年陆续发表了一些与中世纪哲学相关的论文，挑选出十余篇，作为本书十分之六的素材，又从教育部人文社科重点基地重大项目"宗教改革和早期近代政治哲学"最终成果中选出部分内容，构成本书第四、八、九、十讲的素材。素材来源杂多，体例不一，文字修订整合，不亚于重新写作。自沪返京后，暑天劳作于此，渐近秋凉方收笔。本书责编陈军先生仔细校阅，亦付出辛勤劳动，谨此致谢。

赵敦华

2019年9月1日

北京大学外国哲学研究所

图书在版编目(CIP)数据

中世纪哲学十讲/赵敦华著. —上海：复旦大学出版社，2020.6
(名家专题精讲)
ISBN 978-7-309-14650-9

Ⅰ.①中… Ⅱ.①赵… Ⅲ.①中世纪哲学-研究 Ⅳ.①B13

中国版本图书馆 CIP 数据核字(2019)第 223787 号

中世纪哲学十讲
赵敦华 著
责任编辑/陈 军

复旦大学出版社有限公司出版发行
上海市国权路 579 号 邮编：200433
网址：fupnet@fudanpress.com http://www.fudanpress.com
门市零售：86-21-65642857 团体订购：86-21-65118853
外埠邮购：86-21-65109143
江阴金马印刷有限公司

开本 890×1240 1/32 印张 10.125 字数 205 千
2020 年 6 月第 1 版第 1 次印刷
印数 1—4 100

ISBN 978-7-309-14650-9/B·709
定价：58.00 元

如有印装质量问题，请向复旦大学出版社有限公司发行部调换。
版权所有 侵权必究